SOUVENIRS

DE

LA SICILE.

Se trouve A PARIS,

Chez DELAUNAY, Libraire, Palais-Royal, galerie de bois, n.° 243.

SOUVENIRS
DE
LA SICILE,

PAR M. LE C.^{TE} DE FORBIN.

.... La bella Trinacria, che caliga
Tra Pachino e Peloro sopra 'l golfo,
Che riceve da euro maggior briga,
Non per Tifeo, ma per nascente solfo.

(DANTE, *Paradis*, c. VIII.)

PARIS,
DE L'IMPRIMERIE ROYALE.

1823.

AVERTISSEMENT.

Il ne serait jamais embarrassant de dire pourquoi l'on entreprend un voyage comme celui que je viens de faire en Sicile. Outre le desir de satisfaire une juste curiosité, la raison la plus naturelle peut-être se trouverait dans l'état actuel de la société. Cet état est malheureusement hostile; la vie devient chaque jour plus épineuse; c'est un travail malaisé que de vivre au milieu des hommes : il est donc permis de considérer un voyage comme une trève particulière conclue avec eux.

Le départ endort les aversions; le retour les trouve souvent distraites de leur ancienne poursuite, et, par un juste emploi de leur temps, dirigeant ailleurs de nouvelles attaques.

Il serait plus difficile de justifier la publication d'un voyage fait dans un pays déjà bien connu, lorsqu'on a résolu de ne pas instruire le procès de ses prédécesseurs. Un grand nombre de voyageurs ont décrit cette île célèbre, et le succès de plusieurs de ces relations n'a jamais été contesté. Le silence que je veux garder au sujet des erreurs dans lesquelles les autres sont tombés, me fait espérer que celles que j'ai pu commettre trouveront quelque indulgence auprès de ceux qui écriront sur la Sicile après moi.

Spectateur des troubles et des divisions qui désolaient un des plus beaux pays de la terre, j'ai dû parler des circonstances politiques qui les avaient fait naître.

J'avais à peine entendu les premiers bruits sourds qui précédèrent l'éruption de cet autre volcan, que déjà, par une secousse rapide, l'État se trouvait ébranlé jusque dans ses fondemens.

Je me bornerai à rapporter quelques faits sans prétendre assigner les causes de la révolution napolitaine et les motifs de sa réaction sur la Sicile. S'il est rare de voir avec justesse, il est souvent difficile de décrire avec exactitude ce qu'on a vu. L'avantage d'avoir été témoin oculaire des événemens est compensé par les inconvéniens sans nombre que peut offrir le récit de ces mêmes événemens. Placé trop près du tableau, on a plus de peine à bien juger de l'effet qu'il produit; et l'obligation d'observer vite entraîne souvent vers le tort involontaire de méconnaître les causes, ou d'en présenter des résultats infidèles. Celui qui croit avoir bien regardé, se résout difficilement à faire la part du hasard, celle de l'esprit du siècle et de la force des choses : il court ainsi le risque de ne transmettre qu'une impression fausse ou superficielle. D'ailleurs, lorsqu'il s'agit du danger ou de l'utilité d'un changement politique opéré sous vos yeux, rien ne serait plus propre à égarer votre jugement que l'insolence du parti victorieux, et le spectacle des persécutions endurées par ses adversaires. Enfin la meilleure excuse du peu de développement que je donne à cette portion de mon ou-

vrage, se trouve dans sa nature même: je n'écris qu'un journal, sans avoir la prétention de fournir des matériaux à l'histoire.

Ceux qui étudieront désormais le caractère de la nation sicilienne, le trouveront peut-être bien différent de ce qu'il paraît être d'après des relations faites avec exactitude, et de ce que j'en ai dit moi-même. La physionomie des peuples est changée par les révolutions, comme celle d'un individu est souvent altérée sans retour par une maladie. Quelquefois aussi, et les Grecs en offrent un mémorable exemple, des convulsions subites, une juste résistance, ennoblissent des traits que la servitude avait long-temps dégradés.

J'ai laissé à mes notes comme à mes croquis leur seul mérite, celui de la vérité. Il faut être bien habile pour ne pas gâter, en le terminant, ce que l'on a esquissé d'après nature.

Un éditeur éclairé, M. Osterwald de Neufchâtel, s'est chargé de la publication de tous les dessins que j'ai rapportés de la Sicile. Plusieurs livraisons de son grand ouvrage ont déjà paru : elles ont réuni tant de suffrages, leur exécution est si pure et si vraie, que je me contenterai de renvoyer à cet ouvrage, sans louer davantage cette belle entreprise.

Les origines, les époques, des nomenclatures, des recherches géologiques, enfin des généalogies depuis Saturne jusqu'au monarque actuel Ferdinand Ier, tout cela se trouve dans quelques ouvrages sur la Sicile, publiés par des Français depuis peu d'an-

nées. Parmi ces voyages, plusieurs me semblent instructifs.

L'ouvrage de Houel offre assez d'unité et d'exactitude. Les gravures anglaises publiées récemment, où l'art du burin est poussé à un si haut degré de perfection, ont peut-être le tort de rapetisser les sites, d'en détruire le caractère, et de transporter en Sicile la lumière douteuse, le ciel incertain de l'Écosse.

Un voyageur français n'a presque confié qu'à moi qu'il sortait du collége lorsqu'il est allé en Sicile; en effet, son style a de la jeunesse et de la chaleur. Séduit par la naïveté de sa narration, je n'en ai senti qu'avec plus de regret qu'on ne pouvait être ni jeune ni naïf à volonté.

Si le lecteur veut bien s'unir à mes

impressions et tolérer mes jours de tristesse, s'il daigne continuer à me suivre dans mes excursions, il verra peut-être que l'aspect d'un beau site, ou l'effet puissant d'un noble souvenir, parvient quelquefois à dissiper les nuages de mon imagination.

L'éditeur de l'ouvrage de l'abbé de Saint-Non, publié avec un si grand luxe, monument de l'infériorité des arts à cette époque, si l'on en excepte toutefois les planches de Després; cet éditeur, dis-je, est loin d'être ingénu. Entraîné par une imagination brillante, il n'a rien vu comme un autre; et je suis tellement comme un autre, que je n'ai rien vu comme lui.

AVANT-PROPOS.

La Sicile, placée entre le 30.ᵉ et le 34.ᵉ degré de longitude, le 36.ᵉ et le 38.ᵉ degré 25 minutes de latitude, à l'extrémité méridionale de l'Italie, est l'île la plus considérable de la Méditerranée. Un détroit d'environ deux lieues la sépare du continent. C'est à sa forme triangulaire qu'elle dut jadis le nom de *Trinacria*. Son circuit est de six cent vingt-quatre milles d'Italie; et sa longueur, du cap de Lilybée au cap Peloro, est de cent quatre-vingts milles. Trois jambes d'homme, placées en forme de rayons autour d'une tête, et un épi de blé entre chacune d'elles, désignent à-la-fois, dans les anciennes médailles de Sicile, et sa fécondité et ses trois promontoires les plus célèbres.

Tout porte à croire, avec Pline, que quelque tremblement de terre a séparé cette île de l'Italie. Les poètes se sont emparés de ce phénomène. Strabon et Diodore n'en parlent que comme d'un fait incertain, et dont l'époque se perd dans la nuit des temps. M. de Buffon assigne une autre cause à cette révolution d'une partie du globe, celle de l'accroissement subit de la Méditerranée, lorsque les barrières du Bosphore ne fermèrent plus le passage aux eaux de la mer Noire et de la mer d'Azof. Ce grand événement, dit-il, doit avoir été bien antérieur à ces fameux déluges de Deucalion et d'Ogygès, dont la fable seule nous a conservé la mémoire.

Peu de pays sont aussi montueux que

la Sicile; les monts Scuderi et Gemelli sont presque d'une élévation égale à celle de l'Etna, qui est l'une des plus hautes montagnes du monde, et peut-être le plus terrible volcan. L'Etna épouvante toute la Sicile; et, quoiqu'il en ravage une partie, il n'est pas douteux que cette île ne doive à ce volcan le germe d'une inépuisable fécondité, ses bains sulfureux et ses eaux thermales si salutaires.

Cicéron, qui défendit si noblement la Sicile contre les déprédations de Verrès, donne le titre de *mère nourrice de Rome* à cette belle contrée. Elle éleva la première des autels à Cérès; et Fazelli, historien sicilien, y voyait de son temps encore le blé germer de lui-même et atteindre un degré de parfaite maturité. La douce chaleur du climat, ce luxe de végétation, le miel si célèbre du mont *Hybla*, des vins exquis, de l'huile en abondance, des fruits savoureux, font de la Sicile une terre promise. La *canna mele* donne un sucre égal à celui des Antilles. Le coton de Sicile est préférable à celui de Salonique. On cultiverait avec succès dans cette île le café, l'indigo, la cochenille, la garance. Enfin ses montagnes fournissent du sel gemme et du soufre de première qualité.

On peut croire que les îles qui entourent la Sicile sont des émanations de l'Etna, et que, comme Santorin et le Monte Nuovo, la mer les a vues sortir de ses flots. Le volcan de Stromboli est très-actif; il lance presque continuellement des pierres enflammées.

Berceau de toutes les fables, cette terre de merveilles et de prodiges a inspiré tous les poètes, et en a vu naître plusieurs : Stésichore, que Denys d'Halicarnasse comparait à Pindare, Aristoxène, Théocrite, Moschus, Épicharme, Empédocle, étaient Siciliens.

Platon fit plusieurs voyages en Sicile; Xénophane et Zénon y moururent. Simonide eut pour ami ce Hiéron, roi de Syracuse, le modèle des princes. Parmi les orateurs que la Sicile dut à sa liberté, oublierions-nous Gorgias de *Leontium*, dont l'éloquence charmait Athènes, qui lui fit élever une statue? Delphes décerna à cet orateur une couronne d'or, et, chose plus rare, du vivant même de Gorgias, sa patrie fit frapper une médaille en son honneur. Cicéron parle de trois historiens siciliens, Philiste de Syracuse, Timée de *Tauromenium*, aujourd'hui Taormine, et

Dicéarque de Messine. Enfin Diodore, écrivain célèbre, contemporain d'Auguste, était natif d'*Argyrium.* Le nom seul d'Archimède suffirait à la gloire de la Sicile; ce grand géomètre naquit à Syracuse la troisième année de la cxxiii.ᵉ olympiade, et s'ensevelit sous les ruines de sa patrie, le jour même où les Romains s'emparèrent de Syracuse.

Tout nous prouve que les arts furent aussi portés à un haut degré de perfection en Sicile; mais rien ne parle mieux de sa grandeur passée que les proportions colossales de ses temples : et quel rivage offre de plus nobles, de plus grandes ruines que celles de Sélinonte, d'Agrigente et de Taormine ! Enfin la Sicile donna le jour à Démophile, et ce maître heureux eut Zeuxis pour disciple.

On peut étudier en Sicile des ruines de toutes les époques et de tous les styles : Troyens, Grecs, Africains, Romains, Goths, Sarrasins, Normands, Angevins et Aragonais, toutes ces dominations ont laissé là leur empreinte.

Thucydide, dans le VI.ᵉ livre de son *Histoire*, regarde les Cyclopes et les Lestrygons comme ayant été les premiers habitans de la Sicile. Les Sicaniens y arrivèrent de l'Italie, et l'île perdit son nom de *Trinacrie* pour prendre celui de *Sicanie*. Quelques Troyens y abordèrent, et y fondèrent, dit-on, Éryx et Ségeste. Les Sicules, chassés de l'Italie, vainquirent à leur tour les Sicaniens, s'emparèrent de la partie méridionale et de la partie occidentale de l'île, et lui imposèrent le nom qu'elle a conservé jusqu'à ce jour. Trois cents ans après, les Grecs de Chalcis en Eubée fondèrent en Sicile *Naxos,* et y érigèrent l'autel d'Apollon Archagète. Archias de Corinthe fonde Syracuse; *Naxos* fonde elle-même *Léontium* et *Catana.* Une colonie de Mégare débarque en Sicile; elle y bâtit *Trotilos* et *Thapsos :* celles-ci construisirent Mégare, *Hybla* et Sélinonte. Une colonie crétoise fait naître *Gela,* qui, cent ans après, eut pour fille la riche Agrigente. Des corsaires de Cumes commandent dans le détroit ; ils fondent cette ville de Zancle, ainsi nommée de sa configuration, *zancle* signifiant *faulx* dans la langue des anciens Siciliens, mais à laquelle les Messéniens donnèrent plus tard le nom de *Messène,* et qui est aujourd'hui Messine. *Himera* dut son origine à Zancle; *Acra, Casmene* et *Camarina* sont des colonies de Syracuse.

Ce que Thucydide rapporte de la Sicile finit à l'expédition que les Athéniens, sous le commandement de Nicias, tentèrent contre cette île. Les Athéniens sont repoussés ; Syracuse, riche, glorieuse, maîtresse de la mer, éveille la jalousie des Carthaginois ; ils appuient les habitans de Ségeste contre les Sélinontins, alliés de Syracuse. Sélinonte est prise d'assaut ; *Himera,* Agrigente et *Gela* sont occupées ; Syracuse est forcée par Carthage de conclure une paix désavantageuse. Le vieux Denys, qui tyrannisait alors Syracuse, reprit les armes bien moins pour venger une offense que pour distraire ses sujets du souvenir amer de la perte de leur indépendance. Les Carthaginois obtinrent d'abord quelques avantages ; mais la peste les força de regagner leur patrie.

Après une longue guerre et des succès variés, les Carthaginois mirent à profit les troubles qui suivirent la mort de Denys, et consolidèrent leur puissance en Sicile : sans l'arrivée de Timoléon, les Africains demeuraient maîtres de Syracuse. Les victoires du héros de Corinthe les obligèrent à conclure un nouveau traité de paix. Cette paix fut de peu de durée : Agathocle, pressé de nouveau par eux, conçut et exécuta la pensée hardie d'aller mettre le siége devant Carthage. Pyrrhus, allié de cette ville, fait encore une fois de la Sicile le théâtre de la guerre; il en est repoussé. L'occupation de Messine par les Mamertins est le prétexte de la première guerre punique; la seconde rendit les Romains maîtres de la Sicile.

A la chute de l'empire d'Occident,

les Goths s'emparèrent de cette île, que les victoires de Bélisaire rendirent de nouveau à Justinien I.ᵉʳ Elle était, en 828, sujette des empereurs de Constantinople, lorsqu'un Sicilien, nommé *Uphemius*, y attira les Sarrasins de l'Afrique. Ceux-ci en furent chassés, en 1061, par les Normands. Les Suèves s'étaient rendus maîtres de ce royaume, lorsque l'empereur Henri VI en fit la conquête en 1194. Mainfroi fut vaincu et tué par Charles I.ᵉʳ, duc d'Anjou, en 1266. Le 31 de mars 1282, les vêpres siciliennes délivrèrent la Sicile du joug des Angevins, et les princes aragonais en demeurèrent les maîtres jusqu'en 1516. Ferdinand le Catholique réunit alors la Sicile à la couronne d'Espagne. Le traité d'Utrecht de 1713 la donna au duc de Savoie, Victor-Amédée. Cette belle île, conquise et perdue encore une fois depuis par les Espagnols, est possédée depuis 1734 par la branche des Bourbons qui règne en Espagne, et dont un infant est aujourd'hui roi de Naples et de Sicile.

La Sicile, sous le gouvernement d'un vice-roi, est à présent divisée en vingt-trois districts, ainsi qu'en sept intendances, Palerme, Messine, Catane, Syracuse, Trapani, Girgenti et Calta Nisetta.

SOUVENIRS

DE

LA SICILE.

Je m'embarquai à Toulon le 10 février 1820 ; j'allais visiter la Sicile. Nous fîmes voile pour Palerme ; les vents contraires disposèrent autrement de nous. Après avoir tenu la mer par un temps fort rigoureux pendant huit jours, nous fûmes très-heureux de trouver un abri et de nous radouber à Porto-Longone, dans l'île d'Elbe. L'attente est devenue l'état habituel de toute la population de cette île, qui, du reste, semble être vouée au sommeil, parce qu'elle préfère sans doute ses rêves à la triste réalité de son existence oubliée. Encore frappés du merveilleux de la chute, de l'exil et du départ de Napoléon, les habitans de l'île d'Elbe ne semblaient pas croire que cette grande scène fût terminée. A peine signalait-on quelques voiles qui s'approchaient des côtes; ils accouraient tous, persuadés qu'un nouvel événement venait ranimer leur rivage si triste, si délaissé.

Je parcourais la maison qu'avait habitée Napoléon, lorsque notre consul nous apprit le nouveau forfait qui plongeait la France dans le deuil. Consternés de ce crime, nous récapitulions tout ce que le poignard venait d'enlever à notre patrie, en frappant ce cœur inaccessible à la haine comme il l'était à la crainte, ce cœur ouvert à toutes les nobles affections et digne de toutes les gloires. Dominé par ces tristes pensées, je ne vis plus rien, et me hâtai de quitter les rues solitaires de Porto-Ferraïo. Nous mîmes à la voile bientôt après : la violence du vent d'ouest nous contraignit à entrer dans le port de Civita-

Vecchia, où je me trouvai si fatigué de la mer, que je me décidai à me rendre à Naples par terre. Arrivé de nuit à Civita-Vecchia, j'attendais le jour avec impatience.

Je n'ai jamais vu l'Italie sans une vive émotion. Le soleil se leva et me montra ce pays dont j'aime jusqu'à la langueur. Ces tours si pittoresques, peintes tant de fois par Vernet et qui semblent vouloir défendre l'entrée du port de Civita-Vecchia, n'étaient gardées que par de pauvres soldats malades. La sentinelle la plus voisine de nous, minée par la fièvre, pouvant à peine soutenir le poids de son fusil, causait avec un abbé en manteau court, qui venait d'acheter un poisson et le portait avec distraction et bonne grâce. J'étais donc en Italie ! j'abordais encore une fois cette terre le cœur plein de sentimens affectueux ! C'était aussi une patrie pour moi, parée de tous les souvenirs de mes jeunes années. Le charme de l'Italie ne saurait se peindre ni s'exprimer ; sans chercher à l'apprendre à ceux auxquels il échappe, je me contenterai de les plaindre. L'aspect de cette terre fortunée produit sur l'ame une sensation qui ne pourrait se comparer qu'à l'effet d'une musique lointaine qu'on entend le soir après une journée douloureuse. Tant que l'âge n'aura pas glacé mon sang, je reviendrai toujours chercher les promontoires de l'Italie, sa mer d'azur et sa douce lumière. Quel plus noble passé que le sien ! Quoi de plus grand que son histoire ! Respectons jusqu'à son sommeil; c'est celui qui succède à d'immenses travaux. Heureux celui dont la vie s'écoule doucement sur le rivage de Naples, en consultant ses ruines, en écoutant ses chants, en admirant ses arts !

On conçoit que le premier aspect de Rome ait fait dire à Montaigne : « J'ai vu ailleurs des mai-
» sons ruynées, et des statues, et du ciel, et de
» la terre ; et si pourtant ne sçaurois reveoir le
» tumbeau de cette ville si grande et si puissante,
» que je ne l'admire et revere. J'ai eu cognois-
» sance des affaires de Rome long-temps avant
» que je l'aye eue de celles de ma maison : je
» sçavois le Capitole et son plan avant que je
» sçusse le Louvre, et le Tibre avant la Seine.
» J'ay eu plus en teste les conditions et fortunes
» de Lucullus, Metellus et Scipion, que d'aucuns
» hommes des nostres.... Me trouvant inutile à
» ce siecle, je me rejecte à cet aultre ; et en suis

» si embabouiné, que l'estat de cette vieille Rome
» libre, juste et florissante (car je n'en aime ny la
» naissance ny la vieillesse), m'interesse et me
» passionne : par quoy je ne sçaurois reveoir l'as-
» siette de leurs rues et de leurs maisons, et ces
» ruynes profondes jusques aux antipodes, que je
» ne m'y amuse. Il me plaist de considerer le vi-
» sage de ces Romains, leur port et leurs veste-
» mens. Je remasche ces grands noms entre les
» dents, et les fais retentir à mes aureilles :
» *Ego illos veneror, et tantis nominibus semper*
» *assurgo.* »

Quelques journées de printemps à Rome suffiraient pour réconcilier l'homme le plus malheureux avec la vie. Le charme de cette saison y est inexprimable ; une foule d'idées douces et gracieuses envahissent le cœur et l'imagination. Déshéritée de la pourpre souveraine, l'Italie humiliée semble s'efforcer de voiler sous un manteau de fleurs la mutilation des monumens de sa gloire passée.

Cependant la fièvre ravageait ces belles contrées : ce n'est, pour ainsi dire, que par elle que les Romains sentent la vie. A Monterone, entre Civita-Vecchia et Rome, la fièvre tierce réglait l'ordre du départ des postillons; ce calendrier funeste les aidait à compter leurs tristes jours. Ainsi des mourans nous conduisaient à travers cette campagne charmante; l'horizon était éblouissant de lumière, les buissons couverts d'oiseaux, et nous roulions souvent sur la voie antique : on la quitte avec peine; car la route papale n'est qu'un bourbier. Personne n'a de droits mieux acquis que le Pape à répéter avec Jésus-Christ : *Mon royaume n'est pas de ce monde.* A chaque pas que l'on fait dans les états du Saint-Père, on ne rencontre que misère et que souffrance. Je n'ai vu ici d'action, d'agitation, d'activité, que dans la chaire évangélique. Les prédicateurs se démènent : c'est à la sueur de leur front qu'ils fécondent la vigne du Seigneur, tandis que l'agriculteur dort dans la plus profonde paresse.

Voilà le dôme de Saint-Pierre, voilà Rome; et par-tout les traces de la fièvre : on la trouve en garde avancée hors des portes, marquant au hasard (*a*) les maisons qu'elle désole. Ce fleau des-

---

(*a*) Telle maison est mortelle à habiter, tandis que la maison voisine est fort saine.

tructeur semble faire le siége de la ville sacrée ;
il s'empare chaque année d'une rue, d'une colline immortelle. De vastes habitations, des jardins, des colonnades, frappent les yeux : on approche ; quelle solitude ! les portiques s'affaissent, les bassins demeurent à sec, les treilles sont renversées ; le toit qui a cédé, livre aux orages des voûtes couvertes de peintures et tout ce qui annonçait le luxe des anciens habitans de ces palais abandonnés. Là pourtant une jeune femme, consumée par la souffrance, allaite un enfant, fils de la douleur, et qui lui sera voué, s'il résiste à ses premiers maux.

Le silence des faubourgs de Transtevere et de la Longara n'est troublé que par le bruit des voitures de quelques étrangers qui cherchent la maison de Scipion, ou vont admirer Raphaël à la *Farnesina*. Au char du triomphateur a succédé le carrosse d'un cardinal ; un énorme parapluie, signe de la dignité des princes de l'église, figure sur l'impériale de cette voiture gothique, et remplace les enseignes romaines.

J'ai retrouvé ce *Forum romanum*, vaste cimetière de temples et de colonnes : il est devenu le champ de bataille de tous les antiquaires de Rome, sur-tout de MM. Fea et Nibby. A leur suite se disputent leurs élèves, et de proche en proche tout ce qui s'y entend ou qui n'y comprend rien. Une brique est consultée, la moindre voûte est baptisée, enfin toutes les décisions consacrées par le temps sont anéanties. Dans quel profond découragement ne jette-t-on pas ces voyageurs scrupuleux qui reviennent à Rome pour ne plus s'y reconnaître ! Ces bons voyageurs à qui il en avait coûté tant d'argent pour apprendre des noms, sont obligés, en conscience, d'en dépenser tout autant pour oublier cette première éducation.

Montaigne disait « qu'on ne voyoit rien de
» Rome que le ciel sous lequel elle avoit esté as-
» sise, et le plant de son gite; que cette science
» qu'il en avoit estoit une science abstraite et
» contemplation, de laquelle il n'y avoit rien
» qui tumbât sous les sens ; que ceus qui di-
» soint qu'on y voyoit au moins les ruines de
» Rome, en disoint trop : car les ruines d'une
» si espouventable machine rapporteroint plus
» d'honneur et de reverence à sa memoire ; ce
» n'estoit rien que son sepulcre. Le monde, en-
» nemi de sa longue domination, avoit premie-

» rement brisé et fracassé toutes les pieces de ce
» corps admirable, et, parce qu'encore, tout
» mort, ranversé et desfiguré, il lui faisoit hor-
» reur, il en avoit enseveli la ruine mesme. Que
» ces petites montres de sa ruine qui paressent
» encores au-dessus de la biere, c'estoit la fortune
» qui les avoit conservées pour le tesmoignage
» de cette grandeur infinie que tant de siecles,
» tant de fus *(a)*, la conjuration du monde rei-
» terée à tant de fois à sa ruine, n'avoint peu
» universelemant esteindre. Mais estoit vraisam-
» blable que ces mambres desvisagés *(b)* qui en
» restoint, c'estoint les moins dignes, et que la
» furie des ennemis de cette gloire immortelle
» les avoit portés, premierement, à ruiner ce
» qu'il y avoit de plus beau et de plus digne;
» que les bastimans de cette Rome bastarde
» qu'on aloit asteure *(c)* atachant à ces masures,
» quoi qu'ils eussent de quoi ravir en admiration
» nos siecles presans, lui faisoint resouvenir
» propremant des nids que les moineaus et
» les corneilles vont suspandant en France aus
» voutes et parois des eglises que les Huguenots

(a) De feux.   *(b)* Ces parties défigurées.   *(c)* A cette heure.

» viennent d'y demolir. Encore craignoit-il, à
» voir l'espace qu'occupe ce tumbeau, qu'on ne
» le reconnût pas tout, et que la sepulture ne
» fût elle-mesme pour la pluspart ensevelie.
» Que cela, de voir une si chetifve descharge,
» comme de morceaus de tuiles et pots cassés,
» estre antiennemant arrivée à un monceau de
» grandur si excessive, qu'il egale en hauteur
» et largeur plusieurs naturelles montaignes *(a)*
» (car il le comparoit en hauteur à la *Mote de*
» *Gurson (b)*, et l'estimoit double en largeur),
» c'estoit une expresse ordonnance des destinées,
» pour faire santir au monde leur conspiration à
» la gloire et préeminance de cette ville, par un
» si nouveau et extraordinere tesmoignage de
» sa grandur. Il disoit ne pouvoir aiséemant
» faire convenir, veu le peu d'espace et de lieu
» que tiennent aucuns de ces sept mons, et no-
» tammant les plus fameus, comme le Capitolin
» et le Palatin, qu'il y ranjat un si grand nombre
» d'edifices. A voir sulemant ce qui reste du
» tample de la Paix, le long du *Forum romanum*,

(a) Il forme ce qu'on nomme aujourd'hui le mont Testacé, *monte Testacco*.

(b) En Périgord.

» duquel on voit encore la chute toute vifve,
» comme d'une grande montaigne, dissipée en
» plusieurs horribles rochiers, il ne samble que
» deus tels bastimans peussent tenir en toute
» l'espace du mont du Capitole, où il y avoit
» bien 25 ou 30 tamples, outre plusieurs mai-
» sons privées. Mais, à la vérité, plusieurs conjec-
» tures qu'on prent de la peinture de cette ville
» antienne, n'ont guiere de verisimilitude, son
» plant mesme estant infinimant changé de forme;
» aucuns de ces vallons estans comblés, voire
» dans les lieus les plus bas qui y fussent : comme,
» pour exemple, au lieu du *Velabrum*, qui pour
» sa bassesse recevoit l'esgout de la ville, et avoit
» un lac, s'est tant eslevé des mons de la hau-
» teur des autres mons naturels qui sont autour
» de là, ce qui se faisoit par le tas et monceaus
» des ruines de ces grands bastimans; et le *monte*
» *Savello* n'est autre chose que la ruine d'une
» partie du teatre de Marcellus. Il croioit qu'un
» antien Romain ne sçauroit reconnoistre l'assiete
» de sa ville, quand il la verroit. Il est souvent
» avenu qu'après avoir fouillé bien avant en terre
» on ne venoit qu'à rencontrer la teste d'une fort
» haute coulonne qui estoit encor en pieds au-

» dessous. On n'y cherche point d'autres fonde-
» mens aus maisons, que des vieilles masures ou
» voutes, comme il s'en voit au-dessous de toutes
» les caves, ny encore l'appuy du fondement
» antien ny d'un mur qui soit en son assiete.
» Mais sur les brisures mesmes des vieus basti-
» mans, comme la fortune les a logés, en se dis-
» sipant, ils ont planté le pied de leurs palais
» nouveaus, comme sur des gros loppins de ro-
» chiers, fermes et assurés. Il est aysé à voir que
» plusieurs rues sont à plus de trante pieds pro-
» fond au-dessous de celles d'à-cette-heure. »

Rome voyait alors fouiller le *Forum* par les soins de deux étrangers, la duchesse de Devonshire et le duc de Blacas. Les efforts constans et éclairés de ce dernier jetaient une grande lumière sur le plan de cette partie la plus intéressante de Rome antique. Il venait de faire déblayer un plateau de cinq cents pieds de long et de six cents pieds de large, sur lequel s'élevait le temple de Vénus et de Rome. Adrien, en dirigeant lui-même les travaux de cet édifice, dont on croit lui devoir la première idée, voulut surpasser en magnificence le *Forum Trajanum*, chef-d'œuvre d'Apollodore. L'empereur fut, dit-on, trop jaloux de l'architecte, qui mourut victime de cette singulière rivalité.

Ce temple de Vénus et de Rome, amphiprostyle et pseudo-diptère (a), doit avoir eu deux *cella* appuyées l'une contre l'autre. Dix colonnes de marbre blanc d'ordre corinthien ornaient chaque face principale; il paraît n'en avoir pas eu plus de dix-neuf sur les flancs. Cet édifice était entouré d'un portique formé de colonnes de granit, dont un des côtés décorait la voie Sacrée. Honorius I.er, pape dans le VII.e siècle, obtint d'Héraclius la permission d'enlever le toit d'airain de ce monument pour en couvrir la basilique de Saint-Pierre. La *Summa via* passait vis-à-vis le temple de Vénus et de Rome. Les mêmes soins viennent de faire connaître toute la voie Sacrée, et ce qui dépendait de l'édifice connu sous le nom de temple de la Paix. Cette basilique avait été érigée par

---

(a) *Amphiprostyle*, c'est-à-dire, à double fronton. *Pseudo-diptère* se dit d'un édifice qui est non-seulement entouré de colonnes, mais dont les deux façades en sont également ornées, et dont la nef a une double entrée décorée aussi de deux autres colonnes; d'où il résulte que, lorsque le monument est vu de front, c'est-à-dire, de l'un ou de l'autre côté de ses deux façades, chacun de ces côtés présente aux yeux comme un double rang de colonnes.

Maxence : en effet, la construction et les détails rappellent évidemment l'époque où fut élevé l'arc de Constantin. Selon Aurélius Victor, l'entrée de ce monument consacré par ce même prince était alors placée vers le Colisée.

La duchesse de Devonshire partage ainsi ses journées : elle emploie ses matinées à encourager les lettres, à visiter les ateliers des artistes, et le soir elle fait les honneurs de Rome. C'est à son goût pour l'antiquité qu'on doit l'achèvement des fouilles de la colonne de Phocas, monument isolé, que l'on conjecturait avoir appartenu à un temple ou à un portique.

On a tout dit sur l'effet que produit la basilique de Saint-Pierre ; mais on n'a pas assez vanté, selon moi, l'agrément de sa température intérieure. Aussi, quand la musique sacrée vient ajouter son charme à l'éclat de ce somptueux monument, le peuple romain se persuade-t-il aisément qu'il jouit d'un avant-goût du paradis. Tout, jusqu'aux parfums, ajoute à son illusion ; et ce n'est qu'à la porte de ce temple admirable qu'il retrouve ses misères.

La majesté de Dieu est trop souvent méconnue à Saint-Pierre ; la galanterie fait parfois de cette basilique un lieu de rendez-vous. Nous fûmes témoins de la fin malheureuse d'une aventure de ce genre. Une belle Romaine avait remarqué un étranger à l'une des cérémonies de la semaine sainte. La timidité du jeune homme fut vaincue, et le rendez-vous donné dans une *villa*. Autant pour fuir la chaleur que pour chercher le mystère, les deux amans s'enfoncèrent sous les voûtes des catacombes; s'arrêtant près d'une fontaine, ils jouirent de cette fraîcheur perfide : mais leur bouche avait prononcé pour la dernière fois des paroles de tendresse, leur sang s'était glacé; la mort les frappa du même coup. Ce double convoi effraya la jeunesse romaine, qui les suivit dans ces mêmes souterrains, dépôt d'innombrables ossemens.

En sortant de Saint-Pierre, où je venais d'entendre prêcher avec force contre les nudités et l'indécence, j'entre dans le musée Pio-Clementino, et je vois deux cents statues, Vénus, Léda, &c., restaurées par les soins des papes. Sous chaque impureté antique, se trouve écrit en gros caractères : *Ex dono et munificentia Pii sexti* ou *Pii septimi*. Je puis donc admirer en toute sûreté de conscience.

On regrettait alors à Rome un jurisconsulte célèbre, Bartolucci, dont je rencontrai l'enterrement. Il venait de terminer naguère, par ordre du Pape, le mélange de l'ancien code pontifical avec les lois françaises, et disait peu de jours avant sa mort : *Morrò contento, sono infine riuscito di vestire da abbate il codice Napoleone.*

Je me promenais souvent dans les ruines de la maison dorée de Néron, dans ce lieu marqué par des magnificences, des pompes, théâtre de tant de voluptés et de crimes. J'y jouis encore d'une fête, mais c'était la nature qui la donnait. Le soleil descendant vers la mer éclairait cette campagne de Rome riche de ces lignes de ruines, riche aussi de son abandon et belle de son deuil. Le reflet d'une lumière dorée en dessinait tous les plans, depuis le cirque Maxime, jusqu'au rivage d'Ostie. Enfin le lierre, le myrte, les fleurs suspendues en guirlande d'une arcade à l'autre, se balançaient mollement au-dessus de ma tête. L'aigle s'élance encore des sommités de ce monument : mais il ne guide plus des légions victorieuses; il n'intimide plus que les milliers d'oiseaux qui se jouent dans les caissons des voûtes, et sont désormais les seuls habitans du vaste et silencieux palais des maîtres du monde.

Je regrettais souvent de ne plus voir avec le même intérêt ce que j'admirais avec transport dans ma jeunesse : il en est des sensations, des illusions de la vie, comme des verres d'une optique qui suffit à charmer les enfans ; plus tard les peintures nous en paraissent trop médiocres ; les verres se brouillent, se ternissent ; nous ne jouissons plus de rien.

Si l'on est plus frappé de la vue des grands monumens de l'antiquité, des ruines en général, la première fois qu'ils s'offrent à vos regards, c'est qu'à la nouveauté de cette sensation se joint un attrait irréfléchi : il semble que les dernières pensées des anciens se confondent avec votre première émotion, et qu'entre eux et vous il n'y ait rien eu d'intermédiaire.

Je trouvais, avec de grands changemens dans la société romaine, quelque chose d'éteint chez les personnes que j'avais connues les plus animées et les plus spirituelles. Je ne parle pas des beaux visages qui s'étaient flétris, mais de tous les amis de ma jeunesse qui avaient marché à grands pas dans notre vallée de misère. Comment l'âge mûr ne serait-il pas triste ? Il a eu le temps de voir oublier ce qu'il croyait devoir être immortel, d'entendre blâmer ce qui lui avait paru admirable, enfin d'assister à la destruction de toutes les idoles de ses beaux jours.

Loin de partager des préventions généralement établies contre la société italienne, je pense, au contraire, qu'on peut y rencontrer beaucoup d'esprit, de la droiture et des affections sincères. Il faut l'avoir connue dans la jeunesse pour se plaire à sa tranquille monotonie. Les Italiens suivent assez habituellement les voies communes de la vie ; dans ce chemin épineux, leurs pieds se placent sur la trace des pas de leurs pères : chez eux point d'illusions, point de rêveries, point de cette mélancolie mère du talent et parfois puissante comme le génie ; jamais de cette tristesse à laquelle le bonheur même paie un tribut volontaire. Les Italiennes ne demandent pas à la vie des joies plus vives qu'elle n'en peut donner. On chercherait vainement chez elles ces nuances fugitives, heureux mélange de faiblesse et de dignité qui rend la société des femmes du Nord si douce et si attachante. De la vérité dans leurs sentimens, de la bonne foi dans leurs passions, peu de goût pour l'esprit et l'amitié, voilà, en général, ce qui me paraitrait caractériser les femmes italiennes. J'admets cependant toutes les exceptions, j'en ai même rencontré plusieurs. Ne jugeons point, comme quelques voyageurs, les Italiens d'après les laquais de place de Rome, et leurs religieux d'après certains frères lais qui vont quêter dans les auberges.

Les prétentions de deux couvens de moines franciscains d'Assise divisaient alors les Romains; on ne se disputait rien moins que le corps de S. François (1) : le procès était entamé, et le tribut déposé par les ames pieuses sur la tombe du Séraphique produisait tout de suite de gros factums qui profitaient merveilleusement au barreau romain.

Le sceptre des arts échappe des mains de l'Italie. La mort de Canova les rétablit en république ; personne n'aura la force ou la volonté de ressaisir l'influence qu'il exerçait d'une manière si noble et si juste pour les artistes de tous les pays. On ne fit jamais un meilleur usage d'une fortune considérable et d'un crédit mérité que cet illustre statuaire, bienfaiteur spécial de sa ville natale. Cet éloge n'est pas suspect de la part d'un Français qui regrette le temps perdu pour les arts et si mal employé par cet habile sculpteur pendant son dernier séjour à Paris.

Des écrivains italiens qui espèrent avoir leur part de l'immortalité de Canova, parce qu'ils la proclament lourdement depuis long-temps, vont jouir de leur prérogative et créer ou détruire les réputations des écoles. C'est de leur façon qu'on sera désormais *poverello* ou *celebrissimo*. On élevait alors sur le pavois un jeune Romain qui fait avec patience des pastiches de Raphaël et d'André del Sarte. L'habitude de copier les grands maîtres, la vénération pour leurs ouvrages, détruisent entièrement l'originalité chez les artistes italiens. Les statuaires singent l'antique, au lieu de s'inspirer de ses chefs-d'œuvre; les peintres se traînent avec plus ou moins de succès sur les traces de Carle Maratte. Les Allemands qui habitent Rome, et qui reprennent l'art à sa source, ne trouvent de vérité, d'élévation, que dans le Giotto et le Cimabué. Ils sont intimement persuadés que l'école italienne a été égarée sans retour par la dernière manière de Raphaël.

Je pris le chemin de Naples le plus tôt possible, pressé de me rendre en Sicile, sans que j'eusse néanmoins l'espérance de la visiter avant l'époque des plus grandes chaleurs. Après nous avoir fort effrayés de la rencontre des brigands, on alla jusqu'à me proposer un abonnement avec eux. Je ne pus accorder aucune sorte de confiance à l'homme entre les mains duquel il fallait s'abandonner : une figure sinistre, de gros diamans à ses doigts, et des pistolets dans sa poche; tout cela, soutenu d'un parler patelin et de révérences profondes, me dégoûta de la négociation. J'eus lieu de m'en applaudir; mon voyage fut parfaitement tranquille. Parti de Rome la nuit, je me réveillai au commencement des marais Pontins. Jamais une inscription plus modeste que celle que je vais rapporter, ne fixa le souvenir d'un grand bienfait. Un chemin magnifique traverse les marais Pontins; de vastes canaux assurent l'écoulement des eaux; la mer est repoussée dans ses limites naturelles. On se demande à qui les états romains doivent ces rares avantages, et on lit les paroles suivantes sur une simple borne :

OLIM PONTINA PALVS,
NVNC AGER PONTINVS.
OPVS PII VI.
ANNO MDCCXCIII.

Je traversai rapidement Terracina, l'ancienne *Anxur*. A Fondi, je fus frappé du grand nombre des mendians et de la belle tenue des troupes ; j'étais dans les états du roi de Naples : ce sont sans doute les mêmes soldats sur lesquels Joachim fondait de si belles espérances, parce qu'ils manœuvraient comme l'ex-garde française....

Je m'arrête à Gaëte ; quelle douce chaleur ! Voici le midi de l'Italie. L'auberge est située près de la mer : appuyé sur le parapet d'un jardin en terrasse, je me laisse éblouir par cette lumière brillante. Les débris d'un temple, qui faisait, dit-on, partie de la maison de Cicéron, sont cachés sous des bois d'orangers chargés de fruits ; quelques cyprès s'élèvent et coupent la ligne ; enfin des colombes blanches se promènent avec confiance auprès de moi.

Le costume des femmes de Mola di Gaëta est pittoresque ; il n'a sans doute jamais varié depuis le voyage d'Horace : ces jeunes filles qu'il admirait, avaient les cheveux tressés et roulés avec une étoffe, et retenus par une grande épingle d'argent. Telles sont encore les habitantes de ces petites maisons qui se découpent sur des côteaux couverts d'oliviers et se répètent dans la mer.

Tous les villages de la route ne sont pas si élégans que Mola. Itri semble être de loin un lieu charmant : un vallon le partage et lui porte une source abondante ; des palmiers le couronnent : mais dans l'intérieur tout est ruine, misère, abjection ; la population est hideuse.

On croirait, en entrant à Naples *(a)*, que cette ville est occupée par des troupes étrangères : tant la copie des uniformes des autres nations est scrupuleuse. Les officiers de marine veulent à toute force être pris pour des Anglais ; les troupes de terre étouffent dans des habits russes ou autrichiens ; et cependant le véritable costume national est le froc de moine, l'habit ecclésiastique à l'espagnole, l'uniforme militaire en taffetas, et le simple caleçon pour les *lazzaroni* : tout le reste est emprunté.

On est toujours surpris de l'immense quantité de ducs, de princes, dont la ville de Naples

---

(a) Le royaume de Naples est situé entre le 37.ᵉ degré 40 minutes et le 43.ᵉ degré 10 minutes de latitude septentrionale. Sa longitude est entre le 10.ᵉ degré 10 minutes et le 16.ᵉ degré 20 minutes du méridien de Paris. Sa plus grande longueur, du fleuve Tronto au cap Spartivento, est de 420 milles ; sa largeur, de la pointe de Campanello au promontoire Gargano, est de 131 milles. On croit que le royaume de Naples a 23 milles carrés de superficie.

fourmille. Si ces titres furent originairement la récompense de grands services, peu de pays virent naître plus de héros et de citoyens utiles que le royaume de Naples. L'Italie a toujours été couverte de gens qui portaient des titres. Le Tassoni fait tuer par un de ses héros trente marquis dans un seul combat :

> Uccise di sua man trenta marchesi :
> Pero che i marchesati in queste bande
> Si vendevano allor pochi tornesi ;
> Anzi vi fù chi, per mostrarsi grande,
> Si fe' investir d'incogniti paesi
> Da un tal signor che, per cavarne frutto,
> I titoli vendea per un presciutto.
> (*Secchia rapita,* cant. VII, st. 21.)

C'est à Naples que Rome ancienne et l'Europe moderne doivent la première idée de ce polichinelle qui fait le bonheur de l'enfance et obtient un sourire de tous les âges. Une peinture trouvée à Herculanum, et qu'on revoit aussi sur plusieurs vases, rappelle ce personnage comique : au-dessous était écrit, *civis atellanus*. La pose, la physionomie du polichinelle antique, sont d'un burlesque achevé. On peut penser que ce bouffon jouait des rôles dans ces atellanes si bien accueillies jadis par la jeunesse patricienne. Les descendans immédiats de ces bouffons passent tous pour être natifs d'Acerra, ville près d'Atella, dans le royaume de Naples. Les lazzis, la gourmandise et sur-tout la poltronnerie de polichinelle, réjouissent toujours les Napolitains. Les étrangers eux-mêmes s'en amusent, quoiqu'ils soient privés de l'avantage de sentir toute la finesse des équivoques de ces bouffons et l'à-propos de leurs satires souvent très-piquantes.

Avant de m'embarquer pour la Sicile, je voulus revoir Pompeii : cette ville, qui ressuscite par lambeaux, nous initie dans les secrets de la vie intérieure des anciens, sans rien détruire des idées d'élégance qui s'attachent à leur souvenir. Les travaux ont été suspendus au moment où quelques légères recherches complétaient l'ensemble de cette importante découverte. On peut dire que les états du roi de Naples sont doubles : il possède autant de villes souterraines que de villes habitées, et presque autant de statues qu'il compte de sujets. Nous revînmes de Pompeii par le Vésuve ; je l'avais vu plus menaçant. Arrivé sur le sommet du cratère, je plongeais mes regards dans les profondeurs de cette fournaise, toutes les fois que le vent détournait les vapeurs sulfureuses et les tourbillons d'une fumée noire et rougeâtre. Un rocher d'une forme pyramidale demeurait isolé au milieu du cratère; sa base semblait être de soufre, son sommet d'un rouge pur, et des bandes, des efflorescences de toute couleur lui formaient une couronne éclatante. Nous montions, nous descendions dans la cendre, les scories, le mâchefer : à nos pieds coulait une source d'eau chaude; plus loin un ruisseau de laves enflammées descendait lentement vers Resina. La nuit était obscure, orageuse; sans voir la mer, on l'entendait au loin se briser sur le rivage. Ici la pensée n'est qu'une prière; tout disparait devant celui qui créa les mondes, et dont la toute-puissance montre un fleuve de feu à la *Campania felice*.

J'allai le lendemain me reposer à Baïa, au port de Baouli, et dessiner le lointain de Procita, d'Ischia et du cap Misène. Assis sur la colline qui domine les champs Élysées, j'étais entouré de chèvre-feuilles, d'aloès, de genets, de figuiers, dont les parfums se réunissaient pour embaumer l'air. Des milliers d'insectes bourdonnaient autour de moi, de gros lézards sortaient des tombeaux. Des tremblemens de terre sont venus confondre dans ces sépulcres les noms, les âges, et mêler la cendre du maître à celle de l'esclave.

Je m'embarquai à Naples, le 24 avril 1820, à quatre heures après midi, sur le paquebot *il Tartaro*. J'étais accompagné de M. Clérian, jeune peintre de paysage, et de M. Van Cléemputte, architecte, pensionnaire de l'école de France à Rome, doué d'autant de modestie que de talent. Le zèle et les travaux de ces deux artistes m'ont été d'un grand secours.

Le *Tartaro* faisait partie d'un convoi portant des troupes à Palerme. Sept vaisseaux obéissaient à un bâtiment de 74 canons, *le Capri*. Nous sortîmes de la rade par un vent faible, mais assez favorable, qui devint ensuite très-frais et tout-à-fait contraire. Après avoir vainement essayé de se mettre sur le vent, tout le convoi s'établit en dérive, et se réunit, au bout de trois jours, sur la côte de Sicile, dans le golfe d'Olivieri, près de Mazzara. Au-dessus de la plage d'Olivieri, petit hameau pauvre et délabré, se voient, sur la hauteur, les ruines de Tyndare, dont une partie, ainsi que le promontoire, s'est abimée depuis long-temps dans la mer.

A peine étais-je débarqué, que le plus riche habitant d'Olivieri, dont nous réclamions l'hospitalité, me dit naïvement, au milieu de son refus, qu'il n'avait reçu de sa vie que le prince héréditaire de Bavière; mais cette fois, ajoutait-il, j'ai couru et insisté du meilleur cœur du monde pour lui offrir tout ce que je possédais.

Le bâtiment sur lequel j'avais fait cette traversée aussi peu commode pour moi que toutes les autres, était encombré de soldats napolitains, d'officiers de cette nation et de leurs femmes, leurs enfans; tout cela placé pêle-mêle, tout cela malade : de là un désordre, une saleté, insupportables. Ces bonnes femmes se persuadèrent que la présence d'un Français devait porter malheur; elles me prirent en grippe. Ce sentiment, qui ne les embellissait pas, vint compléter l'agrément du voyage.

Olivieri dépend de l'évêché de Patti. On voyait, au fond du golfe, les hameaux de Sainte-Lucie, Barcelona, Pizzo di Gotto, et le château de Milazzo, l'antique *Mylæ*, célèbre par la bataille navale où le consul Duillius vainquit les

Carthaginois. La culture des montagnes qui bordent ce rivage, était riante, variée; le soleil n'avait encore rien desséché. Au premier coup-d'œil, les habitans me semblèrent soumis, avides, ne parlant que d'argent et d'alimens, de ce qu'ils avaient envie de prendre et de ce qu'ils auraient pu manger.

Nous étions à quatre-vingts milles de Palerme et à trente de Messine. C'est sur un plateau très-élevé qui s'avance dans la mer, auprès d'un petit couvent dédié à la Vierge (*Madona di Tindara*), que fut Tyndare (2), jadis riche, peuplée et florissante par son commerce. Des vestiges d'une citadelle, d'un théâtre, d'un amphithéâtre, sont encore placés d'une manière pittoresque à mi-côte, entourés de vignes sauvages et de caroubiers. Je regrettais beaucoup de ne pouvoir m'y arrêter quelques jours. De la pointe du promontoire, on jouissait aussi d'une vue admirable. Les ruines d'un temple qui pouvait être celui de Cérès, couvraient une colline voisine de nous. Assez près de là était celui de Mercure, dont Verrès fit enlever la statue; ce Mercure que Scipion, après la prise de Carthage, fit placer sur cet autel: *Qui sacris anniversariis apud eos*, dit Cicéron, *ac summâ religione coleretur, quem P. Africanus, Carthagine captâ, Tyndaritanis non solùm suæ victoriæ, sed etiam illorum fidei societatisque monumentum atque indicium dedisset, hujus vi, scelere imperioque esse sublatum.* Voilà peut-être la place où Sopater subit son jugement : *Equestres sunt medio in foro Marcellorum statuæ, sicuti ferè cæteris in oppidis Siciliæ; ex quibus iste C. Marcelli statuam delegit, cujus officia in illa civitate totaque provincia recentissima erant et maxima : in ea Sopatrum, hominem tum domi nobilem, tum summo magistratu præditum, divaricari ac deligari jubet.*

De grandes pierres blanches amoncelées dessinent le circuit des murailles de Tyndare et de ses portes principales; le chemin passe encore dans le même lieu que la voie antique. J'allai ensuite visiter l'église de la Vierge, qui date du XV.e siècle; j'y trouvai un redoublement de ferveur, parce qu'une neuvaine faite à la sainte image avait eu pour résultat de rendre la parole à une jeune fille : ce dont je me suis aperçu, c'est que ce culte tendre et touchant inspire aux religieux qui desservent cet oratoire, le sentiment de l'hospitalité, qu'ils exercent de la manière la plus égale et la plus simple. J'étais monté jusqu'au monastère avec peine par un chemin scabreux, tantôt au fond d'un ravin, tantôt sur des rochers taillés en escalier : aussi cette course me fit-elle apprécier bien mieux encore l'excellente malvoisie de Tyndare.

Tout en montant au monastère, quand je me retournais pour respirer, il m'arrivait de la mer, qui se brisait à nos pieds, un vent frais de nord, et j'apercevais à l'horizon toutes les îles éoliennes : Volcano, l'antique *Hiera* ; Volcanello, autrefois *Evonyme* ; Lipari ; Salina, autrefois *Didyme*, connue par ses bains ; et Stromboli, l'antique *Strongyle*. J'avais passé au milieu de toutes ces îles, le soir, au soleil couchant, par un coup de vent forcé : la mer était alors agitée, et les vapeurs condensées sur les montagnes semblaient être autant de tourbillons d'une fumée épaisse, que des volcans poussaient avec force vers le ciel. En effet, de temps en temps, les feux de Stromboli brisaient et dissipaient ces nuages. Nous passions sous cette voûte sinistre ; et dans le fond le mont Etna, chargé de neiges, encore éblouissant de lumière, annonçait la Sicile avec une inconcevable grandeur.

J'avais eu le projet de suivre la côte jusqu'à Palerme, de passer ainsi par Patti, Santa-Agata, San-Stefano, Cefalu et Termini; mais j'en fus dégoûté par la cupidité, la mauvaise foi de l'homme qui me louait trois chevaux et offrait de m'accompagner. On se réunit pour m'assurer qu'il y avait peu de sûreté à voyager sans l'appui des *campieri (a)*, sans lettres de recommandation pour les capitaines d'armes et les syndics. L'établissement récent de la conscription jetait dans les bois une quantité de vagabonds dont la rencontre eût été peu agréable. Tout ce que je vis d'habitans de ce pays pendant ces premiers jours, me parut pauvre, superstitieux, et d'une finesse voisine de la fausseté. Je dois dire aussi que l'expérience m'a ramené à des sentimens plus confians envers la population sicilienne.

La traversée d'Olivieri à Palerme fut assez rapide. Nous passâmes vis-à-vis d'un village abandonné, *Joyosa Vecchia :* ses ruines sont

---

(a) Garde-chasses et sergens des seigneurs et barons.

placées sur le sommet d'une montagne, près du cap d'Orlando, jadis *Agathyrnum.* Au bas sont les îles de Felicudi et d'Alicudi *[Phœnicodes* et *Ericodes],* qui font partie de l'archipel éolien. Toute cette contrée semble assez sauvage; cependant de petits hameaux paraissent parfois cachés dans des vallées.

PALERME.

Le premier mouvement de surprise que fait éprouver à un voyageur la physionomie pittoresque d'un peuple, est toujours favorable au projet de la saisir, de la peindre : plus tard l'habitude efface cette impression. Il me semble au contraire que, pour parler de l'esprit, des mœurs d'une nation, attendre, c'est étudier, chaque jour devant apprendre quelque chose.

Ce qui me frappa le plus du premier aspect de Palerme [l'antique Panorme *(a)*] (3) dès mon arrivée dans cette ville, fut la singularité

(a) *Panormos [totus portus],* port de toutes les nations, qui fut jadis divisé en trois parties : *Neapolis,* l'une d'elles, forcée par les Romains dans la première guerre punique, entraîna la prise du reste de la ville.

de la physionomie de ses habitans et son caractère prononcé, qui justifient si bien toutes les fatigues d'un voyage entrepris à la recherche de sensations nouvelles.

Palerme a peu de rapport avec les villes d'Italie; plusieurs palais, ses églises, me rappellent Burgos et Valladolid : l'ensemble des habitudes, des mœurs, complète la ressemblance castillane. Je débarquai sur le quai du port à six heures du soir : un ballon venait d'être lancé; il ne devait pas aller très-loin : mais c'était une nouveauté pour les Palermitains, qui se livraient à la joie la plus vive et la plus bruyante. Je me réfugiai sous la protection d'une calèche qui cheminait lentement, afin de ne pas être entraîné par une foule d'abbés, de militaires, de *lazzaroni* et de femmes à demi voilées. Deux moines franciscains, assis sur le devant de cette voiture, prenaient des glaces en causant avec une grosse dame coiffée d'un chapeau surmonté de plumes. Quelques coureurs *(a)* mal tenus entouraient

---

(a) Selon Talamanca, il n'y avait à Palerme, en 1550 ou 1551, que trois voitures nommées alors charrettes, et l'usage n'en commença qu'à cette époque, à l'occasion du mariage de la fille du vice-roi, Jean de Vega, avec le duc de Bivone.

d'autres carrosses arrêtés au milieu de cette multitude charmée de la soirée.

La lune éclairait ce quai ; mais à peine fus-je entré dans une rue par une porte triomphale, que je ne trouvai plus qu'une obscurité profonde, quelques lampes s'éteignant devant une madone et de grands palais bien sombres qui me reportaient vers les demeures des Gusman, des Sanche et des Olivarès. On aurait le droit de s'attendre à une aventure, de croire que la duègne va vous accoster, qu'une jalousie va s'entr'ouvrir, enfin que l'amour va faire diversion à la solitude de ces lugubres manoirs.

Il serait aisé d'assigner la cause du bruit continuel qui règne à Palerme, tandis qu'à Naples le tumulte qui dure nuit et jour, n'est produit que par des gens aussi avares de mouvement que de paroles.

Rien n'est si piquant, lorsqu'on met le pied en Sicile pour la première fois, que la mobilité des traits de ses habitans. Un froncement de sourcils, une façon d'allonger le menton, de contracter les narines, composent une conversation animée; ce sont des demandes ou des réponses claires et positives. Quand la parole reprend ensuite ses droits, la pantomime est si pressée, les doigts deviennent des auxiliaires si rapides, que le regard peut à peine les suivre. Le *Cassero*, principale rue de Palerme, offre ainsi des scènes continuelles, toutes comiques et toujours variées. Les rues sont encombrées de moines de tous les ordres. On ne rencontre que des figures coiffées d'un capuchon, d'une calotte, d'un petit chapeau triangulaire, les bras croisés, l'œil contrit, l'air composé : chacun envie un regard de ces bons religieux, et s'approche respectueusement pour leur baiser la main.

Palerme est coupée par deux grandes rues, et le point central où elles se rencontrent, forme une place octogone. La décoration de cette place, qui date de 1592, sous le règne de Philippe III, rappelle le style florentin; elle a de la magnificence, mais elle ne saurait soutenir un examen sévère. L'une de ces rues, qui va de la mer à la campagne, porte indistinctement le nom de *Cassero* ou de *Tolède*. *Cassero* (a) vient probablement de l'arabe *el cassar,* soit parce que

---

(a) On peut croire aussi que ce nom lui vient du sacrifice que fit le duc de Cassero en laissant abattre son palais pour qu'on pût prolonger et embellir cette rue.

cette rue conduisait à un château, soit parce qu'un château était construit sur cet emplacement. C'est enfin le quartier des affaires, que tout le monde veut habiter : on s'y rencontre cent fois par jour. Les équipages de la noblesse palermitaine passent tous les soirs au *Cassero* pour se rendre au bord de la mer, où se réunissent toutes les élégances, tous les gens à la mode.

L'usage populaire des petites fontaines en marbre établies au coin des rues doit dater de l'époque où les Sarrasins étaient maîtres de la Sicile. Chacune de ces fontaines a son bassin, son jet d'eau, et des vases en verre remplis d'une eau limpide. On y vend au prix le plus modique des oranges, des citrons, de la limonade et des glaces.

Presque toutes les maisons de la rue de Tolède sont couronnées, dans leurs étages supérieurs, de balcons avancés et de loges grillées, sans trop de précaution. J'appris que ces galeries appartenaient à des couvens de femmes. Souvent tel monastère très-éloigné a payé fort cher l'avantage de jouir de la vue de cette promenade; les religieuses, leurs pensionnaires, n'y arrivent que par des chemins souterrains qui passent sous des places, des palais, et communiquent de la galerie au monastère. De jeunes demoiselles nobles habitent ces couvens ordinairement fort riches. Elles recevaient autrefois au parloir, et donnaient des goûters, de petits concerts spirituels. On les retrouvait sur les balcons du *Cassero* à l'heure de la promenade; les gens intéressés à les revoir se logeaient près de ce lieu; on se parlait par signes : mais tout cela est changé. Les religieuses actuelles des couvens de Palerme portent la peine de la gaieté qui animait leur asile il y a quarante ans, et de ce qu'en ont dit quelques voyageurs indiscrets. Les églises de ces couvens sont très-ornées ; des lucarnes rondes, grillées d'argent, d'environ deux pieds de diamètre, placées à trois pieds du pavé, servent de confessionnaux. J'y voyais sans cesse des prêtres assis dans un bon fauteuil, l'oreille appliquée à la grille, écoutant patiemment les scrupules religieux.

Le peuple de Palerme se plaint des impôts qui l'accablent; on lit sur la porte d'un bureau d'octroi, à l'entrée de la ville, *Dazio de' fiori*, impôt sur les fleurs. N'est-il pas trop cruel d'imposer les fleurs et de tolérer dans les rues des monceaux de fumiers?

La *Bagaria*, située à trois milles de la ville environ, ornée de maisons de plaisance, est célèbre dans les annales des plaisirs palermitains. On pourrait croire que son nom vient de *baccaria*, lieu consacré à Bacchus : en effet, le revers des médailles de Panorme offre une grappe de raisin. Je ne vois à la Bagaria que des bâtimens énormes établis à grands frais sur des rochers : pas un arbre, pas une prairie; la vue seule est assez variée, parce que la mer la termine. On ne peut se dispenser de visiter la maison du prince de Palagonia : il avait eu le goût bizarre de décorer ses jardins de statues sottement monstrueuses; il en reste encore plusieurs, quoique son fils, plus sage que lui, en ait fait briser beaucoup. Le prince de Palagonia dessinait lui-même ces images ridicules, et réalisait ainsi les rêves d'un fiévreux de peu d'imagination. Le domestique qui montre l'intérieur de la maison, me disait, en parlant de la manie de son défunt maître : *Povero uomo non amava ne donne, ne gioco, ne teatro ; ma si divertiva di quelle bestialità*. Nous y trouvâmes deux moines jouant au billard en attendant le dîner du prince, qui dîne fort bien, dit-on, et ne fait plus faire de statues. Je recommande aux curieux la galerie des portraits de famille des princes de Palagonia.

J'allai voir, dès les premiers jours de mon arrivée, les ruines de *Soluntum*, près de la Bagaria, sous le mont Catalfano. On ignore l'origine de cette ville, qui appartint long-temps aux Carthaginois. Pyrrhus y plaça sa réserve lorsqu'il fit le siége de Palerme. Une petite voie, qui rappelle celle des Romains, conduisait à deux temples construits sur un côteau. Le peu qu'on découvre de ces monumens indique qu'ils furent d'une médiocre grandeur, et que leurs bases étaient creusées dans le rocher. C'est avec bien de la peine qu'on retrouve quelques chapiteaux doriques sous les ronces, les fougères, les arbustes qui les cachent.

Nous couchâmes à Termini, près de laquelle se trouvent les ruines de l'antique *Himera*. Cette ville est placée au pied du mont Termini, l'un des monts *Nebrodes*. L'église majeure de Termini passe pour être construite sur les ruines d'une grande fabrique ancienne, qui fut, dit-on, le palais du proconsul Sthenius. Nous dessinâmes le fragment d'une statue revêtue d'une toge, dont les Termitains font celle du consul. Les eaux chaudes de Termini ont assez de réputation ; une tradition sacrée chez les anciens faisait jaillir miraculeusement cette source pour délasser Hercule. *Himera*, détruite par les Carthaginois commandés par Annibal, pour venger Amilcar, ne s'est jamais relevée de ce désastre. Amilcar y fut défait par Gélon, le jour même où trois cents Spartiates mouraient avec tant de gloire aux Thermopyles, l'an 480 avant J. C. Termini peut avoir été élevé par les Carthaginois après la chute d'*Himera*. On croit que ce fut dans cette patrie de Stésichore *(a)* que furent représentées les premières comédies régulières d'Épicharme. Je renvoie, pour la vue de Termini, au dessin qui en a été gravé dans l'ouvrage de M. Osterwald.

L'intérieur de la chapelle de Sainte Rosalie, sur le mont Pellegrino, compose le tableau le plus pittoresque. Lorsqu'un rayon de soleil pénètre, au travers des lierres et des broussailles, dans cette église taillée dans le roc, sa lumière mystérieuse éclaire avec magie l'autel doré et l'image de la patronne de Palerme.

(a) Inventeur de la poésie bucolique.

Sainte Rosalie avait vécu dans sa jeunesse à la cour du roi Roger, dont elle faisait l'ornement. Un sentiment malheureux lui fit quitter le monde en 1220 environ ; et, ne trouvant les règles d'aucune communauté assez austères, la belle pénitente se retira dans une grotte du *monte Pellegrino :* elle y mourut peu de temps après. Ensevelie par les anges, le parfum des roses qui se renouvelaient sur son tombeau, trahit le lieu de sa sépulture.

La cathédrale de Palerme, construite en 1185 par Gautier, archevêque de cette ville, fut placée sous l'invocation de Sainte Rosalie, dont l'intercession délivra Palerme du fléau de la peste. L'extérieur de ce monument, d'une architecture moresque et grecque du Bas-Empire, est du plus bel effet. M. Van Cléemputte en fit un dessin que l'on retrouvera avec plaisir dans l'ouvrage de M. Osterwald. On y admire les tombeaux de porphyre des empereurs Henri et Frédéric, dont les épitaphes furent composées par le chanoine Roger Paruta. Je pense que ces énormes blocs de porphyre ont été rapportés de la Syrie. J'en ai vu moi-même d'une grande dimension sur le port de Césarée en Palestine, qui semblaient avoir été préparés pour être transportés en Europe. Il est donc probable que les cendres renfermées dans ces monumens n'ont usurpé la place d'aucune grandeur païenne (a). Cette église est éclairée, le soir de la fête de Sainte Rosalie, par cinq cents lustres chargés de bougies, dont l'éclat est réfléchi par des miroirs placés avec beaucoup d'art. Aussi le coup-d'œil de cette immense basilique est-il alors éblouissant.

La fête de Sainte Rosalie, qui se célèbre à Palerme au mois de juillet avec la plus grande pompe, rappellera désormais le souvenir des derniers troubles. Le feu d'artifice qui précéda cette solennité fut le signal de ce terrible incendie. C'en est fait depuis de la prospérité palermitaine, et des spectacles brillans dont cette population jouissait si bien.

Rien ne donne mieux l'idée de cette fête que les gravures du Voyage de Saint-Non, exécutées d'après les dessins de Després. Les ouvrages de cet habile artiste portent tous l'empreinte du talent le plus facile et le plus vrai. Il a su rendre

---

(a) Le sépulcre de porphyre du pape Clément XII [Laurent Corsini], placé à présent à Saint-Jean de Latran, renfermait jadis les cendres d'Agrippa et décorait le Panthéon.

dans de petites proportions la décoration des monumens, le luxe de guirlandes qui traversent les rues, l'effet des illuminations. Son crayon spirituel sait exprimer, dans de petites figures, la joie, le mouvement, l'ivresse du peuple de Palerme : Callot ne s'en serait pas mieux acquitté. Després fut aussi un architecte ingénieux, d'une imagination féconde : avec plus d'ordre dans les idées et plus de suite dans ses travaux, il eût laissé sans doute après lui la réputation dont il était digne.

Guidés par le P. Francesco, nous visitâmes les catacombes du couvent des Capucins. Les jardins sont plantés de grands arbres; des allées de myrtes sont couronnées par des orangers courbés sous le poids de leurs fruits; des ruisseaux d'eau vive murmurent à leurs pieds et les fécondent. Padre Francesco parle modestement de lui-même et beaucoup des vertus de ses frères; il m'assurait qu'un d'entre eux avait été vu plusieurs fois en extase, élevé de terre de plusieurs pieds, et appartenant déjà aux délices des élus. « Les jours de fêtes solennelles, ajouta-
» t-il, lorsque l'abondance règne par-tout, le
» saint, pour se punir de la bonne chère que

« font les autres, place dans sa bouche une
» petite boule de sel, qui lui suffit pour trois
» jours. » Le lieu où nous arrivions faisait plus
d'impression sur nous que les histoires du bon
religieux. Un escalier peu éclairé conduit dans
une crypte souterraine, dans un long corridor
carré, dont le pourtour est tapissé de squelettes
à demi recouverts d'une peau tannée. Plusieurs
de ces morts, vêtus d'une robe de moine, conservent quelque chose de leur physionomie.
Leurs bras sont parfois dirigés en avant, parfois
aussi placés le long du corps, ou croisés sur la
poitrine. Au-dessous, dans des coffres couverts
d'armoiries, sont les femmes, les jeunes personnes. J'y ai lu le nom d'une demoiselle de
Vintimille, morte en 1819, âgée de dix-sept
ans. Ici les rangs sont encore séparés; un bourgeois sèche loin d'un signor, qui n'ose pas
pourrir près d'un prince. Mon religieux, fami-
liarisé avec ce spectacle, remettait à sa place
tel mort qui s'en était dérangé. La propriété
dont jouit ce lieu, de conserver à l'abri de
la corruption les corps qu'on y dépose, est si
surprenante, que de petits enfans paraissent
encore jouer ensemble. Les âges sont réunis;

les sociétés, les habitudes de cette vie, semblent avoir été observées et respectées.

C'est dans ce temple de la mort que sa pensée devient grande et terrible ; elle s'empare du cœur pour y porter l'épouvante. Cette initiation aux mystères du sépulcre détruit l'idée d'un lendemain, dégoûte de ce qui charmait, détache de ce qui troublait les sens ; enfin elle effraie l'homme le plus ferme de sa prison d'argile, de son infaillible et prochaine destruction.

On m'a montré des corps qui, aux bonnes fêtes, répandent les odeurs les plus suaves ; d'autres qui ont la propriété de guérir de la fièvre dès qu'on les touche ou qu'on en approche. J'ai emporté de ce lieu singulier des croquis, des bouquets de fleurs d'oranger et les bénédictions du Padre Francesco.

L'art de la peinture est tout-à-fait négligé en Sicile. Les ouvrages del signor Velasquez, quoique fort vantés par ses compatriotes, ne rappellent point ceux du célèbre maître de l'école espagnole. Le Velasquez palermitain, et son rival, dont j'ai oublié le nom, ont peint, dans le palais de *la Favorite*, des Chinois qui ressemblent à des *lazzaroni*, et des beautés grecques qui rassurent sur l'état de la conscience de ces deux artistes ; ils ne seront jamais accusés, sans doute, d'avoir étudié d'après nature ces groupes de nymphes et de déesses.

Quant à la sculpture, personne ne s'en occupe ; les Siciliens sont demeurés admirateurs exclusifs du Gaggini, statuaire fécond du XV.ᵉ siècle.

Palerme a deux théâtres : on joue l'opéra seria sur le premier, *Carolino*; dans l'autre, de petites comédies siciliennes, des farces assez ignobles. Un acteur sicilien dont le jeu est plein de naturel, y était fort applaudi ; il excelle dans les niais méchans, caractère qui se rencontre trop souvent par-tout pour n'être pas aisément pris sur le fait. L'opéra d'*Iphigénie* était alors applaudi avec transport : Achille était représenté par une femme qui chantait merveilleusement bien; aussi personne ne s'apercevait de la laideur du héros et du costume grotesque de l'armée grecque. Le goût de la musique est aussi vif à Palerme que dans le reste de l'Italie; l'expression de cette jouissance y est aussi passionnée : on dit toujours, avec le Tassoni : *A chi l'armonia non piace, indemoniato o bestiale, e de dire che sia.*

J'ai retrouvé ici dans les loges la même monotonie d'habitudes, de visites et de causeries, que dans tous les *palchi (a)* des théâtres de l'Italie. Le bon ou le mauvais succès de la chanteuse, l'opéra qu'on attend, la température de la journée, font seuls les frais de la conversation : les mêmes sujets se traitent ainsi par-tout avec le même éclat et à la même heure.

Quel doux repos que celui dont on jouit dans le jardin du monastère de *Maria di Giesù*, à environ deux milles de Palerme ! Ce couvent est adossé à une montagne dont la pente est douce; le coteau, couvert d'une herbe épaisse, est planté de cyprès, de pins, d'orangers et de grands aloès : des terrasses couvertes de treilles sont pratiquées au milieu de cette forêt; des sources abondantes tombent en cascades, et forment, à chaque étage de ces terrasses, des bassins d'une fraicheur délicieuse.

...... Illic vivere vellem,
Oblitusque meorum, obliviscendus et illis,
Neptunum procul è terra spectare furentem.
(Horat. *Epist.* lib. 1, ep. XI.)

La pureté de l'air, le son de la cloche du

(a) Loges des théâtres.

monastère, l'admirable végétation de ce lieu, la vue du port et de la ville de Palerme, le bruit lointain d'une cité populeuse et le silence de cette retraite, enfin le contraste de tous ces genres d'intérêts, jettent dans une douce et profonde rêverie. L'ame s'élève dans une région de contemplation et de paix ; elle jouit de cet état passager d'harmonie intime entre le calme de la nature et l'exaltation de la pensée.

Un chemin superbe conduit à l'abbaye de Monréale, à quatre lieues de Palerme; on traverse la plaine la plus riante, la plus fertile, plantée de palmiers, de caroubiers, de platanes; on y voit aussi le *salix*, le *sambucus*, le *populus*, l'*anagyris* et le sumac. La montée la mieux ménagée conduit à cette église construite avec tant de luxe par Guillaume II, et dont la plus grande partie a été incendiée en 1811. Des portes de bronze, des voûtes incrustées de mosaïques dorées, cinquante colonnes de granit ou de porphyre, un maître-autel d'argent massif, des tombeaux sans nombre, tout a été la proie des flammes. Je vis dans le couvent, qui a été épargné, un beau tableau de Pietro Novello dit *le Monréalese*, ami et rival de Van Dyck.

Novello mourut à Monréale sa patrie. Un pinceau large, une couleur vigoureuse et suave, distinguent particulièrement les ouvrages de ce maître, qui avait d'abord suivi la manière de Ribera [l'Espagnolet]. On peut reprocher au Monréalese un dessin faible et souvent incorrect. La fille de cet artiste, élève et émule de son père, travaillait parfois avec lui. Les productions que l'on doit à cette réunion de talens sont remarquables par la grâce et l'harmonie de la couleur.

L'incendie a respecté dans l'église de Monréale le tombeau de Guillaume-le-Bon. L'éditeur du Voyage de Saint-Non suppose que cet ouvrage est du XII.e siècle, tandis qu'il porte la date de 1575. C'est le monument élevé à Guillaume-le-Mauvais qui est de 1177. Un cloître carré, soutenu par deux cent seize colonnes de marbre blanc, des jardins charmans, des fontaines, un site admirable, tout fait envier le sort des nombreux et riches Bénédictins qui composent la communauté de Monréale. Ces religieux fréquentent peu leur bibliothèque et interrogent rarement leur médaillier. Je passai de là au monastère de Saint-Martin, construit par Grégoirele-Grand, et sa magnificence me fit oublier la somptueuse abbaye de Monréale. L'ouvrage de M. Osterwald donnera une juste idée de l'importance, de la grandeur de ces pieuses retraites; mais leurs cénobites ont échappé à mon crayon. Il ne faut chercher dans ces monastères ni des Calmet, ni des Montfaucon : on y trouve plus habituellement une douce insouciance des affaires de ce monde, des rapports tranquilles avec les hommes, et seulement quelques ambitions de devenir prieur ou abbé. Les moines de ce pays sont généralement enclins à la tolérance. Je leur ai entendu adresser ce reproche par des gens austères, mais souvent aussi durs envers le prochain qu'envers eux-mêmes.

Le prince royal de Naples, duc de Calabre, qui gouvernait alors la Sicile avec le titre de régent, habite souvent une maison charmante (*Bocca di Leone*), voisine de Monréale, où il se livre à son goût pour le perfectionnement de l'agriculture. Il est impossible d'avoir une instruction plus solide, de s'occuper avec plus d'ardeur du bonheur du peuple, que ce prince, dont les mœurs sont douces et simples. Le duc de Calabre et son auguste épouse sont adorés à

Palerme, et j'ai trouvé par-tout l'affection la plus vraie pour ce ménage royal, si uni et entouré de si jolis enfans. On reconnaît aisément la tige d'où nous vient une branche chargée de si beaux fruits. Un Français ne saurait voir sans émotion le berceau d'une princesse dont la Sicile ne connut que la grâce, tandis qu'il nous était réservé d'admirer son courage.

Comblé de bontés par son Altesse royale, muni de lettres pour les intendans et les chefs des communautés religieuses de la Sicile, j'allai dire adieu à Palerme du sommet de la Zizza. Ce château moresque, aussi curieux que l'Alhambra, est l'ouvrage d'un émir qui donna le nom de sa fille à ce monument élégant. Il appela *Tuba*, du nom de sa seconde fille, un autre château près de Monréale. Guillaume II fit traduire en latin une inscription chaldéenne trouvée près de la Zizza ; nous en donnerons la substance :

Pendant qu'Isaac, fils d'Abraham, régnait dans la vallée de Damas, et qu'Ésaü, fils d'Isaac, gouvernait l'Idumée, un grand nombre d'Hébreux, suivis de plusieurs habitans de Damas et de la Phénicie, abordèrent sur cette île triangulaire, et choisirent leur habitation dans ce bel endroit, auquel ils donnèrent le nom de *Panormus*.

Une seconde inscription dans la même langue est conservée sur une des portes de la ville ; en voici le sens :

Il n'y a d'autre Dieu qu'un seul Dieu : il n'y a pas d'autre puissance que ce même Dieu : il n'y a pas d'autre conquérant que ce Dieu que nous adorons. Le commandant de cette tour est Sépho, fils d'Éliphaz, fils d'Ésaü frère de Jacob, fils d'Isaac, fils d'Abraham. Le nom de la tour est *Baych*, et celui de la tour voisine est *Pharat*.

Assis entre deux créneaux de la Zizza, je voyais au-dessous de moi le panorama de Palerme. Cette ville, dont la situation est la plus riante, la plus fortunée de la terre, méritait bien les différens noms que lui donnèrent les anciens, d'*aurea vallis*, d'*aurea concha*, et de *hortus Siciliæ*.

Le muséum d'histoire naturelle, qui fut construit par M. Dufourny, architecte français, au milieu du jardin botanique, me sembla lourd, écrasé : cette coupole qui couronne un édifice d'ordre dorique, est complétement bâtarde. L'ensemble de ce monument rappelle les barrières de Paris, élevées d'après les dessins de M. Ledoux.

Ce jardin, qui est bien tenu, et dans lequel

sont classées avec beaucoup d'ordre les diverses productions du règne végétal, communiquait avec la grande promenade publique, qui avait de la magnificence. Le musée, le jardin, la promenade, n'existent plus, dit-on, depuis le dernier siége.

La noblesse palermitaine ne se réunit pas aussi assidument qu'elle le faisait en 1777, époque où l'éditeur de l'ouvrage de Saint-Non nous parle de ces fêtes brillantes, de cet esprit de galanterie qui animaient encore la Sicile. La méfiance, fruit des troubles politiques, et le dégoût des plaisirs de la bonne compagnie, résultat d'une extrême civilisation, qui ont étendu le voile de la tristesse sur la vieille Europe, enveloppent aussi la Sicile dans leur crêpe nébuleux. On ne se visite guère que dans les loges au théâtre; et la maison de la princesse de Paterno, de l'illustre famille de Moncade, était la seule qui offrît encore aux étrangers les secours de l'hospitalité la plus recherchée, la plus attentive.

Nous trouvâmes autant de lumières que de prévenance chez le comte de Serra di Falco. Ce jeune seigneur sicilien s'est occupé avec beaucoup de succès des antiquités de sa patrie; il serait à desirer que sa modestie ne nous privât pas du fruit de ses travaux. Je ne saurais taire, parmi les personnes dont j'ai reçu le plus de marques d'obligeance, le nom de M. le baron Friddani, à qui j'ai dû l'avantage de connaitre des hommes qui, ainsi que lui, font un honneur véritable à la Sicile.

On montre avec beaucoup d'orgueil aux étrangers une résidence royale, *la Favorite*. Cette maison, construite à la chinoise, au milieu d'un jardin médiocre, est appuyée contre le *monte Pellegrino*. La maladresse gâte de tout son pouvoir ce que la nature a fait pour cette admirable vallée. La maison est entièrement décorée de magots, de sonnettes et de parasols, et, au milieu du luxe de Pékin, on trouve à chaque pas des saintes vierges et des gravures anglaises. Le chemin de Palerme est superbe jusqu'à Monréale; mais, au bout du vallon, on entre dans des défilés de l'aspect le plus austère. Je rencontrais de temps en temps des litières soigneusement fermées ; les mulets qui les portaient étaient couverts de clochettes, et il me semblait que le bruit et le mouvement de cette voiture devaient être insupportables.

Après avoir tourné une montagne assez aride, on aperçoit le petit village de Carini, l'antique *Hyccara* (4), patrie de la célèbre Laïs ; plus loin, l'île *delle Femmine* et celle d'*Ustica* ou des Os : celle-ci porte ce nom depuis que les Carthaginois y abandonnèrent, dit-on, six mille de leurs alliés, qui réclamaient de cette république perfide le prix de leurs longs services ; ils y périrent tous de faim et de misère.

L'île *delle Femmine* vit finir, en 1600, du supplice le plus cruel, un homme qui causa beaucoup d'inquiétude à la cour de Madrid. Il se nommait, a-t-on dit, *Marco Tullio Cotisone*. Les historiens espagnols affirment que cet aventurier était né à Malizano, village de la Calabre ; il se faisait passer pour dom Sébastien, roi de Portugal. Une ressemblance parfaite avec ce prince ; un air grand et majestueux ; des manières nobles, élégantes ; une connaissance approfondie des affaires politiques et des négociations secrètes de son temps : tout concourut à jeter dans le doute les gens qui se croyaient le plus assurés que le roi de Portugal avait été tué en Afrique. Cependant le roi Philippe avait racheté des mains des Maures, pour cent mille ducats, le corps de dom Sébastien. Marco Cotisone fut banni des états de la république de Venise, au moment où il disait qu'il revenait de Jérusalem. L'accomplissement d'un vœu formé sur le champ de bataille, lorsqu'il y fut laissé couvert de blessures, l'avait conduit, disait-il, dans la Terre-Sainte. Le prétendu dom Sébastien racontait l'histoire de sa guérison et de sa délivrance de la façon la plus intéressante et la plus vraisemblable. A Venise, des Portugais crurent le reconnaître ; ils tombèrent à ses pieds. De là Cotisone passa à Florence sous un habit de moine : il y fut arrêté et conduit à Naples. Le duc de Lemos fut frappé de la hauteur et de la justesse de ses réponses. Ce prétendant, condamné aux galères, s'y fit respecter et s'y concilia l'amour de tous les forçats. Transféré en Sicile, et visité par le duc de Medina-Sidonia, le prisonnier lui demanda avec fierté ce qu'il avait fait d'un petit Maure qu'il lui avait donné il y avait vingt-deux ans ; il finit par rappeler à ce duc une conversation fort importante que le roi dom Sébastien avait eue avec lui. Le duc de Medina-Sidonia, surpris, atterré, se retira fondant en larmes, après quelques mots que l'aventurier lui dit à l'oreille. Par une bizarre singularité, cet homme avait, ainsi que le roi dom Sébastien, un bras plus court que l'autre. Enfin ce malheureux, le fourbe le plus adroit, ou le plus brave et le plus à plaindre des hommes, périt sur la roue. Après sa mort, on répandit le bruit qu'il n'avait été conduit dans cette supercherie, d'après son propre aveu, que par le secours du diable. Le soin que l'on prit de répéter cette absurdité, serait plutôt un argument en faveur des prétentions de cet infortuné. La cour d'Espagne avait trop d'intérêt à jeter le plus grand jour sur cette imposture, pour n'y pas employer les moyens les plus sûrs et les plus certains.

Revenons à la patrie de Laïs. Nicias détruisit le berceau de cette célèbre courtisane, trois cents ans avant Jésus-Christ. Toute la population fut sacrifiée, à la réserve de quatre cents esclaves; la fille d'Épimandre, encore enfant, fut de ce nombre. Elle appartint ensuite au poète Philoxène. Son esprit, sa beauté, sa grâce voluptueuse, mirent à ses pieds non-seulement Corinthe, mais la Grèce entière, qui la combla de richesses. Le philosophe Aristippe céda à son charme. « Je la pos-

» sède, disait-il; mais elle ne me possède pas. »
Démosthène marchanda ses faveurs. Le prix de
dix mille drachmes effraya cet orateur célèbre :
« Je n'achète pas si cher un repentir », répondit-il:
Laïs, aimée par Diogène le cynique, avait raison
de ne pas croire à l'austérité des philosophes.
« Malgré ce beau nom, disait-elle, ils n'en sont
» pas moins à ma porte comme tous les autres. »
La difficulté d'être admis dans sa cour nombreuse et brillante fit naître ce proverbe : *Non cujusvis hominis est adire Corinthum.* Éprise
d'un jeune Thessalien, Laïs le suivit dans sa
patrie : elle y fut victime de la vengeance des
femmes thessaliennes, jalouses de sa beauté,
quoiqu'elle eût cinquante ans; ces femmes furieuses l'assassinèrent dans le temple de Vénus.
Athénée, dans son XIII.e livre, fait le portrait
le plus séduisant de l'éclatante beauté de Laïs;
il assure que sa taille et sa gorge étaient d'une
si admirable perfection, que les peintres et les
statuaires sollicitaient de toutes parts la faveur
de copier ce gracieux modèle. Quelques auteurs
prétendent que l'on voyait son tombeau à Corinthe, entre le temple de Bellérophon et celui
de Vénus Mélanide; d'autres assurent qu'il se

trouvait sur les bords du Pénée, et qu'on y lisait cette épitaphe :

La Grèce est forcée de pleurer la mort de cette Laïs aussi belle que les déesses qui disputèrent le prix de la beauté. Fille de l'Amour, elle fit la gloire de Corinthe sa patrie *(a)*; et dans ces champs thessaliens elle n'a eu qu'un sépulcre, lorsqu'on lui devait des autels.

Partenico, Borghetto, ne sont guère plus pittoresques qu'Alcamo, où je n'ai pas trouvé un aspect, une fabrique, qui valussent la peine d'être dessinés. La fondation d'Alcamo, petite ville d'environ dix mille ames, date de l'époque où les Sarrasins s'établirent en Sicile. Elle fut fondée par l'émir Alcamah ou Abd-Alcamah. Ce vainqueur féroce fit, dit-on, piler des Sélinontins dans des vases de bronze. Cette patrie de Ciullo, poète qui florissait avant Frédéric II, est tombée aujourd'hui dans un état de langueur qui doit la conduire à sa ruine. Je voyais à-la-fois dans une chambre au rez-de-chaussée d'une de ces pauvres masures, des enfans malades, une vieille grand'-mère, des chiens, des chats, des chèvres et des cochons; je m'apitoyais sur ce triste spectacle,

---

(a) Laïs arriva si jeune à Corinthe, qu'elle passait pour être de cette ville.

lorsque des canards firent aussi leur entrée dans ce cloaque infect. Les femmes d'Alcamo ont conservé une portion du costume moresque; elles s'enveloppent, comme les femmes turques, dans un large manteau noir : il est de soie chez les riches, de serge chez les pauvres; elles le croisent sur la figure : enfin je me croyais encore en Syrie. Cette ville est construite sur le sommet d'une colline, à trente milles de Palerme, trois milles de la mer et neuf milles de Ségeste. Alcamo renferme un grand nombre de couvens d'hommes et de femmes. Rien n'est plus propre, n'est plus parfumé, que les églises des religieuses de ce pays. Ces bonnes sœurs brodent de petits coussins de velours, à l'usage des religieux qui viennent écouter leur confession. Je recommande aux amateurs de peinture un beau tableau de frà Angelo di Fiesole, qui décore un autel de l'église des *Zoccolanti*.

Nous fûmes fort bien logés à Alcamo dans le palais Pastore, grâce aux bontés de Mme la princesse de Paterno; mais je quittai sans regret ce lieu pour aller chercher les ruines de Ségeste. Le pays qui les sépare est des plus sauvages. Après avoir gravi des collines pierreuses, descendu dans des vallées, traversé une petite rivière, on arrive enfin dans une solitude grave et austère. Peut-être le printemps était-il pour quelque chose dans l'impression qui me reste de la situation de Ségeste; cette ville est grande, imposante, et ne mérite pas le mal qu'on en dit dans le Voyage de Saint-Non.

Assis à l'ombre des colonnes de ce temple de Cérès ou de Vénus si admiré et tant de fois dessiné, je m'inquiétais peu de savoir à laquelle de ces deux déesses il avait pu être consacré; je jouissais du charme d'une journée admirable, que des milliers d'oiseaux célébraient à l'envi. Les éperviers sortaient en criant du faîte de l'antique édifice, et des lézards couleur d'émeraude quittaient les fentes de ces colonnes dorées par le soleil. Ce monument demeure comme le seul témoin de la piété et de la richesse de l'antique Ségeste. La rivale de Sélinonte dort, comme elle, dans la poussière; le temps a effacé jusqu'aux inscriptions qui attestaient la haine réciproque de ces deux grandes cités.

Ces fils religieux de la malheureuse Troie avaient donné les noms du Simoïs et du Scamandre à deux ruisseaux voisins du théâtre. Le temple de Ségeste (5) est du même ordre, mais d'une forme moins pure, que celui de *Pæstum;* il est aussi d'une couleur moins chaude, et je ne sais où les dessinateurs employés par l'abbé de Saint-Non ont pu voir des arbres placés près de ce monument dorique : ils ont cru faire du pittoresque en le *ruinant* à la manière de Robert; on ne saurait mentir plus gauchement. J'avais pu pardonner à Châtelet d'avoir gâté Palerme; mais je ne saurais passer sous silence l'inexactitude des vues de Ségeste et des lignes de paysage qui l'environnent.

Après avoir dessiné ce temple avec soin et sans poésie, nous montâmes sur la colline, où se voient les débris du théâtre. Il est évident que cet édifice, dont les murs d'appui ont quarante pieds de hauteur et dont on trouve encore les vomitoires, était entouré d'habitations; des monceaux de pierres taillées se découvrent de toutes parts. On ne doit pas chercher ailleurs l'ancienne Ségeste ; voilà l'emplacement de cette ville, qui se vantait d'être la sœur de Rome, mais dont la faiblesse n'en fut pas plus respectée par Verrès (6).

Castel-a-mare, qu'on aperçoit sur le rivage

de la mer, était l'ancien *emporium* ou port marchand de Ségeste. Ce lieu se trouve placé entre Palerme et Trapani, l'ancienne *Drepanum*.

D'Alcamo à Trapani on ne suit point un chemin tracé, mais de petits sentiers qui traversent des collines rondes, incultes et désertes. Nous laissâmes sur notre gauche Calatafimi; c'est là que commandait ce Des Porcelets, gentilhomme provençal, que ses vertus firent excepter du massacre des vêpres siciliennes (7). Philippe de Scalambre, gentilhomme français, gouverneur pour Charles I.er dans le Val di Noto, mérita également d'être épargné lors du massacre qui eut lieu à Messine quelques jours après celui de Palerme. Les coteaux sont couverts d'une herbe courte et glissante ; au bas sont souvent des ruisseaux à demi desséchés. La flûte sauvage des pâtres qui gardent de nombreux troupeaux de chèvres, n'a plus rien des modulations gracieuses de celle de Bion ou de Théocrite. Si l'on rencontre des paysans montés sur des mulets, ils ôtent d'abord respectueusement leur bonnet de coton, coiffure habituelle des Siciliens; le second mouvement de ces bonnes gens, même lorsqu'ils mordent dans un énorme morceau de pain, est de s'approcher pour vous dire : Vous voyez bien que je meurs de faim.

Rien ne ressemble plus à la Palestine que ces campagnes abandonnées. On retrouve un peu de culture et un commencement de grand chemin en approchant de Trapani. Nous passâmes sur le mont Saint-Julien, le mont *Eryx*.

> ....Nec littora longè
> Fida reor fraterna Erycis, portusque Sicanos.
> (Virg. *Æneïd.* lib. v, v. 23.)

Quelques murailles sur le sommet d'une roche carrée sont, dit-on, les restes de ce temple de Vénus Érycine (8) si renommé par la beauté des prêtresses qui le desservaient.

> Tum vicina astris Erycino in vertice sedes
> Fundatur Veneri Idaliæ. (*Æneïd.* lib. v, v. 759.)

Il est digne de remarque que la petite ville de Saint-Julien, placée comme une citadelle sur le haut de la montagne, est habitée par les plus belles femmes de la Sicile. Ces petites-filles des prêtresses de Vénus n'ont conservé que les traits de leurs aïeules. Les mœurs sont très-austères à Saint-Julien ; des portes hermétiquement fermées, des fenêtres grillées, ne laissent aucun doute sur le caractère jaloux et peu sociable des habitans.

La chaleur de la journée avait été si insupportable, que nous arrivâmes à Trapani harassés de fatigue. Je me réfugiai dans un petit café; une limonade me rendit la vie. Trapani est une ville de douze mille ames, assise au bord de la mer, et assez fortifiée; elle est entourée de salines coupées par un aqueduc qui amène l'eau du mont *Eryx*. Les rues de Trapani sont pavées, comme celles de Palerme, de larges dalles d'une pierre glissante. Je remarquai quelques beaux palais; mais leurs portes ne s'ouvrirent point pour nous. Le magistrat m'assigna un logement d'où les puces et leurs auxiliaires me chassèrent, et je fus réduit à dormir sur la place publique, enveloppé dans mon manteau et la tête appuyée contre une fontaine.

On aperçoit assez près du rivage les îles de Levanzo, Favignana et Maretimo, autrefois *Phorbantia, Ægusa* et *Hiera* ou *Sacra*, auprès desquelles le consul Claudius Pulcher perdit une bataille navale contre les Carthaginois. Les poulets sacrés avaient refusé toute nourriture; le général incrédule les fit jeter à la mer, en disant : Qu'ils boivent, puisqu'ils ne veulent pas manger. Ce fut sans doute à l'impiété du consul que Rome attribua le mauvais succès de cette journée. C'est dans le même lieu que Caïus Lutatius remporta la victoire navale qui mit fin à la première guerre punique, et réunit la Sicile à l'empire romain.

L'île de Saint-Pantaléon tenait autrefois à la terre ferme ; là se trouvait *Motya* (9), où les Carthaginois furent assiégés par Denys le tyran. Ces Africains en firent une île. Du sommet de la montagne de Saint-Pantaléon, on aperçoit aisément le cap Bon en Afrique.

Trapani est célèbre par la mort d'Anchise et les beaux vers de Virgile :

> Hinc Drepani me portus et illætabilis ora
> Accipit. Hic, pelagi tot tempestatibus actus,
> Heu ! genitorem, omnis curæ casûsque levamen,
> Amitto Anchisen. (*Æneïd.* lib. III, v. 707.)

Cette ville se plaint aujourd'hui du peu de succès de ses relations commerciales : elle exportait jadis avec avantage des ouvrages d'ivoire, de corail, de coquilles et d'albâtre ; elle trafiquait aussi en sumac, en vins, en huile et en soude : mais ce dernier commerce est presque nul à présent. Trapani n'a conservé de son éclat passé que la beauté incontestable de ses femmes, les plus charmantes de la Sicile. Quoiqu'elles soient enveloppées dans des mantes noires, on ne perd cependant rien de l'élégance de leur taille. Leurs yeux sont grands et doux, leurs traits rappellent la pureté grecque; enfin leur sourire expressif est déjà une faveur.

Nous suivîmes le rivage de la mer pour nous rendre à Marsalla, autrefois la riante Lilybée (10). Les Romains l'assiégèrent pendant cinq années sans pouvoir s'en rendre maîtres; la victoire de Lutatius la leur livra. C'est de son port que Scipion l'Africain mit à la voile, lorsqu'il partit pour l'Afrique, l'an de Rome 548. Les Sarrasins construisirent sur les ruines de Lilybée, renversée dans les guerres puniques, la moderne Marsalla, qui signifie en arabe *port de Dieu*. Agrandie et fortifiée par les Normands, elle fut détruite par Charles-Quint; quelques souterrains seulement indiquent encore les thermes des somptueuses demeures des Grecs de Lilybée. Je ne découvris plus que quelques vestiges de ses murailles sur le bord de la mer. Il ne reste d'elle que les carrières d'où sortirent ses monumens rendus à la terre, et le vent s'est joué de la poussière de ses palais.

J'ai cependant vu dans l'hôtel-de-ville de Marsalla un groupe en pierre plus grand que nature, retrouvé dans les fouilles de Lilybée. Ce monument représente deux lions dévorant un taureau; il me parut, quoique très-fruste, avoir appartenu à la plus belle époque de l'art chez les Grecs. Une inscription latine, conservée dans le même palais, rappelle la domination romaine.

On me logea chez des moines de l'ordre de S. François. Ils sont nombreux, hospitaliers; mais leur maison est pauvre. Il nous fallut surmonter le dégoût que nous inspirait l'odeur du réfectoire, et nous y soupâmes avec eux. En entendant leurs prières avant le repas, en retrouvant devant moi le plat d'étain, la fourchette édentée et le gobelet de fer-blanc, je me crus encore à Rama ou chez mes vénérables hôtes de Jérusalem.

Quoique les bons religieux nous conduisissent avec la plus grande complaisance par-tout où ils supposaient que le moindre objet pouvait exciter notre intérêt, je ne trouvai rien qui valût la peine d'être dessiné. On nous montra une source d'eau saumâtre dans un souterrain de l'église de Saint-Jean, et je ne doutai pas un instant que cette source ne devint fraiche et limpide la veille de la fête du saint.

Un Anglais, M. Goodhouse, a établi à Marsalla une fabrication de vin, aussi profitable pour lui qu'elle est utile aux habitans; son inépuisable charité les soutient dans les années de disette, et le nom de cet homme de bien est béni par toute la population de Marsalla. Les vins qui sortent des caves de M. Goodhouse, rivalisent avec les meilleurs vins de Madère.

Je ne conseillerais à personne de faire le tour par Trapani, tandis que d'Alcamo on peut se rendre à Castel-Vetrano. La route que je suivis est brûlante, malsaine et peu intéressante. Le chemin de Marsalla à Mazzara s'éloigne rarement de plus de deux milles du rivage de la mer. C'est une plaine inculte, basse, coupée de marais et à perte de vue; pas une taupinière, pas un arbre. Enfin, après un trajet de quatorze milles, des carrières avertissent qu'on approche d'un pays habité. Mazzara a un évêque, que j'ai vu assister à l'office dans son église cathédrale. Ses yeux fermés lui donnaient un air de béatitude intérieure qui pouvait aussi ressembler au sommeil le plus doux; sommeil bien permis, car la chaleur était accablante. Ce petit port, cette ville d'environ trois ou quatre mille habitans, fut l'antique *Mazarum*. D'anciens sarcophages en marbre, ornés de bas-reliefs, sont placés dans la cathédrale. Mazzara n'a pas toujours été une petite ville mal habitée ; elle fut la demeure du comte Roger, dont la statue se voit encore sur la porte de l'église principale.

Nous nous rendîmes de Mazzara à Castel-Vetrano par des chemins commencés avec assez de magnificence, puis abandonnés tout-à-coup. On laisse ainsi détruire ce qui a été fait : aussi les moyens de communication sont-ils par-tout très-chers et parfois impraticables. Bêtes et gens ne se tirent souvent qu'avec des peines infinies de ces marais pendant les hivers pluvieux. Des bruyères recouvrent les vastes carrières de Campo-Bello, d'où les Sélinontins tirèrent ces pierres d'une si grande dimension qui servirent à la construction de leurs temples. Des tambours de colonnes, des chapiteaux ébauchés, sont restés dans la carrière ou sur le chemin. Comment remuaient-ils ces masses de trente pieds de longueur? Ne serait-ce pas là le sujet de recherches intéressantes?

Ce paysage de Campo-Bello était alors digne du pinceau du Lorrain : le soleil se couchait dans la mer de Lilybée; des chèvres se perchaient sur le sommet de la carrière, se plaçaient sur une portion du rocher déjà taillée en colonne; d'autres grimpaient sur des chapiteaux d'une forme colossale, à demi cachés par des figuiers ou des palmiers nains; les campanilles élevées du village de Campo-Bello enrichissaient le troisième plan, et coupaient avec élégance la ligne de l'horizon. Il était assez tard lorsque nous entrâmes dans Castel-Vetrano, que quelques-uns affirment avoir été l'ancienne *Entella*, malgré Fazelli, qui n'en veut pas croire l'Itinéraire d'Antonin. Selon Silius Italicus, *Entella* devrait son origine à Entellus, compagnon d'Énée. C'est à Castel-Vetrano que naquit Maggio, habile musicien du XVII.ᵉ siècle, qui fut le Rossini de son temps. On célébrait, à notre arrivée, la fête du patron de cette petite ville; toute la population suivait une châsse dorée, et la milice tirait des mousquetades : cette réjouissance bruyante fut terminée par un feu d'artifice. Notre entrée ne laissa pas de causer quelque distraction ; bientôt après nous devînmes l'objet exclusif de la curiosité publique. Le *sindaco*, chef de la justice du pays, ouvrit avec dignité la lettre qui nous recommandait à ses soins. Après de longs pourparlers entre ce magistrat et ses subordonnés, nous fûmes conduits et fort bien logés dans le palais du duc de Monte-Leone.

J'étais impatient de voir le jour, d'aller chercher les ruines de Sélinonte (11), nommées vulgairement *li Piglieri;* elles sont au bord de la mer, à sept milles de Castel-Vetrano. On traverse, pour s'y rendre, une plaine fertile, coupée par un bois dont je ne perdrai jamais le souvenir : c'est une forêt d'oliviers sauvages, de lierres, de chênes verts ; le bas était garni d'aubépines, et de nombreux rossignols saluaient le soleil levant. Mais, une heure plus tard, j'éprouvai une chaleur africaine, quand je dessinai au milieu des temples, et bientôt la réverbération y devint tout-à-fait insupportable. Les restes d'une voie antique nous conduisirent vers les trois temples : ils sont placés sur une éminence dont la mer baigne le pied. On reconnaît tout de suite qu'un violent tremblement de terre a pu seul insulter à l'orgueil de l'homme, en renversant aussi complétement ce qu'il avait élevé de plus majestueux, ce qu'il devait croire le plus solide. Tout est tombé, et les temples ne sont plus que des montagnes. Le *rhododendron*, la vigne sauvage, maîtres du sanctuaire, enlacent des tambours, des corniches, des bases, des chapiteaux, et dominent cette grande destruction. Nous nous aidions de leurs branches pour chercher à retrouver la place, la mesure, la destination de cette innombrable multitude de fragmens. Quelquefois, comme dans le temple le plus voisin de la mer, la chute des pierres, des tambours des colonnes, bizarrement placés les uns sur les autres; forme une sorte de grotte dont un figuier et un lierre puissant tapissent tout le fond; leurs feuilles pressées enveloppent, couronnent des chapiteaux doriques d'une forme grave et simple. Accablé par la chaleur du jour, je vins me réfugier sous cet asile, et j'aurais pu dater de ce lieu une lettre rassurante, adressée aux personnes qui se plaignent du refroidissement de notre planète.

Les temples de Sélinonte, que notre guide

m'assurait avoir été renversés par un tremblement de terre au moment où Jésus-Christ rendait le dernier soupir, sont encore embaumés : les parfums ne brûlent plus sur un autel; mais la nature les a multipliés ici avec un tel luxe, qu'il n'est pas possible d'y demeurer long-temps. L'intervalle qui sépare les temples est couvert d'énormes chardons; c'était sûrement là le *forum* de Sélinonte. Cette ville, dont le plus grand temple fut consacré à Jupiter, est entourée par deux petits fleuves, le Modione et l'*Hypsa;* tous deux cachent leurs ondes sous de grands roseaux, depuis qu'on néglige leurs bords et qu'on ne leur offre plus de sacrifices. On croit que la ville, après un siége meurtrier, fut forcée du côté où ce premier fleuve baignait les murs, dont on suit encore la trace. La brutale fureur des soldats d'Annibal détruisit en peu d'heures cette ville si grande, si opulente, si fière de ses arts, de son commerce et de ses monumens. Cette élégante fille de Mégare, après avoir perdu tout son éclat, traîna long-temps encore de lourdes chaînes sur le rivage où nous voyions son tombeau. De l'un de ses deux ports, un immense escalier conduisait vers la ville, magnifique avenue de trois autres temples qui couvrent aussi de leurs débris une colline assez élevée. Souvent la tempête déblaie les sables qui ont envahi les ports de Sélinonte, et laisse voir encore pour quelques instans les quais, des colonnes, des anneaux, tristes vestiges que la fureur des vagues cache ensuite de nouveau sous un gravier mobile. Une tour de garde *(a)* est à présent l'unique demeure habitée. L'échelle, qu'on enlève la nuit de peur des corsaires, me servit à grimper dans ce triste séjour, où me conduisait la soif. Deux vieux hommes occupaient trois ou quatre chambres noires et lézardées ; l'un d'eux, qui se donna pour artilleur, était presque aveugle. Sa fille ne put nous offrir que de l'eau saumâtre. Cette jeune femme, qui allaitait un enfant, était belle malgré le mauvais état de son vêtement pittoresque; la misère n'y pouvait rien. Lorsque la seule habitante de Sélinonte descendit et alla s'asseoir sur un tronçon de colonne, elle me semblait personnifier cette pauvre ville grecque,

---

(a) Ce lieu est appelé à présent *Torre de' Pulici ;* on croit que ce nom lui vient du nom de Pollux.

dont les vestiges inspirent tant de surprise et de pitié.

Nous fîmes d'une seule traite les vingt-quatre milles qui séparent Castel-Vetrano de Sciacca. Traverser des bruyères, descendre et remonter dans des ravins, passer plusieurs fois l'*Hypsa* et l'*Atys*, voilà l'emploi de notre journée ; cependant cette campagne abandonnée offre à chaque instant les tableaux les plus variés, des paysages du plus haut style. C'est ainsi que les champs désolés des environs de Rome ont inspiré les chefs-d'œuvre des plus grands artistes en ce genre. Je ne rencontrai que deux vieux bourgeois de Sciacca, montés sur des mulets et précédés par un *campieri* à cheval, qui tenait fièrement un long fusil en travers sur le pommeau de sa selle. Les citoyens paisibles qu'il escortait, étaient coiffés d'un bonnet à oreilles, comme on en voit dans les portraits d'Holbein, comme en portait le bon roi René d'Anjou.

On quitte une vallée charmante qui précède Sciacca, pour entrer dans une petite ville délabrée, qui ne conserve rien des délices de *Thermæ Selinuntiæ*, aujourd'hui Sciacca. Fazelli, né dans cette ville, en fait un éloge pompeux; il affirme que la fondation de Sciacca est fort antérieure à tous les établissemens grecs et carthaginois en Sicile.

Les bains d'eau chaude situés dans la montagne de San-Calogero, à trois milles de Sciacca, ont la réputation d'être très-efficaces pour la guérison des rhumatismes les plus invétérés. Je ne pus demeurer plus d'une seconde dans la grotte, d'où sort une vapeur si épaisse, qu'elle laisse à peine apercevoir les siéges taillés dans le roc par les anciens, qui faisaient un fréquent usage de ce remède puissant.

Nous eûmes assez de peine à obtenir un asile dans un couvent de Sciacca, dont les moines nous reçurent fort mal. Le sous-intendant, qui se trouva tout à-la-fois l'homme le plus obligeant et le plus ferme, fit menacer le supérieur de faire enfoncer par des soldats la porte de ce monastère peu évangélique. Les insectes les plus redoutables vengèrent le père prieur, et nous laissèrent le lendemain matin dans un état déplorable.

Sciacca vit naître Agathocle, fils d'un fabricant de vases de terre, et devenu maître de la Sicile. Diodore dit que la mère de ce prince, à la suite d'une révélation faite à son mari, fut obligée, pour soustraire Agathocle à la mort, peu de jours après sa naissance, de le cacher chez un autre potier. Le père, frappé quelques années après de la beauté de cet enfant, apprit avec transport qu'il était son fils, l'emporta dans ses bras et lui voua dès-lors la tendresse la plus vive.

Des ruines gothiques qui dominent Sciacca, rappellent encore à ses habitans les longs démêlés de deux maisons rivales, les barons Luni et Perollo; tous deux riches et puissans, ils avaient fortifié ces palais, dont j'ai dessiné les tours. Sous le règne de Martin et de Marie, une belle héritière fut recherchée par les deux jeunes gens les plus accomplis de la Sicile, Artale de Luni et Jacques Perollo. Le roi favorisait Luni, parce qu'il était d'origine espagnole; il fut préféré, et la rage s'empara du cœur de Perollo. Ces deux rivaux léguèrent à leurs fils les haines qu'ils avaient héritées de leurs pères et qui divisaient Sciacca et toute la Sicile. On empoisonnait, on assassinait l'ennemi qui avait insulté votre fille et brûlé votre habitation; on s'attaquait au milieu des processions; le saint sacrement méconnu devenait le témoin des combats les plus sanglans. Tout cela se passait du XV.ᵉ au XVI.ᵉ siècle, sous les rois d'Aragon. Ces deux familles, couvertes de crimes, furent enfin exilées, lorsque le gouvernement prit assez de force pour arrêter les guerres féodales en réunissant aux domaines de la couronne les biens de ses grands vassaux.

L'énorme donjon du château de Luni domine tout un quartier de la ville de Sciacca, que sa chute inévitable menace d'une ruine prochaine. On laisse imprudemment enlever chaque jour les matériaux qui forment la base de ce monument de la barbarie féodale.

Sciacca a été célèbre par la perfection de ses poteries ; en effet, la plupart des beaux vases de la grande Grèce sortaient de ses ateliers ou de ceux de *Gela*. On y fabrique aujourd'hui des vases d'une terre légère, poreuse, qui ont la propriété de rafraîchir les liquides qu'ils renferment au même degré que les bardaques égyptiennes de Kéné.

En me parlant de Dédale (12), qui le premier découvrit la vertu des bains du mont San-Calogero, le cicerone de Sciacca voulait à toute force me faire apercevoir la côte d'Afrique ;

mais, au fait, je ne vis rien, et mes compagnons de voyage n'en virent pas davantage.

Empressés de visiter Agrigente, nous suivions rapidement sur le rivage de la mer une grève jusqu'au bord de laquelle arrivaient des rizières, des plaines immenses, bien malsaines, inondées par les fleuves *Isturus* et *Camicus*. Nous aperçûmes dans les terres les ruines de Calata Bellota, château moresque, devenu ensuite la place d'armes de la maison de Luni (13). Des cahutes couvertes de chaume, placées tout le long de la côte, à environ un mille les unes des autres, sont habitées par les gardes sanitaires. Quelle triste existence que celle de ces malheureux dont les tempêtes sont l'unique distraction, et les naufrages, les seuls spectacles!

J'essayai de trouver au moins une pierre de l'ancienne Héraclée sur le revers du Campo-Bianco. Un éboulement récent vient d'emporter dans la mer le peu qui existait encore de cette ville grecque il y a quelques années. Héraclée, autrefois *Minoa*, fondée par Doriéus, de la famille des Héraclides, ne vit plus que dans ses médailles (14).

Une côte sauvage nous ramena dans les

montagnes, auprès d'un lac couvert d'oiseaux aquatiques; on traverse un vallon formé par des rochers d'albâtre, pour parvenir au petit village de Monte-Allegro. Il nous parut si pauvre, que nous préférâmes n'y pas entrer, et nous reposer sous un caroubier. Cet arbre a de grandes branches qui s'étendent en éventail et touchent presque la terre : couchés sous cette tente naturelle, nous étions assez à l'abri de ce soleil que je trouvais aussi insupportable en Sicile que lorsqu'il nous dévorait dans les sables de Gaza et au milieu des ruines de Thèbes.

Les abreuvoirs d'une eau saumâtre placés aux portes de presque tous les villages ne sont que des cloaques infects; il ne vient dans l'idée de personne d'assainir ces fontaines d'un usage continuel. Nos mulets altérés s'y précipitaient d'une manière fort incommode pour nous et peu sûre pour notre bagage. Nous repartîmes après une halte d'une heure, pour achever cette journée de quarante-deux milles, une des plus longues du voyage. Notre caravane était guidée par un campieri, que la prévoyance du sous-intendant de Sciacca crut nous être indispensable, parce que des voleurs avaient été aperçus la veille sur la même route. Ce campieri, armé de sa longue carabine, avait une des plus méchantes figures que j'aie vues de ma vie. Affectant une prudente inquiétude, il semblait découvrir des brigands derrière tous les buissons, et ne négligeait rien pour entretenir chez nous l'idée du danger dont il nous garantissait.

C'est par le bord de la mer qu'on arrive à la marine de Girgenti, située à quatre milles de cette ville, qui occupe encore le même site que son antique citadelle. Nous avions suivi, après le village de Siculiana, pendant un quart de lieue, une côte assez escarpée, baignée par la mer : la forme des rochers crayeux qui la composent est molle, arrondie; la vue est fatiguée par la blancheur éclatante et monotone de ce rivage. Une tour carrée protége la marine de Girgenti. Ce petit port *[emporium Agrigentinorum]* avait assez de mouvement, quelques felouques et un peu de commerce. On monte à Girgenti par un chemin scabreux, dépavé, au risque de voir les chevaux s'abattre à chaque instant et rouler dans des ravins. Je crois impossible de donner une idée exacte de l'état de dégradation des chemins et surtout des rues, dans les villages et même dans les villes de la Sicile. Je m'en plaignis à un habitant, qui me répondit en haussant les épaules : « Je ne » suis ici que pour quelques instans; j'aurais trop » à faire pour y être mieux : le père de mon père y » fut tout aussi mal. Au demeurant, il fait chaud : » je vais chercher un lieu frais pour y dormir. Je » vous engage à en faire autant, et à vous reposer » de tout le reste, ainsi que je le pratique, sur la » Sainte Vierge. » On rencontre donc encore des philosophes dans les petites rues montueuses de Girgenti. Les regards se détournent de ce village moderne, et se portent sur cette merveilleuse ligne de temples, sur cette seconde ligne de remparts, bien plus majestueuse, bien plus élégante, que l'architecture militaire de Vauban. Je suis enfin arrivé à la porte de l'ancienne ville : c'est ici le chemin de la citadelle; il fut creusé par Dédale. Voici le fleuve *Acragas;* il n'a plus d'autels, plus de statues d'ivoire, et garde, sous le nom de *Drago,* l'incognito de sa divinité passée. Ici est le mont Toro occupé par les Carthaginois, et ce camp où s'établirent si long-temps les Romains. Voilà le fleuve *Hypsa,* le mont Camico, la *Rupe Athenea,* le temple de Junon Lacinie, celui de la Concorde; et enfin une plaine entière est couverte des débris du temple des Géans. Regardez plus loin cette piscine de six mille toises de circuit. Voyez cette innombrable quantité de tombeaux; ce sont ceux des assiégeans, plus près sont ceux des assiégés, et la moderne Girgenti elle-même semble n'être plus qu'un sépulcre. Tout ce que la religion chrétienne a de plus austère, ses pénitens les plus sombres, remplacent les théories couronnées de fleurs. Des spectres couverts de cilices errent au milieu des restes des temples et des théâtres, et la psalmodie du *Miserere* se fait seule entendre au milieu de ces grandes ruines.

Agrigente, nommée d'abord *Acragas (a)*, aujourd'hui Girgenti, fut fondée, environ 600 ans avant J. C., 153 ans après Syracuse (15), par les habitans de *Gela*, sous la conduite d'Aristinoüs et de Pistile, qui lui donnèrent les lois de la mère-patrie. L'histoire des premiers temps d'Agrigente est à peu près ignorée; celle de ses premiers souverains n'est connue que depuis Phalaris. Cet homme ambitieux, fils de Léo-

---

(a) Ce nom, composé de deux mots grecs, peut signifier *le sommet de la terre*, pris dans le sens de l'excellence du territoire de cette ville.

damante, natif d'Astypalée, gagna par son adresse et son courage la confiance du peuple agrigentin, et s'empara du pouvoir à peu près dans le même temps que Tarquin le Superbe régnait à Rome. La tyrannie de Phalaris devenait insupportable, malgré les représentations que lui faisaient, dans son intérêt et celui de la durée de son pouvoir, Démotélès, Pythagore, Épicharme, et Zénon d'Élée. Le supplice de ce dernier anima tellement le peuple, qu'il se porta en foule au palais du tyran, qui fut massacré. Chacun connaît l'horrible présent que fit à ce prince le fondeur Périllus; on sait aussi que, pour le remercier, Phalaris fit sur l'artiste lui-même l'essai de ce nouveau supplice. Agrigente se gouvernait en république, lorsque des divisions firent passer le pouvoir entre les mains d'Alcamon et d'Alcandre. Théron régnait enfin sur cette ville, cent cinquante ans après Phalaris. Thrasydée, son fils, se fit détester, et se tua après avoir perdu une bataille contre Hiéron. La république fut rétablie : mais, soixante-dix ans après, Alcibiade s'empara de la ville pour les Athéniens, et cette malheureuse cité devint successivement carthaginoise, achéenne et romaine. Trainant ses phalanges à la suite de ses maîtres, elle fut souvent assiégée et dévastée. Non moins infortunée sous la domination des Goths, des Sarrasins ou des Normands, elle est enfin tombée dans cet état de misère qui effraie aujourd'hui le voyageur.

La citadelle, premier monument d'Agrigente, fut placée sur un lieu élevé. Au-dessous se trouvent les vestiges du temple de Jupiter *Polieus*, et ceux du temple de Cérès et de Proserpine, aujourd'hui la chapelle de Saint-Blaise. Le chemin qui passe sous les ruines d'une porte d'Agrigente, conduit au temple de Junon Lacinie, qui renferma le tableau de Zeuxis pour la perfection duquel ce peintre obtint que les cinq plus belles filles d'Agrigente lui servissent de modèles *(a)*.

C'était là que commençaient ces murs de rochers dans lesquels étaient taillés les tombeaux des Agrigentins qui s'étaient fait remarquer par leur bravoure dans les combats : on pensait que les ombres de ces guerriers épouvanteraient les

---

(a) Cicéron et Denys d'Halicarnasse affirment que lorsque Zeuxis peignit son Hélène pour la ville de Crotone, il étudia aussi la beauté chez cinq jeunes filles de cette ville de la grande Grèce.

ennemis et combattraient avec les vivans pour la défense de la patrie. C'est donc dans cette enceinte, et à trois cents pas environ du temple de Junon, que se trouve celui de la Concorde : ce monument est le mieux conservé que j'aie encore vu en Italie, en Grèce et en Sicile. Il ne lui manque en effet qu'un toit, un morceau du fronton, une portion de corniche; tout le reste est sur pied. Ce bienfait est dû à la religion chrétienne, dont l'encens vint purifier le sanctuaire des faux dieux. Cet édifice est dorique, pseudo-diptère et amphiprostyle. Les colonnes sont cannelées, sans base : le temple pose sur six gradins ; il a 143 pieds 10 pouces 9 lignes de longueur, sur 51 pieds 4 pouces de largeur. L'époque de sa fondation est aussi incertaine que sa dédicace *à la Concorde* (16); cette supposition n'ayant d'autre fondement que l'inscription suivante, trouvée dans la ville moderne :

CONCORDIÆ. AGRIGENTINORVM. SACRVM.
RESPVBLICA. LILYBETANORVM.
DEDICANTIBVS. M. ATTERIO. CANDIDO. PROCOS.
ET. L. CORNELIO. MARCELLO. Q. PR. PR.

On peut croire, avec plus de vraisemblance, que cet édifice fut du moins restauré après la guerre punique, puisque Diodore affirme et que le voisinage des remparts prouve que ces temples durent être brûlés et détruits dans les divers assauts que cette ville fut appelée à soutenir.

En suivant toujours les murailles, c'est-à-dire, les rochers creusés pour recevoir des corps et des urnes, on arrive au temple d'Hercule : il était immense, d'ordre dorique, et ses colonnes cannelées étaient sans base. C'est de ce monument, voisin du *forum*, que Cicéron prouva que Verrès voulut faire enlever une statue de bronze; c'était là que se conservait cette autre peinture de Zeuxis, d'un prix tellement inestimable, que cet artiste aima mieux la donner aux Agrigentins que de la leur vendre.

Près de là enfin se voient les restes de la merveille d'Agrigente, de ce temple des Géans, consacré à Jupiter Olympien, et si digne de la majesté de ce dieu, tel qu'Homère et Phidias le montrèrent aux mortels. Des fouilles ordonnées en 1802 mirent à découvert le plan de cet édifice. Selon Diodore, il avait 340 pieds grecs de longueur; et d'après des mesures nouvelles, et la réduction du pied anglais au pied grec, il aurait eu 356 pieds 8 pouces 4 lignes:

sa largeur, de 160 pieds, selon Diodore, serait de 177 pieds 2 pouces 8 lignes; sa hauteur enfin, selon lui, devait être de 120 pieds, et n'aurait que 110 pieds 11 pouces 9 lignes.

La guerre punique empêcha de terminer ce monument, et l'on pourrait imaginer qu'il n'a jamais reçu de toit. Le corps extérieur du temple se composait d'un mur avec des colonnes engagées d'un demi-diamètre, ou, pour mieux dire, saillantes d'au moins l'épaisseur de ce demi-diamètre; on ne sait si, dans sa mesure, Diodore de Sicile a entendu comprendre ou exclure du calcul les colonnes engagées. Ces colonnes cannelées et engagées auraient eu quarante pieds de circonférence : un homme se cachait commodément dans chaque cannelure ; ce qui fait dire à Diodore (liv. III, chap. XXIV) : *Tantâ striarum amplitudine, ut corpus humanum inserere se aptè queat.* Fazelli, *De rebus Siculis,* est le premier qui parle de cette grande ruine; il rapporte des vers latins rimés de la date de 1401, retrouvés dans les archives de Girgenti. Ces vers consacrent le souvenir du jour récent et funeste (9 décembre 1401) qui vit la chute de trois colosses dont le cou et les épaules servaient de soutien à cette grande masse. Selon Fazelli, ces trois colosses ou géans, demeurés long-temps debout sur trois colonnes au milieu des ruines du temple, devinrent le motif des armoiries de la ville de Girgenti, dont telle est encore la devise :

Signat Agrigentum mirabilis aula Gigantum.

Le P. Pancratio, qui, dans le siècle dernier, a écrit sur ce sujet, le nomme *palazzo de' Giganti*. Il paraît constant que les deux fronts du temple n'avaient aussi que des colonnes engagées ; leur nombre était de quatorze sur les flancs et de sept au front. Ces colosses, de 25 à 26 pieds, formés de plusieurs blocs de pierre du pays, devaient être nécessairement revêtus de stuc, et adossés à des pilastres carrés ; leurs deux bras ployés au-dessus de la tête rappellent l'attitude des portefaix ; enfin le style de cette sculpture est évidemment éginétique. On attend avec impatience une dissertation sur ce monument, par M. Cockerell, savant architecte anglais, qui s'est appliqué à ce travail avec beaucoup de zèle et de constance ; son ouvrage doit jeter de grandes lumières sur ce point important de l'architecture ancienne.

Les antiquaires ne sont pas plus d'accord à Girgenti qu'à Rome sur les noms, sur la place des monumens qui n'existent plus, ou dont on ne voit que de faibles restes. Le peintre Politi, qui a de l'instruction et une connaissance profonde des antiquités de son pays, déplace la piscine, le *forum*, et ne veut reconnaître ni théâtre ni amphithéâtre, tandis que ses rivaux nomment tout, relèvent tout, indiquent les rues, les places, les gymnases, les palestres, les hippodromes, le palais de Phalaris, le sépulcre de Théron, et ne sont embarrassés de rien. Le voyageur, assez incertain au milieu de ce conflit d'explications, s'étonne cependant de rencontrer aussi peu de traces de monumens en marbre dans les ruines d'une ville si riche, et qui, du temps d'Empédocle, comptait jusqu'à huit cent mille habitans. Les rues, les places publiques, ont toujours dû suivre le mouvement d'un terrain plus qu'inégal; et le lieu où pouvait être la ville, était adossé à une montagne brûlante. On est surpris de la petitesse des voies publiques, et, entre autres, de celle qui passait sous la *porta Aurea*, au-dessous du temple d'Hercule, et sous celle de *Gela*. Il n'y eut certainement jamais dans l'ancienne Agrigente un seul palais de l'importance du Louvre ou du Vatican. Je n'ai trouvé qu'une corniche de marbre, appartenant à un monument inconnu, chez le chantre Panetieri ; encore cet ouvrage datait-il de l'époque de Septime Sévère.

On indique aussi les restes du temple d'Esculape, où se trouvait la statue de bronze de ce dieu. C'est sûrement une faute d'impression qui fait dire à Brydone que cette statue pouvait être la même que l'Apollon du Belvédère. Quant au petit tombeau de ~~Gelon~~ *Theron*, il est encore d'ordre ionique, malgré l'ouvrage de l'abbé de Saint-Non.

Je n'ai trouvé le sarcophage antique qui sert de fonts baptismaux à la cathédrale, ni aussi admirable que plusieurs voyageurs l'attestent, ni aussi mauvais que d'autres l'assurent. Le jugement de M. Denon me paraît, à cet égard, d'une parfaite justesse. Ce monument, commencé à une belle époque de l'art, a dû être terminé dans un temps moins heureux. Un voyageur allemand s'est extasié sur l'expression de la figure d'Hippolyte; il exalte la perfection de celle de Phèdre ; enfin il admire jusqu'au monstre. Il trouve aussi tous les chanoines de la cathédrale, l'un après l'autre, les gens les plus spirituels du monde civilisé. Une partie de son admiration aurait pu s'arrêter sur un tableau du Guide, et son bon goût aurait dû réprouver ceux qui, voulant restaurer cette église gothique, en ont fait un monument pitoyable.

Nous fûmes logés à Girgenti chez des religieux dominicains, qui ne nous reçurent pas de trop bonne grâce; ils se seraient crus plus assurés du prix de leurs messes avec des Anglais. « *Le una gran bella natione* », me disait le prieur. « Il est impossible, ajoutait-il, que Dieu » ne lui fasse pas miséricorde, et ne lui tienne » pas compte dans l'autre monde de toute la » dépense qu'elle fait dans celui-ci. » Au reste, l'affection des Siciliens pour la nation anglaise s'explique par tout le bien que celle-ci leur a fait, par les avantages qu'ils ont trouvés dans son alliance et dans le séjour des troupes britanniques en Sicile.

Je fus en revanche comblé de prévenances par monsignor Ciantri Panetieri; ce savant ecclésiastique possède une collection de vases grecs. J'ai vu chez lui le torse d'une statue en marbre pentélique, du travail le plus admirable : il pourrait être dû au même ciseau que notre Vénus de Milo;

même noblesse, même vérité. J'en ai rapporté un plâtre que je dois à la politesse soigneuse de monsignor Panetieri. On ne saurait être mieux traité que je le fus aussi par M. le marquis Palerma, intendant de Girgenti; cet administrateur habile remplissait avec douceur la tâche difficile qui lui avait été imposée, de diminuer l'immense influence du clergé, d'établir dans les affaires une marche régulière, et d'habituer le peuple à ne plus regretter la justice arbitraire des barons, tout en supportant la loi de la conscription. Ce dernier article n'était pas le plus aisé, et fournissait la matière continuelle des doléances de toute la population.

La mense abbatiale de l'évêque, qui s'élevait à quatre-vingt mille piastres fortes, venait d'être réduite à douze mille. Tout le clergé en murmurait moins encore que de voir enlever à sa juridiction, aux immunités ecclésiastiques, deux prêtres accusés d'avoir assassiné leur supérieur à Palma. Les nouvelles lois déféraient aux tribunaux criminels ces prévenus, déjà enfermés dans les cachots de Girgenti. Les détails de cette affaire, les raffinemens de cruauté exercés par ces deux hommes, excitaient une indignation générale. L'un des accusés avait chanté une messe de *Requiem* devant le corps et pour l'ame de sa victime. On espérait que ces misérables recevraient bientôt le juste châtiment de leur crime.

Le séminaire de Girgenti est si considérable, que deux cents jeunes gens allaient être appelés à recevoir l'ordre de la prêtrise.

Platon, Empédocle, Diodore, parlent de la magnificence, du luxe, des vertus hospitalières des Agrigentins. Le commerce, source intarissable de richesses, amenait dans cette ville tous les trésors de l'Afrique. Un citoyen d'Agrigente, vainqueur aux jeux olympiques, rentre triomphant dans sa patrie, précédé de trois cents chars, chacun attelé de deux chevaux blancs. L'or et l'ivoire sont prodigués par-tout; des tombeaux de marbre sont élevés pour des coursiers victorieux : des esclaves attendent les étrangers aux portes de la ville; ils les conduisent chez leurs maîtres, où tous les soins leur sont prodigués. Gélias loge et défraie cinq cents cavaliers d'une ville alliée ; dans les fêtes publiques, il ouvre à ses concitoyens ses caves creusées dans le rocher, où se conservaient trois cents tonnes de vin exquis, dont chacune contenait cent urnes.

Antisthène veut que toute cette ville d'Agrigente, que Pindare nomme la reine des cités, prenne part aux fêtes du mariage de sa fille. Des tables sont dressées pour tous les habitans, et, lorsque la mariée quitte la maison paternelle, huit cents chars, seize cents cavaliers, l'accompagnent chez son époux; enfin la ville entière est illuminée par les soins d'Antisthène.

Élien, Athénée, nous ont conservé le souvenir d'un repas où les jeunes Agrigentins, ivres de vin et de bruit, se voyant chanceler sur leurs jambes, se persuadent que la salle du festin est un vaisseau. L'idée de la tempête amène celle d'alléger le navire; les vases, les amphores, les tables d'ivoire, sont jetés par les fenêtres, et deviennent la proie du peuple, témoin joyeux de cette orgie. C'est de là que les lieux consacrés aux repas reçurent des Grecs et des Romains le surnom de *trirème*. Agrigente eut cependant des citoyens plus graves et qui méritèrent une plus noble célébrité : Sophocle l'orateur; l'historien Philinus; Acron, philosophe, orateur et médecin; Archinus, Dinolochus, poètes drama-

G

tiques; enfin Métellus, musicien fameux, qui donna des leçons de cet art au divin Platon.

Agrigente fut endormie et désarmée par la mollesse. C'est en vain que ses fils compteront sur les dieux, la double enceinte des remparts et la force d'une citadelle; vainement armeront-ils leurs esclaves : les Agrigentins succomberont bientôt sous les efforts de leurs ennemis. *Torri e tergemine cortine di bronzo*, dit Rezzonico, *non bastarebbero à rendere sicure sì molli ed effemminate milizie.*

Les cinq quartiers, *Camico*, *Agrigente*, *Acragas*, *Rupe Athenea* et *Neapolis*, verront ruisseler le sang des citoyens. Les autels élevés par Phéax ne seront pas même respectés, et le riche Gélias périra dans le temple de Jupiter Atabyr, où les flammes consumeront, avec ses richesses, le chef-d'œuvre de Phidias.

Que les paysagistes ne se laissent point décourager par les gravures du Voyage de l'abbé de Saint-Non, ou de celui de Houel; qu'ils viennent à Girgenti sans en croire le fini des petites gravures anglaises, et tous ceux qui étaient si indignes de dessiner les beaux sites de la Sicile. S'ils ont le courage, comme ce Michallon, si jeune, si habile, sitôt enlevé aux arts, d'affronter l'insalubrité du climat, de porter le poids du jour, j'ose leur promettre la plus brillante récolte. Ils trouveront à chaque pas les plus nobles leçons, une végétation puissante et variée, des ruines d'une couleur admirable, des lointains dont les nuances leur apprendront l'harmonie; enfin, lorsqu'ils quitteront la Sicile, ils seront à-la-fois peintres et poètes.

Les modernes Agrigentins spéculent sur les cendres de leurs pères; on fouille les sépulcres, on enlève ces vases que les curieux paient si cher. J'en acquis plusieurs; mais j'étais dégoûté de traiter avec ces paysans pleins de cupidité et de mauvaise foi. Des journées entières se passent en pourparlers, en messages, en mensonges de leur part, et en impatience du côté de l'acheteur; c'est ordinairement au milieu de la nuit qu'ils viennent vous réveiller pour souscrire le marché qu'ils avaient refusé la veille. Si les anciens Agrigentins soignaient trop leurs enfans, s'ils les couvraient de perles et de robes brodées d'or, les gens les plus considérables de Girgenti laissent les leurs aujourd'hui dans un état d'abandon par trop repoussant. Les langes des plus petits enfans sont serrés au point de leur gonfler la tête, de leur boursoufler les traits; et ces pauvres créatures, ainsi souffrantes et défigurées, sont abandonnées des heures entières sur le pas d'une porte. Aussi voit-on des hydropiques de cinq ou six ans; on n'y connaît de remède que de les vouer à S. François. Affublés d'un froc de capucin ou d'une robe de carmélite, ils étouffent dès-lors sous le saint vêtement.

La population, par suite de ce genre d'éducation, est devenue d'une laideur hideuse; et, quand les *contessine* et les dames de qualité du pays veulent réparer les torts de la nature par la recherche des modes françaises, il n'est pas toujours facile, à leur rencontre, de demeurer dans le sérieux.

Ne m'étant jamais occupé de minéralogie ni de la science des volcans, et trop peu versé en général dans les sciences naturelles, je renverrai à Spallanzani, à Dolomieu et à M. Lucas, ceux qui desireront des détails sur la solfatare de Macaluba, voisine de Girgenti. Ces bouches connues sous le nom de *vulcani fangosi* vomissent de l'eau comme le Vésuve vomit des flammes; mais ces miniatures de volcan ne peuvent se comparer qu'aux volcans de la Crimée et de Modène. Ces éruptions terreuses manquent, dit-on, de fluide électrique, et sont saturées d'oxigène.

Une excursion qui ne fut pas aussi profitable à nos portefeuilles que je l'avais imaginé, me montra péniblement des lieux que je me contenterai, pour ainsi dire, de nommer. Je quittai ces forêts d'oliviers qu'Agrigente dut à l'Athénien Aristée, et ces beaux palmiers qui se balancent dans les airs et dont les fruits tombent au milieu des haies de cactus, de lauriers-roses, de genêts, de romarins et de jasmins, pour la montagne aride d'Aragona, Regalmuto et ses mines de soufre, Camarata, Castronovo et ses carrières de marbre, et enfin Bivona, patrie de S.*te* Rosalie. On nous montra le lieu où cette pieuse fille du baron Sinibaldi fut favorisée de sa première vision. Je ne trouvai rien de l'antique Hippone : ma curiosité fut plus satisfaite par ce que les Siciliens nomment *Casali de' Greci*. Ce sont quatre villages fondés par des Albanais en 1480; ces victimes du despotisme turc vinrent chercher un asile dans cette contrée. Demeurés fidèles à leur rit et à leur costume, leurs prêtres se marient, les femmes riches portent le voile, les manches larges, des franges, et la robe est retenue par une ceinture d'argent travaillée avec assez d'art. Cette colonie grecque se compose des bourgs de Contessa, Piana, Mezzo Juso et Palazzo-Adriano. Tout ce qui vient d'échapper dernièrement au cimeterre des Turcs, imitera sans doute cet exemple. Puissent ces fugitifs trouver enfin le repos sur une terre hospitalière! Puisse ma patrie leur ouvrir ses portes, les placer sous la sauvegarde de ce sceptre paternel, et l'égide de ses lois généreuses, protectrices de toutes les infortunes! On m'avait indiqué les ruines de l'ancienne ville d'*Entella (a)*, que j'eus la maladresse de ne pas trouver. On nous fit observer près de Calta Nisetta, dans les soufrières de la Stretta, une fontaine de soufre dont les jets sont intermittens. Calta Nisetta avait, avant la dernière révolte, une population de seize mille habitans: cette ville, qui se vantait d'être l'ancienne *Nisa*, a été brûlée et entièrement détruite par les

---

(a) Plusieurs auteurs veulent qu'*Entella* soit Castel-Vetrano, comme je l'ai dit plus haut. Au reste, il règne à ce sujet la plus profonde incertitude.

Palermitains, au mois de juillet 1820. Ses infortunés habitans errent aujourd'hui au milieu des décombres, plongés dans la plus affreuse misère.

En allant d'Agrigente à Alicata, on s'arrête à Palma, pauvre petite bourgade qui a quatre grandes églises. Du reste, la campagne est toujours la même, fertile malgré les habitans. On rentre ensuite dans de grandes solitudes, des bruyères, des torrens fort encaissés, dont le cours est dessiné par une bordure de lauriers-roses d'un effet charmant. Nous arrivâmes de bonne heure à Alicata, qui croit être l'ancienne *Gela* (17), quoique cette prétention ait été combattue plusieurs fois ; elle fait remonter son origine à Antiphème de Rhodes et à Eutime le Crétois. Un peu plus jeune que Syracuse, cette ville ne daterait que de 613 ans avant J. C. Phintias, tyran d'Agrigente, la détruisit et rasa ses murailles. Ce fut près de son port que Régulus et Manlius remportèrent une victoire navale sur la flotte carthaginoise. Strabon dit formellement que *Gela* n'existait plus du temps d'Auguste. « Nous ne saurions dire qu'*Himera* » soit encore une ville habitée, non plus que

» *Gela, Callipolis, Selinûs, Eubœa*, et tant
» d'autres » *(a)*.

On montre avec orgueil une inscription grecque gravée sur le marbre et bien difficile à lire. Ce monument remarquable, trouvé en 1660, est un décret de la république en faveur d'Héraclide, fils de Zopyre : je ne la transcrirai pas ; elle est par-tout *(b)*.

Alicata est le point le plus rapproché de la côte d'Afrique ; son port offre un sorte d'activité pour le chargement des grains : mais la ville est sale, d'un aspect misérable, et l'on y est dévoré par des nuées d'insectes. Il ne reste rien de *Gela* :

> Immanisque Gela, fluvii cognomine dicta.
> (Virg. *Æneïd*. lib. III, v. 702.)

Cependant un escalier taillé dans le roc conduit encore à ce château de Phalaris, témoin de

---

(a) Géographie de Strabon, traduction française, tome II, page 365.

(b) Voyez Maffei, *Museum Veronense*, 1722; d'Orville et Torremuzza : ce dernier croit cette inscription fort antérieure à l'arrivée des Romains en Sicile. Il appuie son avis sur la forme rhomboïdale des *omicron* et des *théta*. D'Orville va plus loin, et la croit plus ancienne que Simonide.

tant de douleurs; il est remplacé par un fort en très-mauvais état, presque aussi bien défendu que l'était Notre-Dame de la Garde à Marseille, lorsque Chapelle et Bachaumont illustrèrent ce château par leurs vers charmans.

Gela avait donné naissance à Apollodore, poète comique, à Timagoras le philosophe, au tyran Gélon; enfin elle renfermait les cendres d'Eschyle.

On ne trouve pas plus de vestiges de *Phintia* que de cette *Gela*, fondatrice d'Agrigente, témoin de la grande lutte d'Agathocle et d'Amilcar.

Les *Campi Geloi* confinaient avec *Camerina*, que je laissai sur la droite, lorsqu'en sortant d'Alicata je traversai le fleuve *Himera*. Le frêle bateau sur lequel on nous entassa, doit être assez peu sûr pendant les fréquens débordemens de ce torrent dangereux.

Les nombreuses descentes des corsaires de Tunis et d'Alger désolaient naguère tout ce rivage découvert. Ils profitaient de l'obscurité de la nuit pour débarquer et s'approcher des habitations isolées. Ces forbans se dispersaient alors, en attachant à leur cou une clochette comme celle que portent les troupeaux. Les paysans, imaginant que leurs mulets s'étaient échappés ou que les bœufs du voisin ravageaient leurs champs, sortaient sans défiance, et ne faisaient pas quatre pas sans être chargés de fers.

Je me reposai de la mauvaise nuit d'Alicata, dans un jardin, sous des orangers, à moitié chemin de cette ville à Calta Girone, où nous devions coucher. Pendant ce trajet, qui fut de trente-huit milles, nous vîmes des laboureurs, portant les livrées de la misère, quitter des champs de blé d'une lieue de longueur pour venir nous demander l'aumône. Rien n'est à eux ; ils inondent de leurs sueurs l'héritage d'un maître qu'ils ne voient jamais ; des gens de loi, des intendans, se placent toujours entre le cultivateur, qui meurt de faim, et les grands seigneurs qu'ils ruinent.

La chaleur me parut plus étouffante en Sicile qu'en Afrique. Le soleil calcine votre tête, et la terre brûle vos pieds. L'eau est rare et malsaine : aussi dans une course un peu longue, lorsqu'on atteint le milieu de la journée, la soif dévore les hommes et les animaux ; aperçoit-on un ruisseau, tous se raniment pour s'y précipiter. On se plaignait que des sources abondantes et régulières eussent disparu : nous ne rencontrions en effet que des fontaines et des abreuvoirs inutiles. Lorsque les vallées calcaires de la Sicile méridionale s'échauffent à ce point, marcher est un supplice violent. Un ciel d'airain fait regretter les tempêtes; si le vent s'élève faiblement, il est aspiré avec transport : mais c'est l'Afrique qui vous l'envoie; bientôt la bouche se dessèche, le gosier s'embrase, et tous les objets s'offrent à vos regards à travers une vapeur ondoyante comme la flamme. Aussi quelles délices que de trouver dans un village de l'eau à la glace ! Comme on se hâte d'y exprimer le jus d'un citron et d'obtenir une limonade qu'on savoure avec transport !

Après avoir laissé de côté Modica et Noto, on grimpe par des chemins affreux, bien plus impraticables encore que celui de Girgenti, jusqu'à Calta Girone, ou plutôt Calata Hierone; car on n'est pas d'accord à ce sujet. Ce chemin est un monument curieux de l'indifférence d'un peuple et de l'oubli d'un gouvernement. Ce dernier ne pense pas plus à réparer que l'autre ne songe à réclamer. Calta Girone, placée sur le sommet d'une montagne, est une petite ville dont l'université jouit d'un revenu de quatre-vingt mille piastres. Les professeurs se lèvent tard., les étudians n'y viennent jamais : aussi les études n'y sont-elles pas fortes. Calta Girone n'est composée que d'églises et peuplée que de prêtres. Les habitans sont grands admirateurs d'une statue de la Vierge par le Gaggini, placée dans l'église des Récollets. Nous fûmes rejoints dans cette ville par des voyageurs qui faisaient la même route que nous. On se perdait et se dépassait alternativement ; juchés sur leurs mulets, ils ne regardaient ni à droite, ni à gauche. Syracuse ne mérita même pas un regard de leur superbe indifférence. Je les trouvai bien malheureux de se griller pour si peu de chose. Nous fûmes logés à Calta Girone chez un Provençal, qui nous traita de son mieux ; il avait été cuisinier du directeur Barras : le talent de l'aubergiste me parut baissé et rouillé ; on devait dîner mieux que cela au Directoire.

Après la longue descente de Calta Girone, nous dessinâmes des aqueducs et des substructions qui pouvaient avoir appartenu à l'ancienne Eubée, *Licodia.* On dit que des Chalcidiens, guidés par Théoclès, après avoir fondé *Naxos* et *Leontium*, donnèrent à la nouvelle ville qu'ils construisirent, le nom d'*Eubée*, en mémoire de l'île célèbre de l'Hellespont. Diodore, Polybe, Étienne de Byzance, n'assignent pas d'une manière assez exacte la situation d'Eubée, pour qu'on ait la certitude, comme le croient Fazelli et Zannoni, qu'Eubée soit la même chose que Licodia. La voie souterraine creusée dans le rocher, et qui devait aboutir à l'antique citadelle, est un monument fort curieux de l'art des anciens, qui mériterait d'être étudié soigneusement. Plusieurs autres chemins partent de cette voie principale; mais tous sont encombrés par des débris qu'il serait aisé de déblayer. On trouve encore tous les jours aux environs de Licodia des vases, de petites idoles, des lacrymatoires, des médailles, enfin des mosaïques assez bien conservées. On y rencontre une multitude de chambres sépulcrales, une partie des portes de la ville et de ses murailles. Tous ces restes sont empreints d'un caractère de grandeur et de solidité majestueuses.

Une fouille faite en 1808 produisit des résultats fort curieux. Trois urnes de plomb, peu distantes l'une de l'autre, furent découvertes dans un état de parfaite conservation; ces urnes contenaient des cendres : plusieurs feuilles d'or, imitant évidemment des feuilles de laurier, étaient placées dans l'une d'elles. On a ingénieusement supposé que ce dernier vase renfermait les cendres d'Agathocle, tyran de Syracuse, atteint et tué dans ce lieu par Timoléon. Eupolème, fils d'Icétas, et Euthyme, son lieutenant, y subirent le même sort. La pitié des habitans d'Eubée et le respect pour le malheur les portèrent sans doute à brûler ces trois corps, et à leur accorder une honorable sépulture.

Je ne vis point Terra-Nova, autrefois *Callipolis;* elle fait un commerce assez actif avec Malte, dont les petits bâtimens, *speronare*, garnissent ordinairement ce port. J'avais eu la pensée d'aller visiter à Malte ces monumens, ces forts que la trahison seule pouvait attaquer avec succès. J'aurais cherché religieusement les traces glorieuses de cet ordre, qui laisse au moins dans l'histoire des souvenirs impérissables ; je n'en aurais rapporté que des regrets.

Non loin de là sont les ruines de *Camarina*, colonie syracusaine, jadis florissante, mais aujourd'hui entièrement détruite ; Ragusa ; *Hybla minor*, qui a des sources bitumineuses et des grottes sépulcrales ; Modica, comté célèbre, qui appartient aujourd'hui à ce duc de Berwick et d'Albe, un des grands barons de la Sicile, qui offre aux artistes de tous les pays une protection si éclairée.

Scicli, Casmene, Spaca-Forno, offrent peu d'intérêt ; mais cette dernière ouvre la vallée d'Ispica. Cette vallée a près de trois lieues de longueur ; ses rochers sont creusés par-tout de grottes, de chambres carrées, d'escaliers, enfin d'habitations humaines, aujourd'hui désertes. L'histoire des habitans, que l'on présume avoir été les Troglodytes, est enveloppée d'une obscurité impénétrable, et semée de tant de fables, qu'il est inutile de les propager. On peut croire cependant que ce pays fut habité par les premiers hommes qui se réunirent après le déluge, puisqu'on y a trouvé des squelettes humains (18). Ces cavernes sont souvent placées dans des lieux presque inaccessibles : quelques-unes sont spacieuses, et communiquent entre elles par des escaliers ; souvent des piliers carrés en soutiennent les voûtes.

On a cru aussi que les Cimmériens, race d'hommes échappée aux convulsions du globe, pénétrés d'un juste sentiment de crainte, habitaient timidement les hauteurs et les cavernes des montagnes; que le nom de *Cimmériens* pouvait signifier en langue phénicienne *obscurité*, *ténèbres*, et qu'enfin ils avaient habité le val d'Ispica et les contrées où furent depuis les anciens Étrusques *(a)*. On y trouve également, et en grand nombre, des restes de fortifications grossières qui portent l'empreinte de l'enfance de cet art. L'homme a donc toujours redouté son semblable; ce fut la défiance et le besoin de la défense personnelle qui creusèrent ses premières demeures, tandis qu'à côté le premier sentiment religieux creusait le premier tombeau. J'engage ceux qui desirent avoir plus de détails sur cette partie de la Sicile, à les chercher dans l'ouvrage de M. de Sayve; il a visité avec soin tout le Val di Noto, et la description qu'il en fait est pleine de vérité et d'intérêt. En général, peu de voyageurs ont vu la Sicile avec une plus scrupuleuse exactitude et en ont écrit avec plus de probité.

(a) Voyez Mario Pagano, *Saggi politici di principi, progressi e decadenza delle società.*

Je me dirigeai par Stafenda vers Pozello, *Puzellus*, Marza et ses murs cyclopéens, enfin le cap *Pachynum*, l'une des trois pointes de Trinacrie. On me montra quelques murailles d'un temple d'Apollon. J'avais devant moi l'île de Marzameni et celle de Vindicari. Nous quittâmes l'ancienne *Elato*, après avoir traversé le fleuve *Helorus*, et passé près du monument triomphal d'Hippocrate. C'est une colonne de 40 pieds de hauteur et d'environ 10 pieds de diamètre : elle rappelle la victoire qui fut remportée par ce roi de *Gela* sur les Syracusains, l'an 461 avant J. C. Voilà les campagnes qu'Ovide nomme *Heloria Tempe*. Je passai rapidement à Noto, l'ancienne *Nectum*; à Avola, nous dessinâmes sa grotte, si profonde, si pittoresque, traversée dans toute sa longueur par le fleuve Casibili. Je vis les tristes restes d'*Hybla*, et enfin Floridia, qui n'est qu'à deux lieues de Syracuse.

Après m'être arrêté sous un arbre à Palagonia, sur les bords du fleuve *Terias*, j'atteignis le *Leontinus ager*, si célèbre par sa fertilité, et j'allai coucher à Lentini (19), l'ancienne *Leontium*, où l'on trouve encore journellement des vases et des médailles. On croit qu'elle fut fondée par le Chalcidien Théoclès dans les *campi Læstrigonii;* elle fut renversée par un tremblement de terre en 1169. Il n'est plus possible de dire avec le proverbe ancien, *Leontini semper ad pocula;* car on y fait très-mauvaise chère. De Lentini, où l'on est éloigné de la base de l'Etna d'environ quinze milles, on juge mieux du développement de ce volcan, maître d'un grand quart de la Sicile.

Nous nous acheminâmes le lendemain vers Syracuse par des chemins difficiles, mais de l'aspect le plus varié. Je recommande sur-tout aux peintres une vallée plus poétique que celle de Tempé, plus riante qu'aucun site de l'Arcadie ou de la riche Thessalie. De grands arbres couvrent les bords d'une rivière fraîche et transparente, qui coule au fond de ce vallon. Le fleuve isole parfois quelques-uns de ces arbres, et les îles, abritées par des masses énormes de rochers, semblent être l'heureux domaine des bergers de Théocrite. La vigne sauvage traverse la vallée et forme des ponts ornés de scolopendres, de lianes, de cloches couleur de rose, qui descendent en festons de plus de cent pieds de haut jusqu'à la rivière. Toute cette contrée rappelle à chaque pas ces vers du plus grand peintre de la nature :

> Hîc gelidi fontes, hîc mollia prata, Lycori ;
> Hîc nemus : hîc ipso tecum consumerer œvo.
> (Virg. *Eclog.* x, v. 42.)

On retrouve le rivage de la mer assez près du port d'*Augusta :* cette petite ville est tristement célèbre par la cruauté avec laquelle ses habitans massacrèrent l'équipage d'une frégate française, à l'époque de l'expédition d'Égypte. La tempête avait poussé nos malheureux compatriotes sur cette terre inhospitalière ; il n'en revint pas un seul.

A peine avais-je mis le pied sur le territoire de Syracuse, que mes yeux rencontrèrent un monument de la gloire ou de l'infortune de ses habitans ; car on ne sait si cette ruine, qui se compose d'une pyramide ronde et élevée sur une base carrée, rappelle les succès de Syracuse contre Nicias, ou le triomphe de Marcellus.

SYRACUSE (20).

Hîc Phœbo digna et musis venerabere vatum
Ora excellentum, sacras qui carmine sylvas,
Quique Syracosiâ resonant Helicona Camœnâ.
(Sil. Ital. *Punicor.* lib. xiv, v. 28.)

Un chemin taillé dans une roche plate, unie, qui suit le rivage de la mer, et sur laquelle se voient encore les traces creusées par les roues des anciens chars, conduit à la moderne Syracuse. Des carrières, quelques tombeaux, parmi lesquels je cherchai celui de Lygdamis, ce pancratiaste vainqueur aux jeux olympiques, se trouvent sur une colline du sommet de laquelle on découvre Syracuse, qui n'est plus que l'île d'Ortygie *(a)*, fortifiée avec assez de soin.

En face de Plemmyre assailli par les mers,
Une île est élevée au sein des flots amers :
Ortygie est le nom qu'elle eut aux premiers âges ;
Ce nom lui reste encor. C'est sur ces beaux rivages

(a) Ainsi nommée d'un mot grec qui veut dire *caille*. Ainsi l'île *d'Ortygie* signifie proprement *l'île des cailles* ; et cette dénomination lui a été donnée probablement parce qu'il s'y trouvait un grand nombre de ces oiseaux. On l'appelait aussi simplement et par excellence *l'Ile* [Νῆσος en grec]. C'était un des cinq quartiers qui composaient la ville de Syracuse.

> Qu'Alphée, amant fidèle et voyageur heureux,
> Suivant secrètement son penchant amoureux,
> Et quittant sans regret l'Élide sa patrie,
> Se glissait sous les mers vers sa nymphe chérie :
> Tous deux au même lit murmuraient leurs amours ;
> Tous deux dans la même onde allaient finir leur cours.
> Leurs berceaux sont divers ; leurs tombeaux sont les mêmes.
> (*Énéide*, liv. III, trad. de J. Delille.)

Ce que l'on voit d'abord confusément, est un amas de bastions, de clochers. Les regards s'arrêtent ensuite sur ce grand port qui vit finir la puissance, la gloire et le bonheur des Athéniens. L'Épipole paraît ensuite. Enfin, en approchant davantage derrière des rochers taillés pour recevoir des sépultures, les ruines de *Tychè* [Τύχη], les latomies de Denys et une portion du théâtre, se découvrent à vos yeux. Le sol est rocailleux, pierreux sur les sommités, et d'une fertilité merveilleuse dans les lieux bas ; un ruisseau est presque toujours entouré d'aloès, de figuiers, d'orangers, et d'un gazon vert et épais : ce contraste avec celui de la nudité et du ton gris bleuâtre des rochers qui l'environnent, est d'un effet frappant et pittoresque.

On n'entre dans Syracuse qu'après avoir passé sous trois ou quatre portes garnies de ponts-levis. Des chaussées prolongées sont jetées sur la mer, qui remplace merveilleusement et remplit les fossés de cette forteresse. Les flots viennent battre contre des murailles construites aux dépens des anciens murs et des plus somptueux monumens de la Syracuse passée. Ce n'est plus un soldat grec, un hoplite, qui garde cette porte ; c'est un pauvre Napolitain jaune, décharné, affublé d'un uniforme autrichien. J'ai toujours vu cette garde dormir en paix : Syracuse ne craint plus Carthage ; toutes deux couvrent des rivages ennemis de leurs ossemens dispersés.

On croit que Syracuse fut habitée par les Étoliens. Ceux-ci en furent chassés par les Sicules. Archias de Corinthe, petit-fils d'Hercule, s'en empara trois siècles après. On peut lire dans Plutarque la cause du voyage d'Archias. La réunion d'Ortygie, de *Tychè*, d'Achradine *(a)*, de *Neapolis* et de l'Épipole, fit appeler Syracuse, *Pentapolis*. On veut que le nom de Syracuse soit tiré d'un mot grec qui signifie *lieu qui invite au repos, à l'oisiveté ;* d'autres disent

---

(a) Le nom d'*Achradine* peut dériver d'$\dot{\alpha}\chi\varrho\alpha's$, qui signifie *poirier sauvage.* (D'Orville, *Sicula*, chap. xi, pag. 179.)

que son nom lui est venu d'un marais voisin qui était nommé *Syraco*.

L'histoire de Syracuse jusqu'au VI.ᵉ siècle est trop connue pour que je répète ici rien de ce qui est par-tout : mais, à cette époque, les Arabes commencèrent à faire des incursions en Sicile ; ils venaient de se rendre maîtres de la Syrie et des côtes d'Afrique. C'est par surprise qu'ils entrèrent dans Syracuse, l'an 669 de J. C. sous le califat de Moavia.

Quelques musulmans venus des côtes d'Afrique s'emparèrent en 820 de Palerme, et de là ils étendirent leurs courses dans toute la Sicile. Chassés par les troupes de Boniface, comte de l'île de Corse, ils revinrent l'année suivante avec une flotte nombreuse. Une nouvelle descente en 825 ne fut suivie que d'une conquête passagère, qui laissa la plus grande partie de la Sicile au pouvoir des empereurs de Constantinople. Le véritable établissement des musulmans en Sicile date de l'année 827, époque où Ziadat Allah, prince aglabite de Cairoan et de la côte d'Afrique, excité par le peu d'accord qui régnait parmi les chefs grecs, et par les troubles qui désolaient l'île, y envoya une flotte de plus de cent voiles et quarante mille hommes de troupes. Ces barbares débarquèrent près de Mazzara, prirent Sélinonte, mirent les Grecs en déroute, et contraignirent leur chef à se sauver en Calabre. L'année suivante, les Sarrasins assiégèrent Syracuse; mais, chassés par les troupes qui venaient de Constantinople au secours de la ville, ils se répandirent dans l'intérieur de l'île et s'y fortifièrent. Bientôt après, les Maures reçurent des secours de l'Espagne, et Mohammed, prince aglabite, qui se trouvait à leur tête, prit le titre de roi. Sa postérité se maintint dans la Sicile jusqu'à la chute des Aglabites d'Afrique. Les Fatimites occupèrent alors toute la côte d'Afrique, et ne tardèrent pas à étendre leurs conquêtes jusqu'en Sicile. Des émirs la gouvernèrent en leur nom, jusqu'à l'époque où Roger et ses Normands pénétrèrent dans l'île, en soumirent une partie vers l'an 1050, et en achevèrent la conquête à la fin du XI.e siècle (21).

Un peuple oisif et inquiet, occupé seulement de ses petits intérêts, étranger à tous les démêlés européens, promenant une méfiance silencieuse dans des rues étroites et brûlantes, voilà Syracuse aujourd'hui. Une partie de cette population a conservé quelque chose de la physionomie espagnole. Les femmes ont fait mieux; j'en ai vu de charmantes : il n'est pas rare d'en rencontrer dont les traits rappellent ceux de la belle Aréthuse et des autres médailles syracusaines. Les maris ne laissent sortir leurs femmes qu'à regret, quoiqu'elles soient enveloppées dans de grandes mantes de soie noire : ils ont beau les cacher; de vieilles duègnes consolent, dit-on, adroitement leur captivité. Des musiciens parcourent les rues toute la nuit, et leurs sérénades sont aussi un langage très-expressif.

Nous fûmes logés dans la plus belle auberge, dont la meilleure chambre me rappelait celle que je partageais au Caire avec tous les rats et toutes les fouines du quartier des Francs. Le cuisinier de cette hôtellerie n'a rien conservé de l'art et de la recherche des *Héraclide* et des *Mythécus* (a).

Quelques voitures gothiques se promènent méthodiquement le soir sur le quai du port.

(a) Ces deux Syracusains ont écrit sur la cuisine grecque avec une emphase qui rappelle la dignité du style de Beauvilliers sur la même matière.

Les chevaux sont affreux, et les laquais mal tenus. Voilà ce que j'ai trouvé à Syracuse; mais ce que j'ai scrupuleusement et vainement cherché, quoiqu'un antiquaire syracusain me soutînt que je les voyais, c'est la maison de Timoléon; ce sont les restes de *Neapolis;* ceux du palais des soixante lits, construit par Agathocle; les bains de Daphnis, où fut massacré l'empereur Constant au VII.ᵉ siècle; cette porte d'Aréthuse que la trahison ouvrit à Marcellus; enfin les divisions de l'Achradine. Nous savons cependant que c'était la partie de Syracuse la plus grande et la plus peuplée, celle qui fut la plus maltraitée par Pompée, et puis relevée et embellie par Auguste. Le rocher est par-tout dans un état d'aspérité qui ne permet pas de concevoir que ces mêmes lieux aient été couverts de constructions importantes.

La trace des chars fait suivre l'emplacement des rues, qui devaient être aussi incommodes à pied qu'en voiture. Il est démontré que les maisons étaient petites, posées à cru sur le rocher, sans fondations ni substructions. Les pierres dont elles étaient bâties, ont été dévorées par le temps. Il serait impossible de deviner qu'une ville populeuse fut placée dans ce lieu, sans les aqueducs pratiqués dans le rocher à une profondeur assez considérable, qui se divisent dans tous les sens, indiquent les rues, les places, et auxquels communiquaient des puits creusés dans chaque maison. On trouve ainsi jusqu'à trois étages de ces mêmes aqueducs, qui amènent encore, pour ceux qui ne sont plus, l'onde la plus abondante et la plus pure. Le murmure souterrain de ces eaux est à présent le seul bruit qui se fasse entendre dans ce lieu, où, selon l'expression des auteurs anciens, une foule d'hommes se pressaient, se heurtaient sans cesse avec la même agitation que les eaux de la mer dans un détroit. Le cri de l'oiseau sauvage anime parfois cette solitude où des milliers d'individus vécurent, aimèrent, amassèrent de l'or, et combattirent avec tant d'acharnement et de gloire.

Quelle génération peut mieux que la nôtre se figurer ces grands désastres? Est-ce donc pour nous prouver la vérité des malheurs des races passées, que la Providence étend sur l'univers les sinistres lueurs de l'incendie des villes grecques, et nous effraie aujourd'hui par les scènes sanglantes de Chio, d'Ayvoly et de Corinthe?

Cependant mon antiquaire comprenait tout : il indiquait les rues, les places. Il m'initiait même dans la distribution du palais de Denys l'ancien, et montrait de la meilleure foi du monde le fossé qui entourait la chambre à coucher du tyran. C'était dans cette chambre que Denys n'admettait pas même ses femmes, Aristomaque et Doris; où, plus tard, il n'osait se faire raser par son fils, encore enfant. Ce jeune Denys fut l'héritier du pouvoir et des alarmes de son père, et repoussa la sagesse elle-même dans la personne de Platon. J'opposais vainement à mon conducteur la destruction du palais et des tombeaux des Denys, remplacés par le *Timoleontion;* il se contentait de sourire et de me plaindre.

Excepté l'Épipole, dont la situation était forte et bien choisie, et où des monceaux de grosses pierres carrées indiquent parfaitement l'existence et même la distribution d'une citadelle, tout le reste n'a pas répondu à mes espérances. Déjà, de son temps, Cicéron cherchait le tombeau d'Archimède, et reprochait aux Syracusains ingrats l'oubli dans lequel était tombée la sépulture de ce grand homme. Le courage de ses concitoyens finit par n'être plus que l'instrument de son génie : ses feux dévoraient les flottes ennemies, et ses machines brisaient les bataillons ; enfin des tours les plus élevées partaient des milliers de traits qui atteignaient les fuyards et détruisaient les camps les plus éloignés. Archimède et Syracuse ne furent vaincus que par la trahison, et l'histoire a livré au mépris de la postérité le nom de *Mericus*. Marcellus, ce généreux ennemi, comparait Archimède à Briarée, et le nommait le géant des géomètres. On croit voir près de Buon Servizzio les restes de la maison d'Archimède.

Je crains d'être accusé de barbarie, en ne me livrant pas, comme mes prédécesseurs, à cet enthousiasme que leur inspirent le théâtre (22) et l'amphithéâtre (23) de Syracuse. Quoiqu'il me soit impossible de rêver aussi aisément que d'autres l'ancien éclat de ces monumens, il n'en est pas moins vrai que ces ruines, dominées d'un certain point, composent un des sites les plus grandioses et peut-être les lignes les plus élégantes que j'aie vus de ma vie. Une rivière tombe en cascades sur les gradins de l'amphithéâtre ; elle s'est échappée d'un aqueduc appuyé sur des rochers couverts de lierre. Cette onde, qui coule sans cesse, semble vouloir aider le temps à effacer et le sang des victimes et toutes les traces d'une magnificence passée. Cependant ces restes s'agrandissent du souvenir de Timoléon. Je me figure encore ce vénérable vieillard, ce libérateur de la patrie, infirme, aveugle, arrivant à ce théâtre, et averti de la présence de tout un peuple par les bénédictions qui s'élevaient jusqu'à lui. Je vois ce peuple debout, contraignant le héros modeste d'écouter avant le spectacle le récit de ses plus grandes actions, et terminant cette cérémonie touchante par un cri unanime de liberté qui montait jusqu'aux cieux. Quel contraste avec ce Mamercus, tyran de Catane, appelé dans ce lieu pour y comparaître devant le peuple syracusain, forcé par les clameurs de la multitude à chercher vainement la mort en se précipitant des gradins, et portant sa tête coupable sur un échafaud!

Syracuse a encore un sénat dont l'unique emploi est de veiller sur la châsse de Ste Julienne. La statue en argent de cette sainte est ici dans une vénération plus grande encore, s'il est possible, que celle de Ste Rosalie à Palerme. Le peuple de Syracuse est d'autant plus superstitieux, que le voisinage de l'Etna lui persuade aisément qu'il est plus près de l'enfer qu'un autre. De cette peur, augmentée par la moindre oscillation de tremblement de terre, naissent des pratiques sans nombre, et un goût pour le merveilleux, riche domaine dont l'exploitation fut dans tous les temps facile et assurée. J'ai vu baiser les mains des moines avec bien plus de componction, lorsque la fumée plus épaisse de l'Etna faisait craindre le réveil de ce volcan : le sentiment religieux devient stupide, lorsqu'il se passionne par la terreur. Ce peuple ne saurait admirer la morale sublime de Jésus-Christ; on ne la lui prêche pas. La majesté de Dieu lui est cachée par une multitude de saints et de petits bienheureux qui n'ont de crédit qu'à cinq ou six lieues à la ronde. Le Sicilien mêle dans ses respects la hiérarchie céleste, les martyrs, et les souvenirs du paganisme : on rencontre la montagne de Sainte-Vénus, on prie dans la chapelle de Saint-Mercure, et j'ai vu le puits de Sainte-Junon.

Je suis loin de prétendre cependant que la piété ne soit pas souvent vraie et profonde chez beaucoup de prêtres et chez un grand nombre d'individus siciliens. Un climat brûlant, une oisiveté complète, entretiennent l'imagination dans un état de sensibilité vague et ardente. De là des joies vives et des douleurs profondes, des peines que la religion peut seule consoler, des déceptions contre lesquelles le sanctuaire est l'unique refuge. Par-tout où les passions sont exaltées, le culte de la divinité est plus fervent, les fautes sont plus fréquentes, et l'on sait bien que le repentir prie mieux que l'innocence. La peur du diable fait sur l'esprit des Siciliens la même impression que les histoires de revenans produisent sur l'imagination des enfans : ils jettent les hauts cris, se meurent d'épouvante; mais ils voudraient cependant que le conte ne finît jamais. Le Sicilien le plus pauvre donne à un frère quêteur, de préférence à un malheureux estropié. Il ne le fait souvent que pour rassurer sa conscience contre la faute qu'il médite ou celle qu'il a commise.

Il paraît certain que S. Paul fonda le christianisme en Sicile. Cet apôtre, qui ne demeura que trois jours à Syracuse, laissa des disciples dans cette contrée. Les Bachille, les Bérylle, les Marcian, prêchèrent la foi aux Siciliens, et furent les premiers évêques de Messine, de Catane et de Palerme. Le sang des martyrs, qui coula avec abondance sous Dioclétien et Maximien, vint réchauffer et féconder le germe évangélique. Un concile tenu en Sicile en 336 régla la discipline chrétienne. Célestius, disciple de Pélage, y apporta la division en 408. L'arianisme trouva aussi de zélés sectateurs dans cette île.

La Sicile se glorifie d'avoir donné quatre papes à l'église : Agathon, Léon II, Sergius I.er et Étienne III ; celui-ci occupait la chaire de S. Pierre en 768.

L'inquisition, introduite en Sicile dans le XIII.e siècle, ne fut sévère que sous Ferdinand le Catholique ; mais, dès que la Sicile ne se trouva plus sous l'ascendant direct de la monarchie espagnole, le peuple sicilien donna un libre cours à son aversion pour ce tribunal religieux, qui fut enfin supprimé en 1781. On doit ajouter que les inquisiteurs étaient alors aussi sages, aussi tolérans en Sicile qu'ils le sont depuis long-temps à Rome. On ne trouva dans les prisons du saint-office que deux vieilles sorcières ; et pour pièces des procès, que les balais qui les portaient au sabbat le samedi.

La population de Syracuse s'élève à quinze mille ames environ, et l'on peut y compter quatre-vingts couvens d'hommes ou de femmes, un grand nombre de conservatoires religieux, d'églises séculières et de séminaires. Toute la ville est enrôlée dans deux confréries, celle de Saint-Philippe et celle du Saint-Esprit. Dans certaines fêtes, les membres de la première de ces deux associations s'efforcent de surpasser ceux de l'autre en frais de cierges et de papier doré, et le plus grand nombre se condamne pour cette dépense à une sorte d'abstinence journalière ; mais aussi place-t-on S. Philippe sur un char plus haut de quatre pieds que celui que leurs rivaux consacrent à leur patron, et ce succès venge de l'existence languissante et endormie de toute une année.

Je suis loin de critiquer ces usages des habitans de Syracuse, et de leur proposer notre exemple à suivre. Je ne leur conseille point de renoncer à des plaisirs tranquilles pour adopter les nôtres, d'établir un opéra, vingt autres théâtres, des maisons de jeu, enfin tout ce qu'une civilisation perfectionnée nous a rendu indispensable. Si le progrès des lumières devait les élever jusque là, on concevrait leur éloignement pour elles.

Guidé par un ermite d'une figure peu rassurante, je me suis promené dans les catacombes de Saint-Jean : c'est le labyrinthe de la mort. Des corridors à perte de vue, des salons ronds, des salles carrées, creusés dans le tuf, sont garnis, à droite et à gauche, d'ouvertures de différentes dimensions. Là dormaient les morts de toutes les conditions, de tous les âges. D'autres cavités plus profondes contenaient toute une famille. Était-ce bien *mens una, cinis unus?* Les catacombes de Syracuse produisent peu d'effet après ces hypogées de Thèbes dont l'imposante grandeur ne saurait s'effacer de ma mémoire.

Il est cependant impossible que ce monument de la simplicité et de l'égalité des honneurs rendus aux morts ne date pas du temps de la liberté, de l'époque grecque. On est surpris, en s'enfonçant dans cette ville ténébreuse, de se trouver, sans s'en apercevoir, dans un étage inférieur à celui qu'on vient de quitter. On n'est plus choqué des disparates que présentent les diverses inscriptions placées sur les tombeaux, quand on réfléchit que les morts d'un siècle succédaient à ceux du siècle précédent. Voilà pourquoi des images païennes sont à côté de la colombe et du rameau d'olivier, symboles doux et pacifiques du christianisme. Rien de ce qui reste de l'antique Syracuse ne peut, autant que ces catacombes, donner l'idée de l'immense population de cette cité.

Près de ce dédale de sépulcres, qui s'étend à plusieurs milles sous terre, et dont le plan tracé par diverses personnes le fut toujours d'une façon différente, se voit l'église souterraine de Saint-Marcian, que l'on croit le premier monument chrétien de la Sicile. C'est donc là que retentirent les premières paroles de consolation aux oreilles du peuple le plus infortuné de la terre. Cette parole vivifiante allégea les chaînes, tarit les larmes, et l'espérance vint dès-lors ouvrir à la servitude, à la faiblesse, au malheur, les portes de l'éternité. Nous dessinâmes cette crypte des premiers fidèles, dont l'effet est des plus pittoresques, et qui inspirerait à Granet, ce peintre de la lumière, un tableau frappant.

On fait remarquer aussi près de cette église un bain souterrain, humide, dégradé, qui n'offre plus ni marbres ni peintures. Je n'en vis pas davantage sous les voûtes de l'amphithéâtre taillé dans le rocher, où l'on m'avait assuré qu'il en existait de nombreux fragmens. Des hiboux et des couleuvres se sont emparés de ce lieu de fête.

La naumachie me parut d'une proportion trop médiocre pour recevoir une population de deux millions d'habitans. D'ailleurs il serait permis de douter que des combats entre de petites barques dussent procurer des plaisirs bien vifs à un peuple qui avait sous les yeux le spectacle de la mer, et d'un port dont l'activité était, dit-on, prodigieuse.

La fontaine Aréthuse, à qui Daphnis fait des adieux si gracieux :

> . . . . Χαῖρ', Ἀρέθοισα,
> Καὶ ποταμοὶ τοὶ χεῖτε καλὸν κατὰ Θύμβριδος ὕδωρ.
> (Theocr. *Idyll.* 1, v. 117.)

Adieu, belle Aréthuse, et vous, fleuves qui mêlez votre onde à l'onde pure du Thymbris.

cette source n'aurait pas une aussi noble origine,

qu'elle serait encore fort admirée ; mais ce qui gâte un peu le souvenir des amours de cette nymphe et du fleuve Alphée, c'est la quantité de vieilles femmes dont le linge vient souiller cette onde si pure.

Nous remontâmes le fleuve *Anapus*, le seul navigable de la Sicile, qui prend sa source sous les murs de Buscemi, à trente-six milles de Syracuse, et se jette dans le grand port (24), après sa jonction avec les eaux limpides de la fontaine *Cyané* (25).

.... Et me dilexit Anapus,
Exorata tamen, nec, ut hæc, exterrita, nupsi.
(Ovid. *Metamorph.* lib. v, v. 417.)

Cette charmante fontaine devient dès sa source une petite rivière. Ses bords, à peine élevés de deux pieds, sont couverts de cannes, de roseaux et de grandes touffes de papyrus (26). On prétend qu'une jeune nymphe voulut s'opposer à l'enlèvement de Proserpine. Le ravisseur furieux s'ouvrit un chemin dans un gouffre, devenu l'urne de *Cyané*, qui se réunit ensuite avec l'*Anapus*, son bien-aimé. Non loin de là se trouvaient les temples de Cérès et de Proserpine, dus à la piété de Gélon, et renversés par Imilcon, ce

Carthaginois sacrilége. L'emplacement qu'occupaient ces temples, semble indiqué par ce passage de Théocrite :

Κύρη δ', ἃ σὺν ματρὶ πολυκλήρων Ἐφυραίων
Εἴλαχας μέγα ἄστυ παρ' ὕδασι Λυσιμελείας.
(*Idyll.* xvi, v. 83.)

Et toi, fille de Cérès, qui reçus en partage avec ta mère la florissante cité d'Éphyre, bâtie sur les bords du Lysimelia.

Je restai long-temps appuyé sur mon bateau, ne me lassant pas d'admirer la pureté parfaite de cette eau si fraîche : l'œil aperçoit à quarante pieds de profondeur un sable d'or, de petits cailloux qu'on prendrait pour des émeraudes et des topazes; enfin une multitude de poissons se jouent dans cette source délicieuse.

La cathédrale de Syracuse est fondée sur les ruines du temple de Minerve. Quatorze colonnes doriques soutiennent encore le monument moderne : c'était là que se conservaient un tableau représentant une victoire d'Agathocle, les portraits des rois de Syracuse; enfin, au-dessus de la porte extérieure, brillait l'égide dorée de Minerve, ce *clypeus* que la crainte ou la reconnaissance des navigateurs saluait de si loin. C'était dans ce temple, dépouillé par Verrès, que se trouvait aussi le méridien, ouvrage d'Archimède. Diodore dit que ce monument fut construit sous le gouvernement des Géomores. Cette noblesse des colonies grecques s'empara du pouvoir à Syracuse vers la XLVI.ᵉ olympiade, environ 600 ans avant J. C. A peu près dans le même temps, s'élevèrent les temples de *Pæstum*, d'Ægeste et de Sélinonte : ces villes les firent construire par leurs nombreux prisonniers. Titus, imitant depuis cet exemple, employa les Juifs à la construction du Colisée de Rome.

A peine reste-t-il quelques traces du temple de Jupiter Olympien, de celui d'Esculape, de l'autel de la Concorde. On n'aperçoit rien des temples d'Apollon Téménite [ὁ Τεμενίτης] *(a)* et de la Fortune; on chercherait avec aussi peu de succès le Pentapyle, l'obélisque décoré du bouclier de Nicias, l'horloge solaire, la sphère de bronze d'Archimède, ce prytanée embelli par la statue de Sapho, le portique souillé par la statue équestre de Verrès, la curie et l'*Hecatompedon*. Nous ne fûmes pas plus heureux pour le Νεώσοικοι, *Navalia (b)*, emplacement destiné

(a) Ainsi nommé du bois d'oliviers qui l'entourait.

(b) C'étaient environ quatre cents loges spacieuses où se radou-

à construire, à radouber et à conserver les navires. Mais quelle partie du *Navalia* était assez vaste pour recevoir ce vaisseau à trois ponts dont parle Athénée *(a)*? Trois cents ouvriers furent employés pendant un an à la construction de ce chef-d'œuvre d'Archimède et d'Archias de Corinthe, ordonné par Hiéron II. Ce prince offrit comme présent au roi Ptolémée cette merveille ambulante que vingt rangs de rameurs faisaient voler sur la mer, et qui contenait, dit-on, des salles de festin, des thermes, une bibliothèque, un temple, un vivier, une piscine, et des jardins plantés de bosquets et rafraîchis par des ruisseaux d'eau vive. Le cèdre, le jaspe, l'ivoire, les peintures et l'or, tout était prodigué dans ce lieu, où le luxe et la mollesse bravaient la tempête, et qui semblait être le palais du dieu des mers.

Quelques débris indiquent le fort de Labdale et les murs d'enceinte élevés par Denys. Trois colonnes du temple de Diane *(b)* sont cachées

---

baient les navires. Ce lieu devait ressembler aux *squeri* de l'arsenal de Venise.

(a) Athénée, liv. v.

(b) On y retrouve des chapiteaux accouplés ; chose rare chez

dans les murs ignobles de la *via Rosaliba*, dans l'ancien quartier d'Ortygie.

Les célèbres latomies, qui ne sont autre chose que des carrières immenses d'où l'on tira nécessairement les matériaux de cette Syracuse qui est aujourd'hui en poussière, furent-elles jadis de vastes prisons ? ou penserons-nous, avec Cluvier, que la seule latomie de l'Épipole reçut autrefois des captifs, *Unus fuit Syracusis carcer latomiarum in Epipolis?* On croit généralement que sept mille Athéniens perdirent la vie dans ce lieu de douleur. Quelques-uns de ces infortunés regrettaient l'Attique et exprimaient leurs plaintes dans un si doux langage, que les vainqueurs attendris brisèrent leurs chaînes, ne pouvant résister au charme de la langue d'Homère et des vers d'Euripide *(a)*.

La latomie des Capucins est la plus grande et la plus pittoresque; les rochers taillés à pic qui forment les parois de ce grand puits, ont plus de cent pieds, et le fond est garni d'oran-

---

les anciens, et qui ne se retrouve que dans les monumens d'architecture élevés sous les Antonins à Palmyre, ainsi qu'à Pola en Dalmatie.

(a) Voyez Plutarque, *Vie de Nicias.*

gers, de grenadiers, de treilles et d'oliviers. Ces jardins souterrains de Syracuse frappent autant par leur singularité que pouvaient le faire les jardins suspendus de Babylone. Les tremblemens de terre ont fait écrouler plusieurs voûtes. Des arbres, des fontaines, se font jour à travers ce chaos; des ouvertures qui se trouvent sur plusieurs points, s'enfoncent si avant sous terre, qu'il ne serait pas prudent d'en aller chercher le terme. Quelquefois un rocher taillé en forme de tour s'élève au milieu de cette carrière, et l'on peut croire que sa destination était de recevoir les sentinelles qui veillaient jour et nuit sur les captifs. Il est facile de comprendre que ce lieu, étant plus bas de cent pieds que le terrain qui l'environne, formait la prison la plus sûre, comme aussi la moins triste puisqu'on n'était pas privé de la vue du ciel.

Ce fut dans la latomie de l'Épipole que le vieux Denys fit, dit-on, enfermer le poète Philoxène *(a)*.

Quant à la latomie connue sous le nom

(a) Ce nom rappelle la courageuse réponse : *Qu'on me remène aux carrières.*

d'*Oreille de Denys*, elle est immense ; mais il n'est pas vrai que Michel-Ange de Caravage, qui n'a jamais été en Sicile, lui ait donné ce nom, quoiqu'il soit parfaitement exact de dire qu'une portion de cette singulière caverne rappelle la construction d'une oreille humaine : cette comparaison n'appartient même pas à Polydore de Caravage, quoique ce dernier ait habité Messine. Denys se servait-il de ce lieu pour épier les soupirs de ses victimes ? Voilà ce qui est aussi possible que peu certain. Ce labyrinthe immense, ces voûtes dans lesquelles joue et se perd la lumière, cette piscine taillée dans le roc vif, ces aqueducs qui partent de ce lieu pour porter toute une rivière de l'autre côté des latomies et au-dessus des théâtres, ces efforts de l'homme, cet écho si retentissant, tout frappe les sens et l'imagination. Ce lieu semble être le redoutable sanctuaire d'Endor : on y attend les paroles les plus effrayantes et les visions les plus fantastiques.

J'ai déjà parlé de l'Épipole, de ces murs de Denys élevés en vingt jours ; soixante mille hommes et six mille bœufs se relevaient pour y travailler, même malgré les ténèbres. Ces murailles réunies aux autres remparts enveloppaient Syracuse d'une enceinte formidable de neuf lieues de circuit. Les trois châteaux forts de l'Épipole, Euryale, Labdale et Hexapyle, pouvaient contenir une garnison de cinquante mille hommes. Euryale est aujourd'hui *Belvedere*, Labdale est devenu *Buffaloro*, et Hexapyle a pris le nom de *Castellaci*.

J'allai dessiner les deux seules colonnes qui restent du temple de Jupiter Olympien. Cet édifice fut jadis l'orgueil d'*Olympium*, vaste faubourg de Syracuse; c'est là que les navigateurs allaient demander à *Urius* des vents favorables. La statue du dieu reçut d'Hiéron I.er un manteau d'or; Denys, moins pieux, y substitua un manteau de laine ; enfin Verrès, scandalisant Syracuse, enleva cette merveille du ciseau grec, l'une des trois plus renommées de l'univers, pour en décorer ses jardins de *Tusculum* (27).

Syracuse, tant de fois saccagée par les mains barbares des vainqueurs, a vu aussi des tremblemens de terre secouer, ébranler, enfouir ses plus nobles ruines. Ces plus grandes catastrophes eurent lieu dans les années 1100, 1542, 1693 et 1735.

C'est du milieu de ces décombres que fut tiré, il y a dix-huit ans, ce fragment de la statue de Vénus que j'ai soigneusement dessiné, et que M. Osterwald fera sans doute graver, comme une des plus précieuses reliques de l'art statuaire. Quel moelleux! quelle souplesse! Combien la Vénus de Médicis perdrait à être vue à côté de ce chef-d'œuvre! Le sentiment de la vie, celui de la grâce, sont par-tout. Cette Callipyge est très-jeune; sa gorge vient d'éclore; et c'est la volupté elle-même qui dessina le torse, les hanches, la ligne onduleuse et pure de la partie inférieure de cette belle figure.

Pourquoi cette statue ne serait-elle pas la Vénus Callipyge décrite par Athénée, Lampride et Archélaüs, et donnée aux Syracusains par Héliogabale, ou peut-être la statue élevée à la déesse de la beauté par deux jeunes Syracusaines? En se jouant au bord de l'*Anapus*, elles disputaient un jour sur l'éclat de leurs charmes. L'onde transparente du fleuve leur en révélait les plus secrètes perfections. Elles soumirent, dit-on, au jugement d'un jeune pâtre cette partie de leur corps qui est si admirable dans la statue que je viens de décrire. Cette imitation de la scène gracieuse du mont Ida finit par l'hymen du berger avec la plus belle des deux sœurs. Elles étaient riches, et elles se réunirent au pâtre pour consacrer par une statue et des parvis de marbre leur piété envers la Vénus Callipyge.

Le musée de Syracuse renferme encore, outre une statue d'Esculape, plus petite que nature et d'un beau style, découverte en 1803, un buste de Timoléon. On lisait jadis sur le socle de ce buste l'inscription suivante :

EXTINCTORI TYRANNIDIS.

Un gouverneur de Syracuse fit gratter cette inscription en 1618. Cette main vulgaire essaya d'outrager le vainqueur de Thrasybule. Le héros fut vengé : les expressions d'admiration dans toutes les langues couvrirent le socle de son buste. L'hommage de l'univers a remplacé ce grand nom.

Le musée de Syracuse offre aussi une multitude d'épitaphes, d'inscriptions grecques (28), recueillies pour la plupart dans les catacombes. La seule chose qui puisse consoler de ne pas connaître M. l'abbé Capodieci, directeur de cet établissement, savant modeste et littérateur distingué, c'est la lecture de son ouvrage sur les antiquités de sa patrie.

J'ai assez dit, je crois, combien la moderne Syracuse rappelle peu celle des Théocrite, des Timoléon, des Archimède. Je voulus cependant, monté sur la cime de l'Épipole *(a)*, juger, embrasser d'un coup-d'œil tout ce qui reste de l'ancienne reine de la Sicile. Quelques momens avant de forcer cette ville, Marcellus, regardant de ce même point la riche Syracuse, gémit, dit-on, de sa conquête. Le grand homme regretta son triomphe, et pleura sur la chute de cette souveraine des mers, dont la vieille puissance devait le lendemain succomber sous ses coups. Je dominais ainsi cette enceinte, dont la poussière fut du marbre, de l'airain, de l'ivoire, des pierres précieuses et de l'or : c'est là qu'elle fut. Voici le mont Etna qui l'effraya, la mer de Pélore qui lui amena tant de richesses et tant d'ennemis. J'aperçois même les lieux où furent ses colonies, *Hybla,* Hélore, *Thapsos, Leontium,* Mégare, *Herbessus.* Les filles de Syra-

---

(a) Lieu élevé.

cuse ne sont plus ! Ses ports sont abandonnés, et le promontoire de *Plemmyrium* n'est plus salué par les cris des matelots, n'est plus assailli par les nuages épais des flèches empoisonnées de Carthage.

Fatigué des soins d'un cicerone qui me poursuivait de ses bâillemens et m'assommait de ses révérences et de sa conversation stérile, j'éprouvai un sentiment de bien-être lorsque j'eus quitté l'enceinte fermée de cinq portes qui vous retient prisonnier dans les murs de Syracuse. J'obéis à la mauvaise pensée de m'embarquer sur un *speronara* pour me rendre à Catane. L'air était embrasé; le *sirocco* devait me porter en peu d'heures, et nous nous épargnions la fatigue de faire quarante-deux milles sur le dos des mulets. Oubliant combien je suis mal avec la mer, je cédai à ces considérations. A peine, à huit heures du soir, étions-nous sortis du port et couchés sur le pont de notre petite embarcation, que le vent tourna au *gregale* (vent grec). L'équipage assura que le vent était faible, qu'il cesserait à minuit, qu'on irait à la rame. Il en advint tout autrement; au point du jour nous n'étions qu'à trois milles de Syracuse, dont nous entendions encore les cloches. La mer étant agitée, notre équipage harassé, et nous tous fort malades, on se réfugia dans un petit port connu sous le nom de *la Tonnara (a)*. J'envoyai chercher des chevaux à Syracuse ; on me ramena des mulets de charge et une litière. J'éprouvais beaucoup de répugnance à me placer dans cette singulière voiture, où je me trouvai tout de suite à merveille. Mes mulets avaient le pas très-sûr : un homme à cheval les guidait ; un autre à pied les contenait, ou les excitait par des cris variés, mais continuels. Ce monologue animé se composait de reproches ou d'éloges.

La mauvaise foi, l'avidité de mes matelots faillirent m'empêcher de quitter *la Tonnara*, où j'avais eu de la peine à débarquer, parce que le garde sanitaire n'était pas à son poste. Un ecclésiastique qui se trouva par hasard sur le rivage, prit sur lui de lire de quinze pas notre patente, et de s'assurer que nous n'arrivions pas de Tunis. Il interposa son autorité, et mit beaucoup de bienveillance à me débarrasser des criailleries de

---

(a) Ainsi nommé à cause de la pêche du thon, dont les fermiers habitent ce lieu : on y a construit de grands magasins où se font les salaisons préparatoires.

nos marins, en fixant le prix de la traversée. Un besoin de procès et de discussions fait le fond du caractère du peuple sicilien, dont la cupidité m'a fait regretter mille fois les Grecs, les Hébreux et les Arabes. Êtes-vous obligé de tirer de l'argent de votre poche, de le remuer dans votre main, chacun accourt; un groupe étranger à vos affaires se forme, se grossit, vous presse, vous harcèle, et dévore des yeux la monnaie dont il ne peut pas s'emparer.

Poursuivi par cette triste pensée, je me rappelais, malgré moi, que cette île fut long-temps esclave, et je regrettais de trouver encore chez quelques-uns de ses habitans la trace de la chaîne qui fut traînée par leurs pères. Rien n'est plus insupportable que les louanges, les admirations improvisées et les continuelles attentions dont on vous poursuit en Sicile. Vingt personnes s'empressent à-la-fois pour que rien ne vous heurte, pour vous aider à descendre un escalier, pour chasser avec fureur une mouche qui court sur le collet de votre habit, ou un chien qui se trouve sur votre passage. Comme Mme de Sévigné prétendait que le langage des précieuses la jetait dans des grossièretés, l'obséquiosité m'inspirait du goût pour tous les visages rébarbatifs; c'eût été chez ceux-là que j'aurais cherché à reconnaître les descendans d'Agathocle et de Timoléon.

Le sentier appelé pompeusement *chemin* de Catane est tellement rocailleux et impraticable, qu'on traverse, pour l'éviter, des champs immenses couverts de chardons. Quelquefois, suivant de petites rivières, on passe sous des oliviers, des grenadiers, entremêlés de chênes et enlacés de grandes vignes sauvages. La main de l'homme ne paraît nulle part, et ce vieux pays reprend l'aspect d'une terre vierge et inconnue.

Ce désert, couvert de *solanum* épineux, de térébinthes, de mauves de dix pieds de haut, d'*agnus-castus* et de lauriers-roses, nous conduisit jusqu'à un bois d'oliviers qui couvre une vaste colline. C'est du sommet de ce lieu qu'on aperçoit tout le développement du mont Etna; ses principales éruptions tracées sur ses flancs, Messine, Taormine, Catane, la mer et les montagnes de la Calabre; on a sous les yeux le cours du Symèthe, si célèbre chez les poètes par l'enlèvement de Proserpine : c'est à son embouchure que s'élevait jadis l'antique *Morgantium*, dont on ne trouve pas une seule pierre. Nous descendîmes à Agnoni, pauvre masure qui appartient au prince de Palagonia. Après une halte d'une heure, nous reprîmes le chemin de Catane. Quand la nuit survint, toute la côte était couverte de feux de joie. On célébrait la solennité de la Fête-Dieu, et nous aperçûmes de loin le feu d'artifice de Catane. Sa lumière rougeâtre nous rappela les terribles incendies de cette cité reconstruite chaque siècle sur les ruines de celle qui avait été dévorée par l'Etna.

Nous arrivâmes à neuf heures du soir à Catane : cette ville, fortement remuée par un tremblement de terre il y a environ deux ans, a été forcée d'étayer ses principaux édifices. Des poutres traversent les rues, et ces tristes précautions gâtent l'effet des plus beaux monumens.

On croit que les Tyriens trafiquaient avec Catane avant d'en être les maîtres. Ils en furent dépossédés par les Sicules, qui le furent à leur tour par les Chalcidiens, sept ans après la fondation de Syracuse.

Nicias fit le siége de Catane; Alcibiade, qui servait dans l'armée athénienne, ayant obtenu la permission de pénétrer dans la ville et de parler seul au peuple, les gardes quittèrent les murailles pour l'entendre, et Nicias s'empara de la ville. Plus tard Catane fut rasée par Denys. Devenue romaine l'an de Rome 849, elle subit depuis le sort de la Sicile. Les Goths et les Vandales la dévastèrent; les Grecs du Bas-Empire l'arrachèrent aux Latins, qui la reprirent. Brûlée par les Sarrasins, prise par Roger, saccagée par Frédéric II, c'est à son admirable situation qu'elle devait toujours les nouveaux habitans qui venaient s'y établir; son commerce et la richesse de son territoire relevaient ses palais. Cicéron l'appelait *oppidum locuples, honestum, copiosum*. Pline cite comme une preuve du luxe de Catane l'horloge enlevée à cette ville et qui fit l'étonnement de Rome. Charondas y reçut le jour et lui donna des lois; Stésichore, exilé d'Himère, y trouva un asile; Xénophane de Colophon y acquit le droit de cité.

Ce fut lorsque l'éruption de l'an 631 de la fondation de Rome la réduisit en cendres, que deux jeunes citoyens de Catane offrirent un si bel exemple de piété filiale à leurs concitoyens fuyant les flammes et chargés de leurs richesses: Amphinome et Anapis n'emportèrent que leurs vieux parens. Des statues, des médailles, consacrèrent cet acte de la plus touchante vertu.

La lave consuma de nouveau Catane en 1669; un affreux tremblement de terre l'acheva en 1673 : dix-neuf mille de ses habitans furent victimes de ce dernier désastre. On avait enfin commencé à la reconstruire sur un plan vaste et imposant (29); mais les travaux, qui se poursuivaient avec ardeur, viennent d'être ralentis par les dernières secousses qui ont lézardé d'une manière effrayante presque tous les monumens publics.

La situation de Catane rappelle celle de Portici ; cette ressemblance exacte est à-la-fois triste et gracieuse. Toutes deux placées au pied d'un volcan, toutes deux baignées par la mer, construites sur plusieurs couches de ruines et de laves, ces villes subiront peut-être encore le sort le plus funeste. Mais là, comme à Portici, sont emportées par le vent ces terribles paroles : *Posteri, posteri, vestra res agitur.*

Catane, toujours menacée dans l'ordre naturel, jouit dans l'ordre moral d'une paix profonde : sa population a horreur du trouble; elle aime, elle veut, tout ce qu'aimaient, tout ce que voulaient ses pères; une partie du bas peuple vit même aux dépens des abus, et travaille à les perpétuer, comme les mendians de Rome cherchent à entretenir leurs plaies.

Jamais ce pays ne fournit plus de moines; jamais ils ne furent plus riches, et l'éclat de leur embonpoint fait des serviteurs de Dieu en Sicile une caste d'élus, qui seraient trahis par le coloris de leurs joues, s'ils troquaient leur froc contre un habit civil. Cet heureux équilibre de santé et de repos inspire ordinairement à ces moines un grand esprit de tolérance; ils ignorent ou pardonnent toutes les hérésies. Cependant, chez les ordres plus austères, on rencontre souvent des imaginations qui s'exaltent dans la retraite. Quelques cénobites sèchent, jaunissent; leurs yeux noirs, pleins de feu, s'embrasent encore de toutes les ardeurs de la pénitence. L'indulgence est plus rare chez ces derniers, qui semblent offrir l'idéal du fanatisme.

Je me plaisais à voir chaque jour le prieur des Bénédictins se promener en calèche et sourire en passant avec un petit geste tendre à ses amis ou à des moines qui prenaient des glaces, assis devant la porte d'un café.

Les Bénédictins de Catane habitent un véritable palais, ouvrage de l'architecte Contini ; nous en dessinâmes l'escalier de marbre, qui est de la plus haute magnificence : l'église est vaste, somptueuse ; les tableaux de Tofanelli et de Cavallucci qui la décorent, sont très-inférieurs à leur réputation; un orgue excellent y accompagne les offices. Les Bénédictins possèdent un grand jardin, un musée plein d'intérêt (30). Rien n'est moins inquisitorial que leur doctrine, et rien n'est plus poli et plus affable que leurs manières envers les étrangers. Ils attendaient alors la visite du père provincial, qui ne les menaçait sûrement pas d'une réforme ; car les cuisines du couvent étaient dans un mouvement qui ne pouvait être comparé qu'à celui de leurs pourvoyeurs.

On croit que Catane contient soixante mille habitans. Quoique ses fabriques d'étoffes de soie ne puissent soutenir la comparaison avec celles de Lyon, elles sont néanmoins une des parties de l'industrie que le commerce sicilien exploite avec le plus de succès. Le port de Catane exporte aussi des cuirs, des laines, des colliers d'ambre jaune, du blé, du soufre et du vin en assez grande quantité. L'agriculture est encore plus négligée ici que dans tout le reste de la Sicile. Les oliviers, livrés à eux-mêmes, ne sont jamais taillés, jamais cultivés : aussi ces arbres élevés, touffus, ne produisent-ils que fort peu de fruits. Le vin est mal fait; les blés sont étouffés par les plantes parasites qui dévorent leur substance. Quand on cherche à faire sentir aux Siciliens les inconvéniens sans nombre qui résultent d'une pareille insouciance, ils commencent par vous remercier, et finissent par ajouter : *Che sachio? che serve?* [que sais-je? et à quoi cela sert-il?] Aussi rien n'est-il terminé. Les forgerons battent le fer, assis le plus commodément qu'ils peuvent; les maçons, couchés sur un échafaudage, posent lentement une brique mal cuite qui devient de la poussière le lendemain : on ne travaille un peu plus soigneusement que chez les prêtres, parce que l'enfer est là pour celui qui ne ferrerait pas régulièrement une porte, ou qui négligerait une toiture.

S.te Agathe règne à Catane, quoique le dernier tremblement de terre n'ait pas respecté son église. On lui en a rapidement et à grands frais construit une nouvelle. Le portail de ce monument est de mauvais goût ; mais il est enrichi des colonnes de granit qui décoraient le *proscenium* du théâtre antique. Dans cet édifice, qui a néanmoins une sorte de grandeur dont les Italiens ont toujours le secret, j'ai remarqué une détestable peinture à fresque qui représente le moment de la catastrophe de 1693, où toutes les communautés religieuses, contraintes de fuir devant la lave, s'embarquèrent à la hâte ; mais ce qui peut être vrai, et n'était pas assez héroïque pour être constaté, c'est que l'évêque fut le premier à quitter le rivage en lui donnant sa bénédiction.

L'itinéraire du prince de Biscari enrichit Catane, sa patrie, d'une foule de monumens que j'ai eu la bonne foi de chercher ; entre autres, un temple de Cérès, qui n'est qu'une jolie petite rotonde, peu digne d'un nom fastueux. Peu de personnes sont plus crédules que les antiquaires ; ils croient comme article de foi la tradition la plus vague, le préjugé le plus incertain. Le moindre morceau de marbre devient ainsi un temple important ; et le plus petit travail réticulaire leur révèle sur-le-champ l'existence d'un amphithéâtre ou d'une naumachie.

Il faut pourtant être juste envers les habitans de Catane, et leur savoir gré des efforts qu'ils ont faits pour retrouver les monumens de leur magnificence passée : cette conduite devrait stimuler notre émulation, à nous qui traitons si légèrement de barbares les peuples qui négligent ce genre de recherches. Ne laissons-nous pas dans l'oubli le plus profond cette ville d'Arles dont le sol renferme des trésors que le hasard seul y a fait rencontrer jusqu'à présent ? Ne négligeons-nous pas une fouille facile et d'un succès presque assuré, et cela au milieu de la seconde ville du royaume, à Lyon, sur le rivage même de la Saone ?

Quoi qu'il en soit, les Cataniens désignent sous le nom d'*Odéon* un édifice dont la petite dimension peut en effet laisser croire qu'il était destiné aux exercices choragiques. Près de là, se trouvait un théâtre aussi spacieux que celui de Taormine, revêtu de marbre blanc, et dont tous les débris portent l'empreinte de la recherche élégante de la plus belle époque des arts. Ce monument n'est pas entièrement exhumé ; ses portiques extérieurs sont encore encaissés dans la lave, de telle manière que leur couronnement sert de base à plusieurs palais. On est cependant parvenu à pénétrer dans l'intérieur de la salle, et à déblayer complétement les galeries circulaires qui conduisaient à l'amphithéâtre.

Les eaux du fleuve *Amenanus,* qui enveloppaient autrefois les murs de Catane, et qui disparurent dans l'éruption de 1669, ont arrêté des travaux curieux, dont les résultats seraient devenus d'un grand intérêt; je veux parler des bains antiques qui se trouvent sous l'église et la place de la cathédrale, à vingt pieds de profondeur.

Ce Marcellus qui regretta si vivement la mort d'Archimède et mouilla de larmes généreuses les lauriers qu'il venait de cueillir à Syracuse, ce général dont l'exemple est apparemment si difficile à imiter, voulut laisser un monument chez les Cataniens et se faire pardonner ses triomphes. On montre encore le plan géométral d'un gymnase construit aux dépens de ce grand homme. C'est ainsi que les Romains savaient imposer aux vaincus le tribut de la reconnaissance.

Quelques ouvriers trouvèrent depuis peu, en creusant un puits, des voûtes, des travaux, qui promettent la découverte du grand cirque de Catane. La dépense énorme qu'exigerait cette entreprise, l'a fait abandonner. Ce cirque avait, selon plusieurs écrivains, dix-neuf cents pieds de longueur sur trois cent quatre-vingt-dix de largeur ; des termes, des statues, des colonnes, décoraient la *spina*. Selon les auteurs du moyen âge, on y admirait aussi deux obélisques de granit, l'un surmonté d'une lune d'argent, l'autre couronné d'un globe de verre. Les statues de Cérès, de Cybèle, de la Victoire, celle de la Terre, due au ciseau de Mamurius, se réfléchissaient dans deux immenses canaux, le Nil et l'Euripe. Des cygnes, images de la poésie, se jouaient dans ces eaux qui rafraîchissaient un des jardins les plus vantés, les plus somptueux de la terre.

Quant à l'amphithéâtre, tous les matériaux en ont été à peu près enlevés dans le cours des XII.e et XIII.e siècles, pour servir à la construction d'édifices qui ne sont plus.

Le petit-fils du prince de B*** a hérité de ses pères, qui furent de grands citoyens et les Mécènes de la science en Sicile, un musée qui ferait honneur à un souverain (31). Le plus bel ornement de cette galerie est, sans contredit, un torse en marbre de Jupiter, trouvé par le grand-père du prince actuel dans les fouilles du théâtre de Catane. Nous vîmes dans ce même palais une belle collection de costumes qui date du XI.e siècle, et finit aux vertugadins et aux paniers de nos aïeules.

Quant aux camées et aux médailles, tout cela ne se voit pas plus que le prince. Un amour contrarié, un mariage à peu près forcé, ont inspiré, dit-on, à cet homme de quarante ans et d'une belle figure, un profond dégoût pour le monde. Le père et le grand-père du prince de B*** ouvraient leur palais à une société choisie, aux voyageurs, aux artistes, et ils entreprirent souvent, dans l'intérêt de leur pays, de longs et utiles travaux. L'éclat de cette existence, comparé à la tristesse de celle du prince de B***, donne trop d'humeur à ses compatriotes, pour qu'il soit permis de croire le mal qu'ils disent de lui. Le fait est qu'il a une fortune considérable dont on ignore l'emploi, et que le soin de ses chevaux est la seule chose qui puisse le distraire de la société de ses gens d'affaires. Je dois ajouter que, sans avoir vu le prince de B***, j'ai trouvé en lui une grande politesse, une extrême complaisance, et que les lettres par lesquelles il m'a fait l'honneur de me répondre sont celles d'un homme très-obligeant et de très-bonne compagnie.

Au reste, à l'exception de quelques maisons, ou plutôt de quelques personnes, et sur-tout des Gioëni, des Recupero, des Gemmelaro, les nobles siciliens se visitent peu, et ne se réunissent jamais pour des fêtes ou de grands dîners. Les portes de leurs palais sont hermétiquement closes; et, quoiqu'ils soient fort loin de manquer d'esprit et d'instruction, ils placent ordinairement leur confiance dans un confesseur et dans un procureur qui font toutes leurs affaires. Leurs plaisirs consistent parfois dans la société intime d'un barbier qui coiffe les dames, rase le maître de la maison, et fait le soir leur partie de *calabresella*. Cet homme amusant, important, raconte alors les histoires de la ville, les querelles des confréries de pénitens, ou les conflits des processions. Il s'entend avec le confesseur pour les mariages des filles de la maison, pour les placemens d'argent, et protége les amours de l'héritier. J'ai rencontré cinq ou six de ces *Figaro*, et j'aurais imaginé que Beaumarchais avait étudié les mœurs des Siciliens, quoiqu'on rencontre chez eux plus de *don Basile* que de *comte Almaviva*. Les moins sauvages entre les seigneurs siciliens vont s'asseoir tous les jours, régulièrement, pendant deux heures, dans la boutique de leur épicier ou de leur marchand de drap, pour y répéter d'éternelles plaintes sur une innovation faite dans l'administration, sur l'établissement du code ou l'imposition de la *carta bollata*.

Les grandes distractions des dames sont les prises d'habit de quelques pauvres jeunes personnes, bien nobles et bien tristes. Alors on tend l'église du monastère, on prêche, et les parens et amis sont invités pendant quatre jours à manger des *dolci (a)* au parloir. L'ignorance de ces bonnes religieuses est telle, que j'eus bien de la peine à leur persuader que les Français étaient chrétiens. On eut par politesse l'air de me croire; mais on était loin d'être convaincu. J'écoutai avec une grande patience l'histoire de l'abbaye depuis sa fondation par le comte

---

(a) Mélange de sucreries, de gâteaux et de confitures.

Roger. Tout ce que j'avais entendu dire des couvens de religieuses me persuadait que j'allais voir apporter des biscuits, du sirop; je mourais de soif. J'attendis, rien n'arrivait, les histoires ne finissaient pas ; je quittai enfin les bonnes religieuses, qui me promirent des prières et me sevrèrent de confitures.

Avouons ici que je fus encore moins heureux à Messine, dans un parloir charmant de l'abbaye de San-Gregorio : malgré ma révérence, la plus polie possible, et dès mon premier mot d'excuse, l'alarme fut au camp ; les causeries si animées cessèrent, les voiles tombèrent sur les visages, on retira de petites mains blanches qui passaient entre les barreaux ; des volets se fermèrent, et je fis retraite, très-malheureux d'avoir troublé le seul plaisir vif des religieuses, celui de la conversation.

Aucun monastère en Italie ne m'a fait éprouver ces sentimens intérieurs d'admiration et de pitié que je sentis si vivement à Lyon, lorsque j'y passai pour me rendre en Sicile.

J'étais allé visiter une maison de campagne qui domine le vallon d'Écully. Le soleil descendait entre deux collines, au bas desquelles la Saone formait un lac éclatant de lumière. Tout était fertile et riche dans cette campagne; tout était riant et prospère autour de moi. Une noce animait la maison où je me trouvais : le vin faisait des heureux de tous les amis du jeune couple. A un demi-mille au-dessous de la terrasse où l'on dansait sous de grands arbres, des religieuses trappistes de la Val-Sainte venaient d'acheter un jardin et une maison délabrée. Travaillant elles-mêmes à la construction d'une église, elles étaient isolées, solitaires, au milieu de la campagne la plus habitée et près d'une ville populeuse. Je suivais, à l'aide d'une lunette, le mélange des travaux si rudes et des prières si vives de ces êtres qui ne tenaient à la vie que par la souffrance. En effet, dans leurs momens de repos, et à peu près tous les quarts d'heure, elles se prosternaient et s'anéantissaient devant Dieu. L'excès de la pénitence nivelait les âges, et imprimait aux traits de ces pieuses filles une parfaite uniformité d'expression ; éteintes par les austérités, le tombeau et la récompense semblaient les attendre toutes le même jour.

Les faibles restes de l'ordre de Malte sont confinés dans un couvent à Catane. Ces successeurs des héros de Saint-Jean d'Acre, de Rhodes et de Malte, sont revenus à la simplicité monastique. Un vieillard respectable, M. le commandeur de Rechignevoisin, de la langue de France, eut l'obligeance de me montrer la couronne et le poignard qui avaient servi au couronnement de Paul Ier comme grand-maître de Malte. Voilà, avec l'épée de d'Aubusson, ce qui compose leurs trésors. *Sic transit gloria mundi.* On leur fait espérer qu'ils obtiendront une île dans l'Adriatique; mais le siècle a beaucoup détruit, et il ne fonde rien. Je crois même que l'île de *Lissa* leur a été proposée; la difficulté serait de s'établir, de construire une église, un hôpital, des forts, des vaisseaux. Tous les intérêts sont changés; les états chrétiens ont conclu des traités avec la Porte, et même avec les régences d'Alger et de Tunis.

Un vieux grand-bailli, lieutenant du grand-maître, se promène dans une voiture aux armes de l'ordre: on le prendrait pour un contemporain des la Valette et des l'Ile-Adam, dont il rappelle les vertus.

LE MONT ETNA.

J'atteindrais la partie de mon voyage dont la description serait la plus difficile, si j'avais la prétention de parler dignement de l'Etna. Chanté par Pindare et Virgile, décrit par Thucydide et Strabon, expliqué par Spallanzani et Dolomieu, il a été le sujet de tant d'admirables tableaux, que je sens trop bien l'impossibilité d'y ajouter un seul trait.

Après avoir dit, comme Rezzonico, en regardant l'Etna, *Ed appena ardiva d'alzar gli occhi per guardarlo, vinto dall' orrida maestà, colla quale giganteggia sul piano,* je m'humilie devant ce phénomène, devant des sites dont l'inconcevable majesté échappe aux efforts des plus grands maîtres. Un essai malheureux serait si froid, que je ne le tenterai pas. Voici donc seulement le journal exact de l'emploi de deux journées en Sicile.

L'Etna, ce géant ignivome, est depuis longtemps la merveille du monde physique. Platon et Adrien gravirent le sommet de ce volcan. Empédocle l'Agrigentin y périt 400 ans avant

J. C. On peut croire que le nom d'*Etna* donné par les Phéniciens à cette montagne signifiait *fournaise*; les Grecs lui conservèrent ce nom. Il reçut des Arabes celui de *Gebel*, qui, dans leur langue, ne veut dire que *montagne*. C'est pourtant de ces derniers que les Siciliens modernes ont emprunté le nom de *monte Gibello* qu'ils donnent à l'Etna.

Parmi les écrivains qui se sont occupés de ce volcan, on cite Bembo, Fazelli, Filoteo, qui vivaient dans le xvie siècle; Borelli, Bottone, Carrera, dans le xviie; Massa, Biscari, Ferrara, dans le xviiie La base de l'Etna a soixante lieues de circonférence : sa hauteur serait, selon Dolomieu, de dix mille quatre-vingts pieds; selon Needham, de dix mille trente-deux pieds; selon Saussure, de dix mille deux cent quatre-vingt-trois pieds; enfin, selon Ferrara, de dix mille cent quatre-vingt-dix-huit pieds. L'Etna n'est pas une montagne unique, mais un assemblage de monts volcaniques. Cent cratères éteints ou fumans encore entourent ce colosse. Cent quatre-vingt mille habitans vivent sur son domaine. Trois régions divisent l'Etna : *regione piedimonta*; celle-là comprend des vignes, de riches moissons : *regione nemorosa ;* elle est couverte de bois : *regione deserta ;* elle est envahie par la neige et la cendre.

L'histoire a conservé le souvenir de soixante-dix-sept éruptions de l'Etna, dont onze eurent lieu avant Jésus-Christ. Caligula, effrayé de celle de l'an 44 de l'ère chrétienne, se sauva de Catane, où il était, jusqu'à Messine. Charlemagne se trouvait en Sicile à l'époque de l'éruption de 812. Quoiqu'on soit peu d'accord sur l'année de l'éruption du XIIe siècle, l'une des plus épouvantables dont on ait conservé la mémoire, l'opinion la plus générale fixe à l'année 1183 la date de cet événement désastreux. Jean Agnello, évêque de Catane, son clergé, une multitude de peuple, furent alors engloutis sous les ruines de la cathédrale. Quinze mille personnes périrent, et tout fut renversé.

L'éruption de 1537 fut accompagnée de tremblemens de terre qui détruisirent Messine et désolèrent une partie de la Calabre. Celle de 1669 fut annoncée par une obscurité semblable à celle que produit une éclipse. Le village de Nicolosi disparut : un gouffre de quatre lieues de longueur sur cinq à six de largeur s'ouvrit tout-à-coup ; sa profondeur était incalculable. Sept villages furent ensevelis : un fleuve de lave surmonta les murs de Catane, et renversa ses plus beaux édifices. La circonférence du cratère principal de l'Etna acquit alors près de six lieues. Les pertes occasionnées par ce désastre furent évaluées à quarante millions de francs.

Le physicien Borelli, témoin oculaire de ce phénomène, a calculé que les matières volcaniques lancées hors du cratère pouvaient composer une masse cubique de quatre-vingt-trois millions huit cent trente-huit mille sept cent cinquante pas géométriques. Le torrent de feu avait cinq lieues de long, une lieue un quart de large et cent pieds de profondeur. L'éruption de 1693 fit périr en Sicile cinquante-neuf mille personnes. La mer, au moment du tremblement de terre, s'éleva à une immense hauteur, et vint se briser sur le rivage, arrachant, entraînant, renversant sur son passage les monumens les plus solides. Enfin les éruptions de 1799 et de 1800 peuvent être considérées comme les plus longues et les plus affreuses. Le tremblement de terre fut continuel; une pluie de feu dévasta tous les environs de l'Etna, et ce mortier terrible lança au loin des scories enflammées d'une énorme pesanteur.

Les éruptions de 1809, 1811 et 1819, ouvrirent un cratère de sept cent quatre-vingt-quatre pieds de circonférence. Un nouvel Etna se déclara sur le *monte Rosso :* vingt bouches vomirent des pierres, des cendres, et couvrirent toute la vallée de *Lingua-grossa*. Deux savans courageux, M. l'abbé Ferrara et M. Joinville, bravant ces dangers, passèrent la nuit du 1.er au 2 novembre 1811 sur le cratère. L'éruption de 1819 commença le 27 mai et dura jusqu'au 2 juillet suivant. L'ouvrage du docteur Maravigna sur cette dernière éruption est dédié à M. Lucas, qui vient de faire lui-même au mont Etna un voyage dont nous devons attendre les résultats les plus satisfaisans.

Nous louâmes des mulets à Catane, et, munis d'eau-de-vie, de rum et de quelques provisions, nous prîmes le chemin de Nicolosi (*a*), où M. Gemmelaro, de Catane, possède une

---

(*a*) Nicolosi et tous les villages voisins cultivent une grande quantité de mûriers; on y élève beaucoup de vers à soie : c'est la principale richesse du pays.

jolie maison de campagne. J'ai eu fort à me louer de l'accueil de M. Gemmelaro, à qui M. Simon *(a)* avait bien voulu me recommander. Arrivé à Nicolosi à huit heures du matin, une montée assez douce me conduisit à Gravina, Mascalcia et Torre Griffo, trois villages charmans, situés dans le plus beau pays de la terre, où la culture est à-la-fois la plus facile et la plus négligée. Reçus avec beaucoup d'hospitalité par don Carmelo Gemmelaro, nous jouîmes, de sa terrasse, de la vue de ce nouvel Éden : ce n'était par-tout que pins, orangers et peupliers enlacés de vignes et de lierres.

Munis d'un guide, Antonio Mazzara, que je recommande aux voyageurs, parce qu'il est doué d'une patience et d'une complaisance à toute épreuve, nous partîmes de Nicolosi. On passe sous le *monte Rosso,* qui est un produit de l'éruption de 1696, et qui, devenu lui-même un volcan redoutable, a renversé, il y a deux ans, le village de Zafarana. La population, réunie dans l'église de ce bourg, fut écrasée par la chute des voûtes. Un homme écoutait le sermon, placé sur la

---

(a) Auteur d'excellens ouvrages sur l'Angleterre et sur la Suisse.

pierre d'un caveau ; elle céda, et il fut retrouvé vivant dans le sépulcre. Nous marchions dans un *lapillo,* un sable noir, à travers des laves (32) qui ont trois siècles d'existence *(a)*; on se rend à la *regione silvosa,* où l'on retrouve de la verdure, une vallée agreste, et, après avoir cheminé pendant l'espace de quatre milles dans cette forêt, on arrive à *la grotta delle Capre,* ou bien *grotta de' Inglesi.* Nous fîmes allumer un bon feu, parce que déjà l'air était plus frais. Nous dessinâmes; mais que peuvent les vains efforts d'un crayon devant tant de merveilles ! Est-il facile de s'expliquer comment un écrivain spirituel, et qui possède un sentiment vif des arts dont il s'est occupé toute sa vie, a pu écrire sur cette base de l'Etna la phrase que je vais citer? Au lieu de regretter devant cette nature imposante le pinceau du Poussin, du Gaspre, de Salvator Rosa, il se contente de dire : « Les habitations éparses » sur la base de l'Etna ressemblent à ces paysages

---

(a) Un siècle suffit à peine pour établir sur la lave une couche de terre ou de cendre végétale de l'épaisseur d'une ligne. D'après cela, l'on pourrait peut-être établir un calcul de probabilité sur les premières éruptions et sur l'âge du volcan. Il n'est pas rare de trouver jusqu'à six couches de lave et de terre végétale l'une sur l'autre.

« de Boucher, où il a entassé sans confusion
» toutes les richesses de la nature : c'est l'école
» des peintres du genre aimable comme du genre
» terrible. » Notre guide alla nous chercher de la neige, le vin de Syracuse y gagna; et, après le meilleur sommeil, nous nous remîmes en route à onze heures du soir. La nuit était sombre : aussi nos mulets firent-ils de nous ce qu'ils voulurent; ils descendaient, et je sentais gravir le mien au point de me faire perdre l'équilibre. Ces animaux, sûrs et infatigables, ne s'arrêtèrent qu'après une marche de quatre heures. Le froid était devenu assez piquant pour que nous eussions les pieds et les bras engourdis, quand on mit pied à terre près de la tour du Philosophe. M. Gemmelaro et quelques officiers anglais ont fait construire en ce lieu une petite maison, où nous n'allâmes point coucher, parce que la neige qui l'enveloppait encore la rendait excessivement humide. C'est de cet endroit, où nous bûmes du rum et où nous quittâmes nos redingotes, que nous partîmes à pied pour monter le grand cône. On n'arrive à sa base qu'après avoir franchi pendant l'espace d'environ un mille des laves de la forme la plus bizarre; il

fallait sauter de pointe en pointe, glisser, s'écorcher, se relever, en faire autant quelques pas plus loin ; enfin, tout en maudissant cette allure, on atteint la montagne de cendre. Ici commence un nouveau genre de supplice ; il faut monter presque perpendiculairement dans une cendre blanchâtre où vous enfoncez toujours jusqu'aux genoux. Cette cendre est semée de scories, de mâchefer, d'énormes pierres ponces enveloppées de soufre, auxquelles on cherche vainement à s'accrocher. Cet appui, qui n'a pas de racine, glisse et fait souvent perdre le terrain qu'on avait si péniblement gagné.

J'étais à peine à moitié chemin, et déjà le découragement s'emparait de moi. La raréfaction de l'air rendait la respiration difficile : plus tard, l'oppression devint extrême ; elle agit à tel point sur un de nos compagnons de voyage, qu'il s'évanouit. On le secourut, et, rappelant toutes nos forces, nous atteignîmes, au bout d'une heure et demie, la plus haute sommité du cratère. Je n'avais ressenti de ma vie une telle fatigue. De gros souliers, des gants épais, tout cela avait disparu ; j'arrivai sans chaussure, et les mains cruellement écorchées. Ma première impression fut de me trouver, comme un malade, affaibli, troublé par les terreurs d'un cerveau fiévreux. L'aube du jour blanchissait l'horizon, et le premier éclat de la lumière produisait sur les nuages qui roulaient à nos pieds, des effets d'une singulière bizarrerie ; ils arrivaient poussés sur nous comme d'immenses fantômes : on pouvait se croire en communication avec le ciel, où semblaient se préparer d'étranges visions. Je voulus regarder au fond du cratère; une fumée sulfureuse, étouffante, me fit reculer : j'essayai alors de m'asseoir sur le revers; mais cette croûte friable et jaune était brûlante. La fatigue des sens, l'exaltation de l'imagination, jettent dans un état voisin du délire. Placés dans une des régions les plus élevées du globe, nous n'attendions que le départ du nuage qui nous entourait pour jouir d'un spectacle sublime. Le soleil triompha des vapeurs du matin, et tout-à-coup la lumière se fit avec un éclat éblouissant. La Sicile ne formait qu'une faible partie du premier plan de ce tableau. D'un côté, la vue plongeait dans le gouffre; de l'autre, elle rencontrait, dans un vague d'azur coupé par des bandes d'or, la Calabre, l'Afrique, Malte, et la mer de Syracuse. L'ombre de l'Etna se projetait sur la Sicile, et cette vapeur incertaine s'étendait depuis Paterno jusqu'aux plaines d'Enna.

Le vent changea; je pus porter mes regards vers le volcan. Son cratère immense, qui me parut avoir plus d'une lieue de circuit, est séparé en trois parties par une aiguille de rocher dont la base forme la division. Ce rocher s'élance du cratère comme une flèche gothique; sa couleur est rougeâtre, quelquefois d'un noir bitumineux, et la croûte qui reluit sur certaines parties, me rappela celle qui recouvre les aérolithes : dans d'autres endroits, ce rocher paraissait être, comme l'intérieur du volcan, de couleur de cendre, et rayé transversalement d'un soufre pur. Nous étions placés sur le bord taillé à pic, légèrement excavé sous nos pieds ; et la pente me sembla si rapide jusqu'à l'endroit où le grand puits devient perpendiculaire, qu'il eût été impossible d'y descendre sans avoir la triste certitude d'être entraîné dans le gouffre. La profondeur de cette partie de l'entonnoir pouvait être de six à sept cents pieds *(a)*.

(a) Un Anglais eut la témérité, il y a peu d'années, de se faire

Si le Dante n'a pas visité la Sicile, s'il n'a pas gravi le mont Etna, ce dont il est permis de douter, puisqu'il est allé plusieurs fois à Naples, son génie en a deviné les terribles effets. Ses descriptions de l'enfer sont le tableau le plus vrai de l'Etna; le Dante est le seul guide digne de conduire l'homme dans ce labyrinthe de vallées et jusqu'à la porte du mystérieux abîme.

A notre gauche était le dernier volcan ouvert au pied du grand cône; son orifice, d'un jaune éclatant, avait vomi toute la lave qui garnissait la vallée *de' Bovi*. Les scories noires produites par quarante autres volcans dessinaient le domaine des destructeurs du plus beau rivage de la terre. Nous descendîmes avec précaution jusqu'à la tour du Philosophe, dont il ne reste que quelques pierres : on peut supposer que ce fut jadis un oratoire antique, un petit temple élevé aux divinités infernales, et plus tard peut-être une tour d'observation. Nous arrivâmes à pied jusqu'à la grotte des Chèvres, marchant rapidement dans la cendre, le *lapillo*, et tra-

---

descendre dans le cratère ; attaché par des cordes, il fit trop tard le signal de le retirer : ses guides le remontèrent ; mais ce nouvel Empédocle était asphyxié : on ne put le rappeler à la vie.

versant les ravins rougeâtres et les laves qui couvrent ce désert funèbre et désolé. Reprenant nos mulets, nous rentrâmes dans la *regione nemorosa*, qui nous semblait être l'Arcadie; nous revîmes Nicolosi, et enfin Catane.

Mon esprit avait été frappé par les plus grands contrastes. En effet, quand mes yeux fatigués refusaient de se fixer plus long-temps sur le nuage qui s'exhalait des entrailles de la terre, ils se reposaient de cette effrayante recherche en se plongeant dans l'espace du ciel et des mers. D'une part, l'obscurité du cratère n'était dissipée que pour quelques secondes par des bouffées d'une fumée livide; de l'autre, le soleil se levait dans toute sa pompe, et réfléchissait sur la mer de Calabre mille couleurs éclatantes. Je respirais un air glacial, tandis que la cendre brûlait mes pieds. Enfin l'odeur délétère de toutes les substances volcaniques les plus puissantes m'avertissait que je touchais aux confins de l'empire de l'homme, et que là commençait le domaine de la mort.

L'Etna, entouré de volcans, postes avancés de cet inexorable fléau, a vomi des fleuves de lave qui sont venus s'engloutir dans la mer, en creusant de profondes vallées. On le vit ainsi, dans sa fureur, détruire parfois une ville, tandis qu'il repoussait les flots de la mer et formait un port commode et sûr. L'espace que ces fleuves ont parcouru, peut donner l'idée du chaos : quelques-unes de ces laves conservent la forme d'une cascade; d'autres, celle d'une mer dont les vagues auraient été fixées, durcies, au moment d'une tempête. Quelques cratères sont entourés de végétation et de fleurs : on dirait une couronne placée sur un cercueil *(a)*.

Une auréole de nuages charge le front de l'Etna, tandis que le ciel qui le couvre, la mer qui l'entoure, sont éclatans de lumière. Ce rivage fait de constans efforts pour cacher sous la verdure la trace des torrens de feu qui ne se lassent

---

(a) Interea fessos ventus cum sole reliquit;
Ignarique viæ, Cyclopum allabimur oris.
Portus ab accessu ventorum immotus, et ingens
Ipse; sed horrificis juxtà tonat Ætna ruinis,
Interdumque atram prorumpit ad æthera nubem,
Turbine fumantem piceo, et candente favillâ;
Attollitque globos flammarum, et sidera lambit :
Interdum scopulos avulsaque viscera montis
Erigit eructans, liquefactaque saxa sub auras
Cum gemitu glomerat, fundoque exæstuat imo.
(Virg. *Æneïd.* lib. III, v. 568.)

point de le ravager. Un peuple insouciant habite et chérit cette contrée merveilleuse ; il danse au bruit de la foudre du volcan, s'endort dans les douces langueurs de l'amour, et place le berceau de ses enfans sur la cendre encore brûlante qui ensevelit le toit de ses pères.

Je me retrouvai à Catane avec un sentiment de bien-être d'autant plus vif, que, pendant cette course pénible, j'avais toujours vu souffrir autour de moi. Ceux qui habitent à la base de l'Etna, manquent d'eau ; une population entière va en chercher fort loin, et de très-mauvaise : des femmes noircies, brûlées par le soleil, maigries par le travail et des privations de tout genre, marchent les pieds nus, portant une grande cruche sur leur tête ; on en rencontre ainsi de longues files qui suivent des chemins creusés dans la lave et encombrés de pierres roulantes ou aiguës. Une profonde tristesse est peinte sur leurs visages ; la veille elles ont souffert, et le lendemain ramenera encore les mêmes besoins, les mêmes difficultés, la même incertitude de pouvoir rapporter quelques gouttes d'eau jusqu'à leurs demeures.

Touché de ce tableau, je me reprochais le

plaisir que je savourais d'avance de trouver des liqueurs fraîches à Catane, et cependant la soif me dévorait aussi.

L'eau coule goutte à goutte dans les fontaines de marbre de Catane; on ne répare point les aqueducs : les couvens ont des citernes; les intendans prennent des *gelati*, des *graniti*, et s'occupent trop peu d'étancher la soif du peuple sicilien.

Je crois devoir me contenter d'indiquer sommairement les points qui me conduisirent à Castro-Giovanni, l'antique *Enna.* Selon quelques-uns, le bourg de Paterno fut fondé sur l'emplacement de l'antique cité d'*Inessa*, dont il ne reste presque rien ; quelques mosaïques seulement indiquent le lieu occupé par la ville ancienne. D'autres ont cru que Paterno était l'*Hybla major,* dont plusieurs villes réclament le nom. On y élève avec soin des abeilles, qui se nourrissent du thym le plus odoriférant et le plus parfumé; aussi le miel de ces contrées me parut-il préférable à celui du mont Hymette :

Nerine Galatea, thymo mihi dulcior Hyblæ.
(Virg. *Eclog.* VII, v. 37.)

Cortina, où l'on montre une grotte fort pittoresque, reçoit les eaux d'une rivière qui s'y engouffre pour ne reparaître qu'à quatre-vingts toises plus loin. Aderno, *Hadranum*, n'a plus rien d'un temple qui fut fameux. Près de là sont des ruines modernes : un aqueduc commencé par le prince de Biscari devait réunir deux montagnes ; composé de deux étages, comme le pont du Gard, il avait environ cent trente pieds de hauteur ; négligé, abandonné, il en restera bien peu de chose dans dix ans. Centorbi (33), *Centuripæ*; elle fut opulente. On ne trouve plus de ses pierres gravées, qui attestaient son luxe, l'excellence de ses artistes, et qui faisaient dire aux anciens : *Monnaie de Syracuse, Vases d'Agrigente, Pierres gravées de Centuripæ*. Son pont sur le Symèthe, ses fortes murailles, tout est renversé. *Argyrium* est entièrement oubliée ; il ne reste plus de cette patrie de Diodore que son souvenir et quelques médailles. J'en ai acquis deux fort belles : l'une représente la tête d'Hercule, l'autre celle de Jupiter, et toutes deux sont d'une admirable conservation. *Assorus* n'offre rien à la curiosité ; le fleuve *Chrysas* n'est qu'un triste ruisseau. *Aidunum* n'existe plus ; et *Plutia*, à présent Piazza, est loin de mériter son surnom passé d'*opulentissima*. Le consul anglais Feghen avait entrepris des fouilles importantes dans ce lieu. On vient d'y trouver récemment des portiques, et des colonnes avec les chiffres 12, 13, 14. Tout fait présumer que c'était une palestre, et peut-être la plus importante de la Sicile. Je traversai Mazarino; c'est de cette petite ville que sortait la famille du cardinal Mazarin.

Enna (34), aujourd'hui Castro-Giovanni, fondée par Ennos, quatre-vingts ans après Syracuse, fut depuis nommée par les Romains *Castrum Ennæ*. Son temple de Cérès n'existe plus. L'air de ce pays est pur, frais; les parfums de ses campagnes sont si doux, que, selon Diodore, les chiens de chasse y perdaient l'odorat. On y trouve fréquemment des antiquités, qu'il faut arracher des mains des paysans. La lampe de bronze, d'une forme élégante, qui s'éteignit dans un sépulcre, éclaire aujourd'hui la chaumière du pâtre d'*Enna*. C'est au bord du lac *Pergus* que Proserpine fut enlevée. Le pont célèbre de Capitarso, bâti en 1553, est, en effet, d'une construction assez hardie, mais qui ne mérite cependant pas sa réputation sicilienne.

Je me dirigeai sur *Sperlinga*. On lit sur une des portes du château de cette ville une inscription qui rappelle la bienfaisance courageuse des habitans de ce pays :

QVOD SICVLIS PLACVIT, SOLA SPERLINGA NEGAVIT.

Trois cents Français réfugiés dans les souterrains de ce château échappèrent pendant quelque temps à la proscription qui les frappa si cruellement à l'époque des vêpres siciliennes. Philippe de Scalambre, qui les commandait, obtint, ainsi que je l'ai dit plus haut, comme Guillaume Des Porcelets, le prix de sa modération et de ses vertus. Je vis, en passant, Nicosia, Troina, qu'on croit l'ancienne *Imacara*, et les monts *Heræi*. C'est là qu'habita Daphnis, l'inventeur de la poésie bucolique. Si son ombre vient errer dans ces solitudes, quelle doit être sa surprise de ce que les échos qui redirent ses chants, ne répètent plus que des commandemens autrichiens *(a)*, dont la mélodie est un peu moins gracieuse !

Revenus enfin à Catane par Meretto, Bronte,

(a) Un poste autrichien assez considérable occupe cette partie sauvage de la Sicile.

Randazzo et Lingua-grossa, nous étions trop fatigués pour visiter la côte orientale de l'Etna, le bois de Santa-Venera, et le *Castagno dei cento cavalli,* qui a été vu par tout le monde et décrit tant de fois.

Le trajet qui sépare Catane d'*Iaci reale* appartient à la fable, à la haute poésie. Voilà le théâtre des jalouses fureurs de Polyphème. Cette grotte entendit la plainte de Galatée, et le malheureux Acis gémit sous ce rocher. On retrouve et le port d'Ulysse et le rivage chanté par Virgile. Derrière chaque promontoire, au fond de chaque caverne, on espère surprendre les nymphes dans leur bain mystérieux : cette onde si bleue, si pure, les attend ; ce sable si doux respectera leurs pieds délicats. Plus haut s'élève un amphithéâtre de collines couvertes d'arbres, de plantes des teintes les plus variées et les plus vives ; enfin dans le ciel, au-dessus de la région des nuages, apparaît toujours l'Etna, le front ceint d'une bandelette de neige, dont les feux du soleil colorent et tempèrent l'éclat.

J'ai quitté les écueils des Cyclopes, *Fariglioni della Trizza,* si bien décrits par le savant Dolomieu. D'Orville trouve l'étymologie du nom *fariglioni* dans le mot grec φάρος, supposant que des fanaux furent construits dans ce lieu pour la sûreté des navigateurs. En Sicile, on nomme encore *fane* les feux ou signaux qu'on allume spontanément et qui avertissent avec une inconcevable rapidité tout le rivage de cette île, de l'arrivée d'un bâtiment sur un point de la côte. Je ne dirai rien de plus de ces roches basaltiques d'une forme bizarre même par leur régularité, de ces pyrites, de ces cristallisations sans cesse lavées, battues par les vagues, prodiges d'une nature dont tous les effets sont ici des miracles.

Il faudrait qu'un paysagiste vînt passer des mois entiers à *Iaci reale* et dans les environs de cette ville : elle est assise sur la hauteur, et communique avec son petit port par un chemin taillé dans le rocher, soutenu par des murs en arcades ; le laurier, le cyprès, l'aloès, se groupent au-dessus des ruines, ombragent de petites chapelles, et laissent apercevoir les fabriques pittoresques et les vieilles tours d'*Iaci*. Un peu plus bas est la mer ; sa transparence est telle, qu'on lit dans ses profondeurs jusqu'à une grande distance. Ce promontoire est celui de *Naxos*, victime de Syracuse : voilà les bords fortunés du fleuve *Onobala*, Mégare, et les rochers qui s'enorgueillissent encore des ruines de Taormine.

Le peintre, en poursuivant sa route, retrouvera les sublimes horreurs de ces torrens de scories noires et hideuses que l'Etna vomit jusqu'à la mer. Par-tout une végétation active couvre les bords de ces fleuves infernaux ; ils ont brisé de vieux ponts, se sont amoncelés devant des montagnes qui arrêtaient leur furie : sur ces montagnes d'une forme déchirée, s'élèvent des châteaux sarrasins, des murs crénelés, dont le style barbare contraste avec la forme élégante des aqueducs qui traversent la vallée.

Nous arrivâmes à Giardini, accablés par la chaleur de la journée : ce hameau, situé au bas de la montagne de Taormine et sur la grève même de la mer, n'est habité que par des pêcheurs. Un prêtre vient d'y établir une petite auberge fort propre ; on y mange du poisson très-frais sur une terrasse dont la mer baigne le pied ; enfin l'on y est servi par une femme d'une figure agréable, contre l'usage sicilien, qui vous met toujours à la merci des *camerieri*. Nous montâmes le lendemain matin à

Taormine (35), dont le théâtre était placé sur une haute montagne qui s'avance dans la mer. L'art, le goût, la magnificence des anciens s'emparèrent de ce lieu, où ils construisirent un théâtre dont les vestiges composent encore aujourd'hui le plus beau site de l'univers. Assis sur les gradins les plus élevés, on aperçoit, à travers les portiques qui ornaient la scène, l'Etna, l'ancien port de Vénus, le rivage où fut l'autel d'Apollon Archagète, Iaci, *Naxos* (36), Leontini, *Augusta*, Syracuse, et une mer immense. Si cette ruine telle qu'elle est émeut et élève l'ame; qu'était-ce donc lorsque, dans le fond du même théâtre, on pouvait voir la lave du volcan menacer le rivage, et ses feux éclairer la scène, tandis que l'esprit et les yeux étaient frappés à-la-fois, ceux-ci par les orages de l'océan, celui-là par les douleurs d'Électre et les infortunes des Atrides ! Ainsi les prodiges de la nature et des arts s'étaient rencontrés sur ce promontoire pour y éblouir tous les yeux, pour y charmer tous les cœurs. Où pouvait-on représenter avec plus de succès *le Cyclope* d'Euripide, puisque l'Etna, vomissant des tourbillons de fumée, se montrait au fond de la scène? Dans

Iphigénie en Aulide, à travers la porte principale apparaissait la mer sillonnée de vaisseaux. Enfin des nuages légers et le secours des mobiles *periacti* prêtaient leur illusion aux *Nuées* d'Aristophane. Les pinceaux de Zeuxis et d'Apelle auraient-ils pu offrir à la scène grecque des décorations aussi nobles et aussi éclatantes?

On acquiert aisément la preuve que le théâtre de Taormine fut revêtu de marbre. En 1748, on a restauré assez maladroitement les angles de cet édifice, en y engageant au hasard des colonnes de granit gris et de marbre rouge : mais ce qui reste de sculptures monumentales, porte évidemment l'empreinte de l'époque où les Romains dominaient en Sicile; les chapiteaux sont peu fouillés, et le travail a de la mollesse. Ces détails n'empêchaient pas que l'effet total ne dût être imposant et admirable. Ce théâtre a quelque rapport avec celui de Sagonte, dont la nature avait aussi offert la base et fait concevoir le plan : mais jamais ce monument de la cité espagnole n'a pu être mis en parallèle avec le théâtre magique de Taormine.

L'effet de la voix était d'un bonheur singulier : on peut se convaincre que le lieu de la scène devait être sonore sans écho. On arrivait à ce théâtre, entouré d'un portique, par des rampes dont il ne reste rien. Un rocher s'élève non loin de là, et domine de beaucoup l'édifice, qui pouvait contenir environ de vingt-cinq à trente mille personnes.

Des débris de créneaux et d'embrasures prouvent que ce lieu servit de forteresse, peut-être à l'époque où les Sarrasins étaient maîtres de la Sicile. Ce théâtre aura vu des combats simulés et des batailles sanglantes. Il ne retentit aujourd'hui que des sons de la flûte ou des chants du berger.

On sera peut-être bien aise de retrouver ici des paroles siciliennes que j'y ai entendu chanter, et qui sont peut-être déjà connues :

Vīa, biddicchia,
Facémo páci :
Chiù non mi piáci
Stare cosi !

Vīa, biddichia,
Scócca di rósa,
Lo célu vólle
Ch' īo t' amerò !

Se lo tuo córi
Il tégno īo ;

Lo pignu mīo
Chésto sarà !

Ti do lo mīo
Tra lo tuo péttu :
Da li ricéttu,
Per carità !

Quanto sei dólce,
E aggrazziata !
O Nice amata,
Sto córi è tu !

Parmi les chants siciliens (37), plusieurs sont empreints d'un caractère guerrier qui atteste leur ancienneté. Les romances populaires de Sélinonte, de Sciacca, de Castro-Giovanni, rappellent les guerres féodales des Luni et des Perollo. Les Siciliens ont oublié les vers de Stésichore et de Théocrite, comme les Grecs ont perdu la lyre de Pindare et de Timothée. Il serait difficile de connaître les instrumens de musique dont on se servait en Sicile il y a quelques siècles : l'usage de la guitare y est assez récent, et les paysans de l'intérieur de l'île sont restés fidèles à la musette et à la flûte la plus simple.

Dans le nord de l'Europe, les chants nationaux sont mélancoliques ; tous semblent inspirés par un amour malheureux, par un triste souvenir, ou la crainte d'un avenir plus funeste : ainsi le premier chant de l'homme du nord fut une plainte. Les chansons populaires de la Sicile portent au contraire un caractère de gaieté qui rappelle sa prospérité passée, la richesse de ses villes, la fécondité de ses champs. La cause ne s'en trouverait-elle pas dans le plaisir que toute cette population éprouve à chanter sur le bord de la mer, la nuit, après une journée brûlante, en respirant l'air frais et parfumé de ces beaux rivages?

Les auteurs des chants nationaux demeurent presque toujours ignorés. Les vers de Simonelli, de Levanti, de Meli, de Bertolini, sont inconnus à ces insulaires.

Une gravure mise à la tête de cet ouvrage donnera l'idée d'une danse que je vis exécuter, le soir, sur le théâtre de Taormine.

De grands tombeaux placés au fond de la vallée qui borde ce monument, dans la *necropolis* de Taormine, rappellent ceux de la *via Appia*. Il ne reste donc de cette ville que le théâtre de ses fêtes et le dernier asile de ses citoyens, de ceux qui ne devaient plus être réveillés par le bruit des applaudissemens de la multitude, par les cris des combattans, ni par les secousses des tremblemens de terre.

Le petit village de Mola se trouve au-dessus de la Taormine moderne. Ces restes, ainsi que ceux d'une forteresse crénelée qui couronne un rocher plus élevé encore, me rappelaient les fonds de montagne peints par Salvator Rosa avec tant d'art et d'énergie.

Taormine, *Tauromenium*, fut bâtie sur le

penchant du mont *Taurus* par Andromaque, père de Timée l'historien; elle fut peuplée de ceux des habitans de *Naxos* qui purent échapper lorsque Denys le tyran fit détruire leur ville. Agathocle s'en rendit maître; Auguste y fonda une colonie romaine. Brûlée en 893 par les Sarrasins, elle fut détruite en 968 par ordre du calife Al-Moëz. Les restes de sa splendeur s'évanouirent; à peine y compte-t-on aujourd'hui quatre mille habitans. Taormine est, comme toutes les petites villes de la Sicile, sale, mal pavée, avec des rues si étroites, que deux personnes peuvent à peine y passer de front. Cette ville a toujours été un point militaire important; aussi trouve-t-on à chaque pas des ruines grecques, des murs romains, des tours sarrasines : les *opuntia*, les ronces, le lierre, se sont emparés de ces vains travaux; des pins et des palmiers règnent sur ces décombres, et pyramident au-dessus d'eux avec une grâce inimitable *(a)*.

(a) On montre à Taormine un mur que l'on dit avoir appartenu à une naumachie, et une citerne dans le genre de la *piscina mirabile*. Tout cela est fort dégradé. D'ailleurs, encore une fois, à quoi bon une naumachie et des combats sur l'eau dans un petit espace, chez un peuple qui habite le rivage de la mer?

Une inscription taillée sur la corniche d'une maison construite dans le style florentin et la plus apparente de Taormine peut faire croire qu'elle fut habitée par Jean d'Aragon, après que son armée eut été défaite par les Français.

On trouve aussi dans une église située sur la place de Taormine plusieurs inscriptions grecques ; entre autres, celle-ci (38) :

ΟΔΑΜΟΣ ΤΟΝ ΤΑΙΡΟΜΕΝΙΤΑΝ
ΟΛΥΜΠΙΝ ΟΛΥΜΠΙΟΣ ΜΕΣΤΟΝ
ΝΙΚΑΣΑΝΤΑ ΠΥΘΙΑ ΚΕΛΗΤΙ
ΤΕΛΕΙΟΙ.

La distance de Giardini à Messine est d'environ trente milles. On fait deux lieues, tantôt en gravissant sur le sommet des rochers, tantôt en passant dans l'eau de la mer au travers des écueils. Le voyageur est pressé entre une montagne élevée contre laquelle il se serre, et des eaux profondes dont la couleur foncée lui révèle l'abîme qui se trouve si près de lui. Tout cela est fatigant, et pourrait être fort dangereux, si les mulets n'étaient pas les meilleurs animaux du monde. Je travaillerai de toutes mes forces à l'établissement de leur réputation, qui n'est pas aussi bonne qu'elle devrait l'être. Nous rencontrâmes le fleuve *Chrysorrhoas*. C'est près de cette onde, qui roulait de l'or, que le dieu du jour faisait garder ses troupeaux par ses deux filles, Phaéthuse et Lampétie, toutes deux éclatantes d'une céleste beauté. On a construit sur le promontoire d'*Argenum* un télégraphe, qui, heureusement pour les employés, n'a pas grand'-chose à dire; car je ne sais trop comment ils s'en tireraient.

Il nous fallut descendre les rochers de Scaletta, dont les vieilles tours menacent la route; éviter le chemin, qui est impraticable, et, glissant, sautant, nous accrochant à des branches, gagner la plage de la mer, que nous ne quittâmes plus jusqu'à Messine. Cette marche fut extrêmement pénible pour nous : mais la beauté des sites que nous avions sous les yeux nous en fit supporter plus aisément les fatigues ; nous apercevions les coteaux pittoresques du Pélore, les villages de Galati, Lardaria et Camari ; la vue des côtes de Reggio nous consolait d'avoir à traverser les lits de torrens desséchés, et à passer sous des rochers de marbre échauffés par le soleil, lorsqu'enfin nous découvrimes les clochers et les tours de Messine.

MESSINE (39).

Il serait difficile de dire pourquoi Messine fut d'abord appelée *Zancle*. Ce nom lui vint-il de Zanclus, souverain de ce pays ? ou, ce qui est plus croyable, la situation de cette ville, la forme de son rivage, lui firent-elles donner ce nom de *Zancle*, qui voulait dire *faux* ou *faucille* dans la langue des anciens Siciliens? Cratæmenès de Samos et Périérès de Chalcis en furent-ils les fondateurs? Doit-on croire Diodore ou Polybe, et reçut-elle des colons de Samos ou de la Campanie? Il paraît que les Ioniens y régnèrent aussi, et que ceux de Messène, chassés de leur territoire par les Lacédémoniens, aidèrent Anaxilas, tyran de *Rhegium*, à détruire Zancle et à fonder Messine. Comme toutes les probabilités peuvent être admises et doivent être au moins citées, on a pu croire que le nom de Messine venait de *messis*, et qu'il rappelait l'abondance et les riches moissons dont se couvre cette contrée. Mais pourquoi les tristes Messéniens n'auraient-ils pas cherché à consacrer dans ce lieu d'exil le nom de leur patrie ?

Aucun lieu de la Sicile n'offre moins de traces de l'antiquité que cette Messine dont Cicéron vante les monumens, et d'où Verrès enleva la statue de l'Amour de Praxitèle. Rien n'indique la place qu'occupèrent le temple d'Hercule et le palais de Caïus Heius : on imagine pourtant que l'église de Saint-Grégoire remplace le temple de Jupiter, et que celle de Saint-Philippe d'Argyre est construite des débris du temple de Pollux. Lorsque cette ville fut complétement détruite par Imilcon, général des Carthaginois, 399 ans avant J. C., un seul homme qui parvint, dit-on, à se sauver, traversa le détroit à la nage et se réfugia en Italie.

Les guerres civiles, la peste, les tremblemens de terre, ont plusieurs fois depuis décimé la population de Messine, qui était de cent mille habitans au commencement du siècle dernier, et qui se trouve à peine aujourd'hui de quarante mille ames, en y comprenant douze mille moines, religieux ou prêtres. Le nombre de ceux-ci augmente dans une singulière progression, et j'en ai acquis la certitude de la bouche même des principaux magistrats du pays. Les substitutions peuplent les couvens de femmes et les séminaires. Aucun des sept ou huit frères d'un prince ne doit apprendre le commerce ou ne peut suivre la carrière du barreau, et bien peu d'entre eux deviennent militaires. Des nombreuses sœurs de ce prince, une ou deux se marient, et le reste est voué au cloître.

Je comptai à peine dans le port, le plus grand, le plus sûr de la terre, dix petits bâtimens qui ne savaient que faire de ce qu'ils avaient apporté. L'admirable position du port de Messine devrait en faire l'entrepôt naturel de tout le commerce de la Grèce, le lieu d'échange le plus avantageux entre les peuples de l'Occident et les Orientaux; il est presque désert.

On a rebâti cette ville depuis le désastre de 1783; mais rien n'est terminé. Par une sage précaution, des charpentes articulées préviendraient le déboîtement des poutres, dont les coups réitérés renversaient les murailles à l'époque du dernier tremblement : elles agissaient sur les murs avec la même force que le belier des anciens. Une grande partie des maisons n'ont qu'un seul étage ; beaucoup de gens habitent des baraques assez commodes : tout a l'air provisoire. Messine vieillit ainsi, et elle doit à ce mélange de monumens renversés et de palais ébauchés la physionomie la plus singulière. Ses rues, parmi lesquelles on remarque sur-tout *la strada Ferdinanda* et celle *d'el Corso*, sont habituellement calmes, presque solitaires ; ses innombrables églises sont remplies, à quelques exceptions près, de médiocres peintures. Enfin son théâtre serait à peine digne de recevoir les *Buratini (a)* de Rome.

Le campanille et la partie supérieure de la façade de la cathédrale sont tombés : ce qui reste de cet édifice, construit par le comte Roger, est d'un beau gothique; les colonnes qui décorent l'intérieur ont dû appartenir à un temple ancien. Cette église porte le nom de *Madona della Lettera*. D'après une vieille tradition (40), la Ste Vierge aurait écrit une lettre aux Messinois, en leur envoyant une boucle de ses cheveux ; on ne montre ni l'une ni l'autre *(b)*.

(a) Espèce d'ombres chinoises, dont le jeu et le dialogue sont pleins de naturel et amusent beaucoup les Romains.

(b) Voyez à cet égard les ouvrages de P. Belli et de Dominique Argananzio, intitulés : *Pompe festive celebrate dalla nobile ed esemplare città di Messina, nell' anno 1659, per la solemnità della sagratissima lettera s'ittale dalla suprema imperatrice degli angeli Maria* ; Messina, 1659.

Voici la traduction latine de la lettre, telle qu'elle est gravée derrière le maître-autel :

Epistola, juxta antiquam et piam traditionem,
VIRGINIS MARIÆ *ad Messanenses.*

MARIA VIRGO, Joachim filia, humilis ancilla Dei, Christi Jesu crucifixi mater, ex tribu Juda, stirpe David, Messanensibus omnibus salutem et Dei Patris omnipotentis benedictionem.

Vos omnes fide magnâ legatos ac nuncios per publicum documentum ad nos misisse constat : filium nostrum Dei Genitum Deum et hominem esse fatemini, et in cœlum post suam resurrectionem ascendisse, Pauli apostoli electi prædicatione mediante viam veritatis agnoscentes, ob quod vos et ipsam civitatem benedicimus, cujus perpetuam protectricem nos esse volumus. Ex Hierosolymis, anno filii nostri XLII, ind. 1, nonas junii, lunâ XXVII, feriâ v.

Bulle du Pape Benoît XIII relative à la Lettre de la SAINTE VIERGE.

LA SANTITÀ DI N. S. BENEDETTO XIII concesse ad ogni fedele 100 giorni d'indulgenza, quante volte devotamente reciterà la sequente orazione :

Ave, filia Dei Patris, quæ Messanenses in filios elegisti.
Ave, mater Dei Filii, quæ Messanenses maternè exaudisti.
Ave, sponsa Spiritûs sancti, quæ Messanenses veritatis spiritui desponsisti.
Ave, templum S. S. Trinitatis, unde Messanenses per sacram epistolam benedixisti.

On ne vit jamais de plus pitoyables statues de bronze que celles qui décorent les places publiques de Messine. Je voudrais faire une exception pour celle de don Juan d'Autriche : encore le vainqueur de Lépante est-il bien raide et a-t-il la tête bien petite. Quant à la statue équestre de Charles III et à la statue pédestre du roi actuel, ce sont des caricatures coulées en bronze. L'auteur de ces immortelles mauvaises plaisanteries ne sera jamais placé au rang des flatteurs. Le roi Ferdinand a l'air d'un matamore ; l'artiste a sur-tout fort maladroitement exagéré le trait qui a valu à ce monarque le surnom de *Nasone,* au lieu de rendre ce que sa physionomie a de paternel.

Ainsi un port abandonné, peu d'industrie, point d'arts; une instruction lente, routinière, tournée vers une théologie subtile et abstraite ; une noblesse oisive, une populace profondément misérable, une foule épaisse de chanoines : voilà Messine en 1820.

J'ai vu la procession qui se renouvelle tous les ans pour célébrer l'entrée du cardinal Ruffo dans Naples à la tête de son armée calabroise. Une immense file de religieux menant tous par la main deux petits enfans de cinq ou six ans vêtus en moine, ouvrait la marche, et précédait huit frères lais des plus vigoureux, portant une grosse statue de S. Antoine. Les moines causaient avec les dames qui étaient aux fenêtres; celles-ci usaient souvent du vocabulaire des doigts, dont j'ai déjà dit qu'on se sert en Sicile avec tant d'intelligence et de rapidité *(a)*. On rencontre trop fréquemment, dans les rues de Messine, des hommes couverts du sac de pénitent; cet habit, ordinairement crasseux, ne laisse voir que les yeux : ils portent une tête de mort, et vous la présentent avec impudence au nom des ames du purgatoire. J'en voyais souvent vingt par jour, et chaque fois cette figure hideuse, ce cri sépulcral, me faisaient éprouver une nouvelle horreur. Ces spectres montent dans les maisons, et leur aspect imprévu peut frapper d'effroi une femme grosse, et troubler l'imagination des enfans par des frayeurs que rien ne saurait guérir. Enfin, entre le feu de l'enfer et le masque des pénitens, la religion la plus tou-

---

(a) On fait remonter l'usage de ce genre de conversation muette à l'époque des tyrans de Syracuse : c'est peut-être ce qui donna à Épicharme l'idée de la pantomime.

chante, la plus tolérante, devient un cauchemar qui n'est bon qu'à décourager et à désoler tous les êtres faibles, simples et innocens.

La tristesse des habitans de Messine contraste singulièrement avec la position riante de cette ville. C'est toujours un prêtre qui dirige les familles riches ; il place les domestiques qui lui conviennent, renvoie ceux qui lui déplaisent, et ferme la porte à tout le monde : aussi Messine me semble-t-elle moins sociable que Tripoli ou Tunis. Allez-vous chez votre banquier, chez le consul de votre nation; sa femme, sa fille, sa sœur, sa servante, tout cela s'enfuit ; et souvent ce que l'on aperçoit des fugitives, augmente les regrets qu'elles vous laissent.

C'est une époque très-importante pour Messine que celle d'une fête connue sous le nom de *la Vara (a)*.

On a figuré et mis en action le rêve d'un moine qui, persuadé ou non, vint à bout de convaincre les autres qu'une nuit, veille de l'Assomption, il avait vu la Vierge transportée par les anges, entourée par les trônes, les séraphins

---

(a) *Bière, cercueil*, plutôt que *barque*, ainsi que quelques personnes le supposent.

et les dominations, et arrivant ainsi jusqu'à l'Éternel au milieu des concerts des archanges et des chérubins. La dévotion s'empara de ce rêve, et aussitôt un théâtre ambulant fut conçu, exécuté, promené dans les rues de Messine. La fête de *la Vara* a lieu tous les ans le 15 du mois d'août. Des mâts soutiennent des plates-formes; ces mâts ont cent pieds de hauteur, et les plates-formes en ont cinquante de circonférence : cette énorme machine porte sur un train garni de roues, et le tout est traîné par plus de six cents personnes. Dans l'étage inférieur se voit la Vierge entourée des douze apôtres; c'est une jeune fille couchée sur un lit de mort. L'étage supérieur est occupé par le soleil, la lune, les étoiles, qui, par des rouages cylindriques, se meuvent à-la-fois et en sens inverse. Des gazes d'argent, du clinquant, des voiles couleur d'azur, des cristaux, cachent habilement la charpente et imitent le firmament et les nuages. De pauvres jeunes enfans, muets de frayeur ou poussant des cris aigus, roulent les jambes en l'air, la tête en bas : la plupart, évanouis, figurent assez mal dans cet état les esprits célestes. Une jeune fille, bien plus malheureuse qu'eux encore, est tenue sur la main avancée d'un homme qui représente le Père éternel, à quatre-vingts pieds de haut, et en dehors de la machine. Des barres de fer artistement cachées sous des draperies de brocart empêchent seules la chute de ces deux acteurs, dont l'un est ordinairement choisi parmi les plus vigoureux portefaix de Messine, et l'autre parmi les plus jolies filles de cette ville.

Je ne me permettrai pas la moindre réflexion sur cette bizarre cérémonie, que ce simple récit fera, je crois, suffisamment juger.

Tous les membres du gouvernement, les tribunaux, les moines, les confréries, suivent ou précèdent cet échafaud mobile, que la populace accueille avec les cris d'une joie frénétique. La jeune fille, qui s'acquitta fort bien du rôle de la Vierge, était charmante; aussi trouva-t-elle dans la quête du lendemain une dot fort honnête : mais la recette du portefaix fut, dit-on, moins heureuse.

La fête de *la Vara* ne rappelle-t-elle pas celle des Panathénées d'Athènes, où un vaisseau marchait sur la terre par le moyen de machines cachées? Le *peplus*, grande robe de Minerve, couleur de safran, et brodée par les ouvrières les plus habiles *(a)*, flottait sur ce navire : on voyait sur ce *peplus*, objet de la vénération de l'Attique, les exploits de Minerve et sa victoire sur Encelade et Typhon.

Cette cérémonie du *peplus* tenait beaucoup des usages égyptiens, et rappelait le culte du manteau mystérieux d'Isis. Plutarque dit quelque part que la Minerve de Saïs n'est autre chose qu'Isis : ainsi les esprits forts de tous les temps ont eu l'occasion de se moquer des fêtes et des croyances populaires. Sont-ils plus heureux d'échapper dédaigneusement au charme de ces cérémonies brillantes ?

Un mélange de paganisme et de christianisme a aussi donné naissance à la fête de Zancle et de Rhée. Les habitans de Messine croient que le *Kronos* des Grecs, le Saturne des Latins, fut leur fondateur. Ils ont converti Zancle à la foi chrétienne; Rhée a été baptisée. De là vient qu'on promène encore, et toujours le 15 août, deux figures de quarante pieds de haut, montées sur des chevaux de bois. Le costume de Zancle ne ressemble pas trop mal à celui du preux

---

(a) Elles dirigeaient le travail de petites-filles connues sous le nom d'*arréphores*.

Perce-forêt; le manteau de Rhée, qui n'appartient à aucun siècle, balaye commodément les rues de Messine.

Des musiciens suivent le cortége; des orchestres l'attendent. Les fenêtres, les balcons, sont garnis de femmes très-parées qui font retentir l'air de leurs cris de joie; la cathédrale est illuminée; enfin cinq ou six cents cloches ne cessent de carillonner. Tout cela ne peint que faiblement le coup-d'œil de Messine et le délire de ses habitans pendant les quatre jours de fête de *la Vara.* Comme à Rome le bail de l'amour se contracte ou se résilie dans la semaine sainte, à Palerme le jour de Sainte-Rosalie, c'est à Messine à l'époque de *la Vara* qu'on parvient à se voir, à s'entendre, à former cette liaison qui charmera le reste de l'année.

Ce fut le 5 février 1783 qu'un bruit souterrain, suivi de légères oscillations, devint le précurseur du tremblement de terre qui bouleversa Messine et la Calabre. Les secousses allèrent croissant pendant plusieurs jours; mais la plus terrible fut celle du 28 mars. L'aspect de la Calabre en fut entièrement changé. Déjà la même catastrophe, en 1638, avait anéanti deux cents bourgs ou villages et fait périr neuf mille personnes. Le tremblement de terre de 1783 renversa le palais et la chaumière, poursuivit l'homme par-tout, le laissa sans asile, et l'on put croire un instant que le sol même de la terre allait s'abîmer sans retour : les fleuves tarirent, des lacs remplacèrent des plaines; enfin quarante mille personnes demeurèrent ensevelies sous des monceaux de ruines. Les habitans de *Scylla* s'étaient groupés sur la plage; tous étaient parvenus à s'embarquer : mais au moment même une partie du mont Bacci s'écroula dans la mer, et la malheureuse flotte fut engloutie par le refoulement seul des vagues. On croit que douze cents individus furent victimes de cette épouvantable catastrophe.

La tradition conserve le souvenir de deux êtres jeunes, charmans, et que le lendemain de ce jour funeste devait voir s'unir au pied des autels. Au premier moment de l'inondation, Properce accourt : déjà les flots environnaient l'habitation de la belle Cosima. Mais leur fureur redouble : Properce, chargé de son précieux fardeau, veut le déposer sur une embarcation voisine du rivage ; une secousse épouvantable les enlève et les lance avec force contre un des récifs de *Scylla*. Properce a couvert, a garanti le corps de son amie : mais Properce n'est plus ; c'est en vain que, pendant un moment de calme, Cosima espère que ses larmes et ses baisers le rappelleront à la vie. « Que tout soit fini pour tous » deux » ! s'écrie-t-elle enfin. Ses bras délicats parviennent à rapprocher du bord de l'abîme les restes de ce qu'elle aimait : elle les tient serrés contre son cœur, et se précipite avec eux dans le gouffre, qui les engloutit pour jamais.

Ce qui demeure sans explication, comme tant d'autres mystères de la nature, c'est qu'à Messine les chiens se réunirent, se pressèrent quelque temps avant le tremblement de terre, et qu'ils poussaient des hurlemens affreux. Quelles expressions pourraient rendre la consternation de cette malheureuse ville, le craquement de ses édifices, les cris des mourans, la terreur de l'avenir ! Pour achever ce triste tableau, qu'on se figure un orage affreux, la mer quittant ses limites, les vagues furieuses se refoulant dans les rues voisines du port, un violent incendie qui dura sept jours, une bande de brigands égorgeant ceux que le désastre avait respectés et disputant à la terre les dépouilles qu'elle allait engloutir.

L'atmosphère était obscure et bitumineuse ; des nuages épais planaient lentement sur la ville ; les oiseaux rasaient le sol vacillant, et semblaient égarés dans leur route ; un sourd et long mugissement sortait des entrailles de la terre ; les puits bouillonnaient ; des moufettes délétères s'échappaient d'immenses crevasses ; enfin chaque instant voyait s'écrouler successivement un palais, la voûte d'une église, des clochers, des magasins, des hôpitaux encombrés de mourans. Une chose digne de remarque, c'est que, pendant ce désastre, le mont Etna demeura dans l'état de la plus parfaite tranquillité, tandis que l'éruption du mont Hécla de la même année fut épouvantable.

Quelques personnes échappèrent miraculeusement à la mort ; de ce nombre fut la mère du vice-consul de France actuel. Cette femme, grosse de huit mois, resta pendant quinze heures ensevelie sous les décombres. Sa main passait entre les poutres, les gravats ; une bague fit reconnaitre cette main par la servante : sa maîtresse fut retirée du milieu des ruines ; elle accoucha très-heureusement un mois après de l'homme qui me racontait cette histoire, et tous deux vivent encore aujourd'hui.

L'ancienne ville de Messine était très-mal construite; on peut s'en convaincre par ce qui reste de *la Pallazata,* façade couverte d'ornemens assez riches et qui décorait le port. Le plan adopté pour la réédification de ses monumens, dont une partie est déjà debout, a de la noblesse; mais il est permis de douter qu'il soit jamais complétement exécuté.

Trois forteresses défendent ou menacent la ville de Messine, San-Salvador, Griffon et Gonzaga; c'est de cette dernière que nous eûmes l'occasion d'observer ce phénomène connu sous le nom de *Fata Morgana,* que l'on explique par l'effet des vapeurs que les temps chauds élèvent au-dessus de la surface de la mer : ce miroir reflète alors les objets terrestres, et les groupe quelquefois d'une façon fantastique et bizarre. Je ne sais si je dois en accuser mon imagination ou ma vue : l'apparition n'était nulle que pour moi; je ne vis rien de ce qui excitait la surprise de mes voisins. Ceux-ci criaient au prodige; un vaisseau à trois ponts, un évêque colossal avec sa mitre, s'offraient à leurs regards : tout cela m'échappa à mon grand regret; car j'aime le merveilleux tout comme un autre.

Depuis Homère et Virgile, on a beaucoup parlé de Charybde et de Scylla :

> Incidit in Scyllam cupiens vitare Charybdim.

Ce danger existe trop réellement : il arrive parfois malheur à de petits bâtimens, sans que la mer soit fort orageuse, quoiqu'un espace de cinq lieues environ sépare les deux récifs. Les marins étrangers parlent trop légèrement de ces écueils, et l'on néglige trop souvent le secours des pilotes entretenus par le gouvernement pour la direction des bâtimens *(a)*.

On peut croire que la Calabre et la Sicile étaient jadis réunies. Eschyle, Diodore, Strabon, Pline, l'affirment. *Rhegium*, à présent Reggio, signifie en grec *arracher;* et la seule inspection

---

(a) Tum procul è fluctu Trinacria cernitur Ætna :
Et gemitum ingentem pelagi, pulsataque saxa
Audimus longè, fractasque ad littora voces ;
Exsultantque vada, atque æstu miscentur arenæ.
Et pater Anchises : « Nimirum hæc illa Charybdis ;
» Hos Helenus scopulos, hæc saxa horrenda canebat.
» Eripite, ô socii, pariterque insurgite remis. »
(Virg. *Æneïd.* lib. III, v. 554.)

des lieux peut faire croire que, comme à Calais et à Douvres, à Gibraltar et à Ceuta, une grande secousse a séparé deux terres pour en former un détroit.

Lorsque je me rendis à Reggio, la traversée, aidée par le courant, fut d'une heure et demie. Cette ville est couverte de décombres et de matériaux destinés à la rebâtir. Excepté la *via del Corso*, tout le reste ne présente que l'image de la destruction et de la tristesse. Le palais communal aura de la magnificence; la façade, construite sur les dessins d'un architecte habile, Stefano Calabria, donne, ainsi qu'une belle fontaine, une haute idée de cet artiste. Ces monumens ont de la grandeur, de la simplicité, et sur-tout de l'originalité. Les ouvrages et la modestie de cet architecte seraient d'utiles leçons pour certaines gens qui, n'ayant rien produit qui annonce un génie créateur, se traînent sur les pas et d'après les plans de leurs devanciers, s'approprient avec adresse les travaux des autres, et dont l'orgueil serait à peine soutenable, si, au lieu de s'élever jusqu'à décorer un théâtre, ils avaient construit l'église de Saint-Pierre. Rien n'est plus déplorable que la médiocrité en architecture; ses fautes sont immortelles. Le siècle qui voit construire un édifice et qui lègue à la postérité ce témoignage de l'état des arts, demeure solidaire de ses défauts.

Les orangers viennent naturellement dans les plaines des environs de Reggio; et, avant que les Sarrasins fussent chassés de l'Italie, toutes les avenues de cette ville étaient embellies par des bosquets de palmiers. Les chrétiens, auxquels ce bel arbre rappelait, on ne sait pourquoi, le mahométisme, coupèrent presque tous les palmiers de ce rivage. Les figues, les raisins, les ananas de Reggio sont d'un goût exquis, et ses parfums sont très-recherchés. Outre tout ce que cette ville a eu à souffrir des tremblemens de terre, sa position à l'entrée de l'Italie l'a livrée trois fois à la fureur des Turcs. Ils la traitèrent sur-tout de la façon la plus cruelle en 1593.

Après avoir fait quelques dessins, et nous être rendus par terre à Scylla, que nous dessinâmes aussi, je revins à Messine, dont nous fîmes une vue générale, prise de la terrasse de San-Gregorio. Je me reposais souvent de mes courses fatigantes chez des religieux; entre autres, chez ceux du couvent de Saint-Basile. On me recevait avec beaucoup de bonté dans ces grands monastères coupés de larges corridors, pavés de marbre et garnis de fontaines. La vie de ces moines est douce; leurs jardins sont charmans; les dignitaires se promènent dans une calèche trainée par des mules superbes; ils lisent peu et boivent frais : aussi rien n'est-il moins persécuteur que le clergé de Messine. Je demandais à un Franciscain s'il avait visité le cap Pélore. *Certo*, me répondit-il, *ci facciamo delle bellissime manggiate e che pesce (a) !*

Les monts Pélore, si renommés chez les anciens par l'excellente qualité de leurs vins, sont une continuation des Apennins, et, après avoir traversé la Sicile sous différens noms, ils se dirigent vers l'Afrique. Le rivage de Messine, en tournant le promontoire de Pélore, n'offre rien de remarquable jusqu'à Milazzo, dont j'ai parlé au moment où je débarquais dans le golfe d'Olivieri. Près de là cependant fut le port

---

(a) La côte de Messine est très-poissonneuse, et les pêcheurs ont une adresse singulière. Il est fort amusant de les voir harponner un poisson très-délicat, connu sous le nom de *pesce spada*, le *xiphias gladius* de Linné.

de *Naulochus*, qui vit finir la liberté romaine. Agrippa détruisit devant ce rivage la flotte de Sextus Pompée.

La fermentation des esprits annonçait l'orage révolutionnaire près de fondre sur la Sicile; elle s'augmentait de la jalouse rivalité qui régna toujours entre Palerme et Messine : il était évident que cette dernière ville prendrait le parti opposé à celui de la capitale. Au milieu d'un mécontentement unanime, l'opinion était si peu formée, qu'on laissait à Palerme l'option du parti qu'elle voudrait suivre, par cela même qu'on était plus décidé à prendre la couleur contraire. Enfin le malaise était général ; la crise devenait imminente, inévitable : mais je n'ai pas vu deux villages qui desirassent la même chose.

Avant de quitter cette Sicile qui conserve, ce me semble, trop peu de souvenir de ce qu'elle fut, pour pouvoir devenir de long-temps ce qu'elle devrait être, je crois à propos de dire un mot du caractère sicilien, quoique je craigne, à la vérité, d'être démenti par les événemens qui viennent de désoler cette île. La conduite héroïque des Grecs m'a suffisamment prouvé que je n'ai pas reçu le don de prophétie : aussi suis-je plus éloigné que jamais de croire à l'infaillibilité de mes jugemens.

Il est bien difficile de saisir les nuances, de connaître les goûts, de deviner les penchans des différentes classes qui constituent une population. On éprouve, en voulant parler d'un pays, l'anxiété de ne montrer que le beau côté de ses mœurs, de son esprit public, ou de s'abandonner à des impressions qui lui seraient complétement défavorables; on redoute le danger de renouveler à contre-temps des plaintes répétées tant de fois contre les prêtres et les classes privilégiées, que cet inconvénient seul commanderait le silence à leur égard.

Un voyageur a parlé récemment avec chagrin de tout ce qu'on rencontre dans ce pays, et voudrait tout changer d'un coup de baguette. Il n'est pas douteux qu'il n'y ait de grands abus en Sicile ; mais ce pays deviendrait-il le plus heureux de la terre, si, pour obéir à l'humeur d'un étranger mécontent, il échangeait tout-à-coup ses prêtres, ses maisons religieuses, ses barons, contre des chemins, des auberges et de nombreux journaux? Ce qu'il est permis de desirer, c'est que le pouvoir et l'expérience, en se réunissant pour éclairer graduellement ce peuple sur ses véritables intérêts, s'occupent davantage en Sicile du sort de l'homme, que la misère y soit soulagée avec plus d'ordre ; que l'humanité préside à l'administration des hôpitaux, et qu'une justice éclairée veille enfin à la salubrité des prisons et des bagnes.

Ce voyageur a-t-il eu le temps d'étudier les causes de ce qui le choque si cruellement, d'apprécier l'influence du climat, celle de la religion et de l'éducation sur les mœurs siciliennes ? A-t-il pu remonter à la source de la rivalité des provinces, de la haine qui divise les villes ? A-t-il consulté sans prévention l'ascendant des prêtres, l'orgueil des nobles, l'égoïsme des négocians, l'ignorance et les préjugés du cultivateur, enfin tout ce qu'il signale sous des couleurs si sombres et si décourageantes ? Je ne dirai donc que ce qui m'a frappé dans les traits principaux du caractère des Siciliens. Le premier, le plus honorable sans doute, est leur amour pour leur pays. L'attachement pour le sol qui les vit naître, ranima toujours leur courage après les nombreux désastres dont ils furent victimes. Ce sentiment leur donne la force de vaincre tous les obstacles ;

il féconde la lave, fertilise la cendre, élève une ville sur les ruines de celle qui vient d'être engloutie. Le Sicilien agité par une passion personnelle, ou entraîné dans le mouvement d'une vengeance nationale, devient sombre, terrible, inexorable. Ce n'est plus cet homme qui, pour quelques baïoques, prévenait vos desirs, se soumettait à vos moindres caprices ; c'est un tigre altéré de carnage. La soif de l'indépendance brûle son sang, et la haine de l'étranger devient sa pensée dominante : tel fut le Sicilien au massacre des Vêpres ; tel il est encore aujourd'hui, superstitieux, indiscipliné, méfiant, indomptable. Son patriotisme bien dirigé peut le rendre capable des plus grandes choses. Il est, de tous les peuples de l'Italie, celui qui supporterait le plus impatiemment le joug de l'étranger. C'est sur-tout à lui que s'applique le beau vers d'Alfieri :

Schiavi siam si, ma schiavi ognor frementi.

Le caractère napolitain est complétement différent ; il est permis de croire qu'une lutte à forces égales entre ces deux peuples serait avantageuse aux Siciliens. Les plus lourdes chaînes n'arrêteront jamais la gaieté napolitaine. Ce peuple léger se contenterait de chanter sa servitude et de se moquer de ses maîtres. Le Sicilien, au contraire, sait endurer la faim, la soif ; il nourrit long-temps le projet d'une vengeance éloignée : mais cet insulaire ne trahira jamais l'hospitalité, ni le souvenir d'un bienfait.

L'époque du Bas-Empire, qui détrôna Rome et dégrada les autres peuples de l'Italie, vint arracher les Siciliens à toutes les habitudes de la mollesse et de l'esclavage. Rajeunis, retrempés par des guerres continuelles, ils apprirent sous des rois chevaliers à aimer, à défendre leur patrie. Les Siciliens s'élevèrent alors jusqu'à cette puissance d'aversion contre la domination étrangère, qui les rendit capables d'exécuter ces Vêpres, action tout antique, quelque blâmable qu'elle puisse être. Enfin on ne saurait refuser à ces deux peuples voisins, les Napolitains et les Siciliens, les dons précieux du génie, l'esprit, le goût, la finesse ; mais une sorte de fierté sauvage, élevée, rendra toujours le Sicilien plus capable de grands crimes, de hautes découvertes, de nobles écrits et d'actions héroïques.

J'appris sur ces entrefaites que toute la Calabre était en rumeur ; et, craignant que des troubles plus sérieux ne rendissent ma retraite difficile et peut-être impossible, je m'embarquai à Messine pour Naples, sur un brig qui faisait le service de paquebot. L'impétuosité du courant contraria beaucoup notre sortie du détroit, et ce n'est qu'après avoir fait les plus grands efforts que nous pûmes doubler le phare. Un vent neutre s'éleva pendant la nuit, et nous courûmes des bordées avec assez de succès jusqu'aux environs de Policastro en Calabre. Le temps devint alors tout-à-fait opposé, la mer fort orageuse ; une trombe passa près du bâtiment, et, pour n'être pas jeté sur la côte de Calabre, on se laissa ramener à Milazzo en Sicile. Aussi ne pensâmes-nous plus à visiter *Hipponium*, cette colonie de Locres, et *Vibo Valentia*, toutes deux l'orgueil du rivage de la Calabre, toutes deux célèbres par leurs prairies émaillées de fleurs. On ne s'occupa guère plus de *Portus Herculis*, fondé par les Phocéens sur cette même côte. Le vent se calma ; nous fîmes trente milles vers Naples : mais à peine étions-nous en vue de Stromboli, que les orages recommencèrent et nous secouèrent avec une horrible violence pendant trois jours. Les nuits étaient affreuses; le tonnerre, les éclairs, venaient jeter l'épouvante parmi les passagers. Cinquante femmes, des enfans, des vieillards, poussaient des cris déchirans. Un prêtre leur montrait le crucifix, les exhortait, les bénissait. Les fureurs d'un jeune homme qui devint fou, portèrent le désordre à son comble. On injuriait le capitaine. Enfin, n'entendant plus que des blasphèmes et des litanies, nous entrâmes dans le golfe de Policastro en Calabre, le *sinus Laus* des anciens. C'est entre ce golfe et celui de *Pæstum*, que se trouve le cap Palemiro, autrefois *Palinure* :

Æternumque locus Palinuri nomen habebit.
(Virg. *Æneïd.* lib. vi, v. 381.)

Nous avions pris pratique au port de Scarrio. Plusieurs petits villages sont placés sur les bords de la mer : tels sont Capitello, Sibonati et Marathée; quelques-uns, et sur-tout la petite ville de Policastro, offrent encore des marques de la sévérité avec laquelle ils furent traités sous le gouvernement de Joachim, qui leur avait pardonné plusieurs révoltes successives. Jamais population plus farouche n'habita une contrée plus délicieuse. Des bois d'oliviers, d'amandiers, arrivent jusqu'à la mer; des ruisseaux charmans descendent des montagnes. La végétation couvre un amphithéâtre de coteaux, où l'on vit jadis la délicieuse *Terina*, colonie de Crotone ; Annibal la détruisit d'abord, et les Sarrasins l'effacèrent ensuite entièrement de ce rivage. Des forêts épaisses montent par gradation jusqu'aux cimes de la montagne de Volgaria, une des plus hautes de la Calabre. Quelques villages, perchés comme les nids de l'oiseau de proie, sont attachés, suspendus à des rochers perpendiculaires. Des mulets nous firent franchir le chemin qui sépare Policastro de la Sala, et, après avoir été bien mal couchés, plus mal nourris, nous atteignimes enfin la plaine où fut la riche *Pæstum*. Elle était située à cinquante stades du fleuve *Silarus,* dont nous avions quitté les bords, et du temple de Junon Argive. Nous venions de chercher *Velia*, fille de Phocée, patrie de Parménide et de Zénon. On pourrait aussi trouver près de ce lieu *Buxentum*, *Tagianum*, *Grumentum;* on n'y voit que *Clampetia,* aujourd'hui Amantea Temesa. *Pæstum,* fondée originairement par les Doriens, occupée plus tard par les Sybarites, fut nommée *Posidonia* en l'honneur de Neptune. L'an 480 de Rome, elle reçut avec une colonie de cette ville le nom de *Pæstum*. La barbarie des Sarrasins la laissa au X.ᵉ siècle dans l'état où la trouvent les voyageurs qui vont visiter ces temples si connus. Les habitans de *Pæstum* sont jaunes, malades, méchans. Pourquoi l'homme est-il sombre et pauvre, lorsque la nature lui prodigue tous ses trésors ? Pourquoi les épines envahissent-elles ces champs, jadis séparés par des rosiers qui se couvraient de fleurs deux fois par année ?

..........Biferique rosaria Pæsti.
(Virg. *Georg.* lib. iv, v. 119.)

Je retrouvai avec un vif plaisir un grand chemin et des traces de roues ; je n'avais rien vu de semblable en Sicile. Salerne me parut la ville la plus recherchée ; ses délices m'y retinrent deux jours : elle était alors très-agitée, et partagée entre le mouvement révolutionnaire et l'éclat de ses processions. On faisait hommage à la S.ᵗᵉ Vierge des couleurs des *carbonari*, dont le costume et l'appareil menaçant attristaient ce beau paysage. Je n'en rencontrai pas moins sur la route de la Cava deux cents pénitens portant en procession une statue de Saint-Jean-Baptiste, dorée, couverte de pierres précieuses, et saluée par tous les mousquets, les boîtes et les pétards des Calabrois.

Arrivé à Naples, je termine ici la tâche que je m'étais prescrite. L'abbé Minichini et le lieutenant Morelli y entraient à peu près en même temps que moi, à la tête des bandes armées de la Capitanate et des autres provinces voisines. Les flatteurs de ce peuple lui persuadaient que le moment était venu de conquérir sa liberté. Toute cette population, qui ne se plaignait de rien, voulait seulement qu'on lui expliquât pourquoi elle était si bien.

Fort, sans doute, de ses bonnes intentions, le gouvernement ne pouvait croire au mécontentement; il laissa s'endormir le soupçon, cette vie, ce triste appui du pouvoir absolu, et ne fut réveillé que par la défection de ses troupes et les cris de l'insurrection.

On a prétendu que l'impôt foncier qui pesait sur le royaume de Naples, n'était pas dans un juste rapport avec le bas prix des denrées : les taxes territoriales augmentaient à mesure que les grains diminuaient de valeur. Armé de ce prétexte spécieux, c'est dans le désordre qu'on chercha le remède au mal. Peut-être n'eût-on pas eu de peine à obtenir une répartition plus juste et une perception plus facile de l'impôt, si la saine partie des habitans avait employé ses lumières à réclamer le redressement des torts, et son énergie à repousser le secours de la malveillance.

Il est pourtant vrai de dire que cette révolution s'exécutait à Naples d'une manière plus calme qu'on ne pourrait l'imaginer. L'extrême chaleur de la saison s'opposait à l'excès du trouble. Le désordre, quand il eut lieu, fut l'effet des précautions, d'ailleurs inutiles, que l'on prit contre la population pauvre, qui ne comprenait rien à tout ce qui se faisait; elle ne saisissait pas le motif de ce changement : tout cela se passait en nuances pour elle; et à Naples, comme ailleurs, il faut à la multitude, des faits, des résistances visibles. Encore une fois, ces différences dans les mots, dans les formules, ne regardaient pas les *lazzaroni;* ils demeurèrent tranquilles, parce que la glace et le pain ne leur manquèrent jamais. Tout le reste disait: *Bisogna imitare la Spania* [il faut imiter l'Espagne]. Le temps seul pourra nous apprendre jusqu'à quel point cette imitation pouvait être exacte.

Quand des événemens qui sont du domaine de l'histoire, se passent ainsi sous vos yeux, vous vous demandez pourquoi ils n'offrent pas, pour le moment même, un intérêt plus dramatique. La curiosité, vivement excitée, ne sait comment se satisfaire ; elle voudrait connaître les chefs, deviner leurs projets, démêler les obstacles, suivre les fils de toutes les intrigues : mais une foule de détails brouillent ce tableau ; le mouvement de la journée fatigue sans instruire ; tout prouve enfin que ce genre de spectacle veut être vu de plus loin et jugé plus tard.

APERÇU

DES ÉVÉNEMENS SURVENUS EN SICILE EN 1820.

La révolte éclatait en Sicile, au moment où je quittais Messine. Avant de parler de cet événement, il est indispensable de remonter plus haut et d'indiquer des faits qui peuvent en avoir été la cause ou le prétexte. J'y joindrai un aperçu de la population de la Sicile, ainsi que de l'état du clergé et de son influence sur les barons et sur le peuple.

D'après le dernier recensement, fait en 1812, la population de la Sicile s'élevait à un million huit cent mille ames environ ; et les impôts, outre les communaux, selon le dernier parlement de 1815, étaient évalués à la somme de 5,700,000 ducats napolitains.

Un ancien préjugé fort accrédité a fait croire long-temps que le roi Roger avait partagé la Sicile en trois portions égales, dont il avait assigné la première au clergé, connu sous le nom de *braccio ecclesiastico*, classe ecclésiastique ; la seconde à la noblesse, *braccio militare* ou *baronale*, classe militaire ou seigneuriale ; et la troisième à lui-même. Cette prétendue division, contraire à tout principe de société, n'exista jamais en Sicile. Trois ou quatre couvens, les Bénédictins de Catane, de Monréale, de Saint-Martin, possédaient des revenus considérables ; le reste du clergé était à peine au-dessus du besoin. Les évêques de Monréale, de Palerme, de Catane, les chapitres de Catane, de Girgenti et quelques abbayes, jouissaient seuls des richesses de cet ordre. Le roi actuel réunit à la couronne l'évêché de Monréale, qui avait 90,000 écus de Sicile de rente, et il assigna à cet évêque un revenu de 8000 piastres. Il donna au prince Léopold l'abbaye de la Magione, qui rend environ 60,000 écus. Les autres biens du clergé ont été grevés d'un droit de dix pour cent.

On peut croire qu'il y a dans ce moment en Sicile quinze mille prêtres, moines, religieux, &c. Les couvens de femmes y sont en si grand nombre, qu'on ne craint pas d'affirmer que ces monastères renferment environ douze mille religieuses.

Le roi de Naples s'est réfugié deux fois en Sicile, en 1799 et en 1806. Son premier séjour fut de quelques mois seulement ; et le second, de dix années environ. La Sicile fut moins enrichie la seconde fois par la présence de la cour que par celle des Anglais, qui laissèrent beaucoup d'argent dans cette île. Le roi y dépensait forcément une partie des subsides qui lui étaient payés par l'Angleterre, et qui s'élevaient alors à la somme de 120,000 livres sterling. Le commerce et l'agriculture prirent un grand essor, les fermiers s'enrichirent, et la valeur des terres fut presque doublée.

La Sicile, livrée à elle-même depuis la paix, éprouve les embarras et la détresse qui la menacent depuis 1750. A présent, la concurrence des blés d'Odessa est entièrement au désavantage de cette île, ainsi que la balance commerciale. Quelques étrangers y forment de grands établissemens ; mais ces établissemens ne sont avantageux que pour les entrepreneurs, qui vont dépenser ailleurs des profits considérables. Le peuple cultive pour les autres, et cultive mal. L'absence totale de grandes routes rend l'intérieur du pays peu sûr, et le commerce impossible. Les Siciliens ont déjà payé cinq fois le capital nécessaire pour établir par-tout des chemins aussi beaux que ceux dont on leur a montré quelques échantillons aux environs de Palerme et sur quelques points de l'île.

La Sicile avait, sous la domination aragonaise, un parlement qui, dans le siècle dernier, se rassemblait trois fois par an. Ce parlement, composé de trois ordres, le clergé, la noblesse, et le *braccio domaniale* [classe des hommes du domaine], était, en définitive, soumis à la volonté du roi ; mais il avait conservé, avec le droit de remontrance, celui de voter ou de consentir, enfin de répartir l'impôt. La noblesse et le clergé faisaient peser cet impôt sur le peuple ; mais les mandataires de celui-ci profitaient des besoins pressans des barons pour stipuler ses intérêts et obtenir des concessions avantageuses aux communes.

Le parlement sicilien, comme on vient de le voir, était la réunion de trois chambres, la chambre militaire, la chambre ecclésiastique et la chambre domaniale.

La chambre militaire se composait des anciens *commilitones*, ou grands barons et vassaux de la couronne : on y avait joint successivement tous les propriétaires qui pouvaient fonder sur leurs terres un bourg de quarante feux. Le même individu avait une ou plusieurs voix, selon qu'il possédait un ou plusieurs bourgs de quarante feux. Les prérogatives attachées à la qualité de membre de la chambre militaire étaient transmises héréditairement de mâle en mâle par ordre de primogéniture.

La chambre ecclésiastique comprenait tous les évêques, prélats et abbés commendataires : la suppression de l'emploi entraînait celle du droit de prendre séance dans cette chambre.

La troisième chambre était formée de tous les fondés de pouvoir des villes, incorporées et terres domaniales : les délégués étaient élus par le sénat ou conseil municipal de chaque bourg.

En 1810, la reine, qui avait la prépondérance dans le conseil, ayant besoin d'argent pour faire la guerre aux Français, alors maîtres de Naples, voulut, malgré le parlement, exiger un nouvel impôt d'un pour cent sur chaque objet de commerce [*ogni contrattazione*]. On a cru que cette idée avait été suggérée à la reine par le chevalier Medici. Le parlement s'en plaignit hautement : le roi menaça; le parlement refusa l'impôt et fut soutenu par la nation. La cour exila cinq des principaux barons, les princes d'Iaci, de Villafranca, de Belmonte, de Castelnuovo, et le duc d'Angio. Cet acte d'autorité porta le parlement à réclamer l'intervention anglaise. Sir William Bentinck, commissaire britannique, vint en Sicile, et fut nommé par le roi généralissime du royaume; il délivra les cinq barons, en composa un ministère, et, sous la protection britannique, il convoqua, en 1812, un nouveau parlement, divisé, comme en Angleterre, en chambre haute et en chambre des communes. Le roi et la reine, retirés à leur maison de la Ficuzza, nommèrent le prince héréditaire vicaire du royaume, et approuvèrent la nouvelle constitution : mais, malgré les prières et les menaces de sir William Bentinck, le roi repoussa avec beaucoup de fermeté la proposition qu'on lui fit d'abdiquer. Cependant la constitution était exécutée, et la Sicile jouissait, sous la garantie de l'Angleterre, d'un ordre de choses obtenu sans effusion de sang et sans commotion violente.

On a pu croire que la reine, outrée de la conduite des Anglais, négociait secrètement avec la France; mais il serait impossible d'apporter la moindre preuve de ce fait. A peine cette princesse se fut-elle rendue à Vienne par Constantinople, que Medici et Ascoli furent exilés par les Anglais, et le roi, pour ainsi dire, retenu et surveillé par eux à la Ficuzza.

Les choses changèrent bientôt de face; la chute de Napoléon amena de nouvelles combinaisons politiques. Le roi se hâta d'en profiter, ressaisit le pouvoir, sanctionna la constitution de 1812, et le prince royal se démit de la régence. L'époque des cent jours, le traité de Paris, le renversement de Joachim, remirent le roi sur le trône de Naples. Avant son départ pour cette ville, et après avoir obtenu un don gratuit de 100,000 onces, il cassa le parlement qui venait de le voter, et annulla la constitution par un décret rendu à Messine, à bord du bâtiment qui devait le transporter à Naples.

Les Siciliens protestèrent et en appelèrent vainement à la garantie de l'Angleterre, qui les abandonna en blâmant et désavouant un peu tard la conduite de sir William Bentinck. Le 8 décembre 1816, le roi prit le titre de Ferdinand I.er, et déclara la Sicile province du royaume de Naples; cette île perdit alors ses priviléges, ses lois, son antique bannière. On appropria le moins mal possible le code Napoléon aux habitudes siciliennes, et ce pays fut soumis pour la première fois à la conscription, et aux impôts du timbre et de l'enregistrement.

On ne peut douter que ces mesures n'aient aigri le peuple et augmenté la haine des Siciliens contre la domination napolitaine. La misère, suite de l'encombrement des denrées, vint encore ajouter au mécontentement général. On peut donc en quelque sorte excuser la sédition qui éclata en Sicile, et dont le signal fut donné par le royaume de Naples, à la prospérité duquel cette île avait pu se croire sacrifiée. Les Siciliens virent leurs efforts oubliés et leur fidélité méconnue; il fut assez facile de leur persuader que le silence et la soumission ne pouvaient qu'empirer leur condition. Ce peuple ardent, exaspéré, se trouvait ainsi placé entre la misère et la révolte.

Les premiers troubles éclatèrent dans la ville de San-Cataldo, où les registres de la *carta bollata (a)* avaient été brûlés par le peuple. A

(a) Papier timbré.

Girgenti et à Calta Nisetta, les conscrits furent arrachés des mains des soldats. La Bagaria, près de la capitale, devint le théâtre des scènes les plus sanglantes entre le peuple et les troupes napolitaines. Ainsi tout faisait prévoir que, dans l'état de fermentation où étaient les esprits à Palerme et dans le reste du royaume, la plus petite étincelle produirait un grand embrasement. Telle était la situation de la Sicile le 1.er juillet 1820.

Cependant la révolte de Naples éclata le 2 du même mois : quelques troupes qui désertèrent sur le *monte Forte*, se réunirent aux *carbonari* des deux provinces de Salerne et d'Avellino. Bientôt cette force armée prit un tel accroissement, que, le 6 juillet, le roi se vit contraint d'octroyer la constitution d'Espagne. Le nouveau gouvernement provisoire de Naples, soit indécision, soit imprévoyance, soit enfin habitude de considérer la Sicile comme une dépendance nécessaire de ce royaume, n'expédia personne, ne donna aucun avis à Palerme de tout ce qui était survenu à Naples, et la révolte y fut ignorée jusqu'au 15 juillet. Vers le milieu de cette journée, un petit bâtiment anglais fit connaître à Palerme le changement opéré dans la monarchie, et jusqu'aux couleurs de la rebellion. Cette nouvelle fut reçue et connue au milieu du mouvement ocasionné par la foule réunie pour célébrer la fête de Sainte-Rosalie. Quatre cents soldats du régiment des gardes se précipitèrent sur le Cassero, portant les couleurs des *carbonari*; le peuple se réunit à eux en poussant les cris de *Vive le roi constitutionnel*, et tout se passait avec une sorte d'unanimité et de modération. Le soir du 15, le général Church, Anglais au service de Naples, indigné de l'indiscipline des troupes, rencontre un soldat avec le ruban des *carbonari*; il le lui arrache, et lui ordonne de se rendre aux arrêts. Ses camarades se réunissent, et veulent s'emparer de Church; il prend la fuite, et le général Coglitore reçoit une blessure au bras en sauvant cet officier de la fureur populaire. Le général Church parvint à se rendre chez le lieutenant général Naselli, qui facilita son évasion. Le peuple, voulant venger l'insulte faite au soldat, se porte à la maison de Church, s'empare de ses meubles, et les brûle sur la place publique avec un désintéressement remarquable. Le 16 juillet, le même peuple brûle également le mobilier de la maison des jeux publics et celui du ministre Ferreri, depuis long-temps suspect à la nation sicilienne.

Tout avait été calme jusqu'à midi. Les Palermitains apprirent alors que les troupes se réunissaient dans les casernes avec des intentions hostiles. On se porte chez le lieutenant général pour connaître les ordres qu'il a donnés. Naselli se trouble et craint pour sa personne; le peuple lui demandant des armes, il cède et livre l'arsenal de Castel-a-mare. Les citoyens s'armèrent et sortirent sans commettre aucun excès. Cependant un régiment de cavalerie, dont un Sicilien, le prince de Campofranco, était colonel, se trouvait rangé en bataille vers la porte Felice. On ignore de qui cet officier supérieur avait reçu l'ordre de charger le peuple dans la rue du Cassero. Le colonel dit, pour sa défense, que, trois cents insurgés étant venus de la Bagaria pour ouvrir les prisons et délivrer les forçats, il avait cru devoir remédier à ce désordre en opérant une puissante diversion. D'autres personnes assurèrent que l'ordre venait de Naselli lui-même. Ce régiment tua ou blessa deux à trois cents personnes; mais il fut détruit en partie, soit par la populace qui débouchait des rues adjacentes, soit par les citoyens qui, des fenêtres et des balcons, tiraient sur les soldats. Enfin la garnison et le reste de ce régiment furent contraints de se réfugier à la Bagaria. Naselli voulut s'embarquer sur le paquebot qui était en rade, protégé par le château, et sur lequel, cinq jours auparavant, il avait fait transporter une partie de son mobilier. Ce projet fut exécuté, et le gouverneur, abandonnant son poste, revint à Naples.

Le peuple, après s'être rendu maître du château, cherchait, dans la journée du 17, le prince de la Cattolica, qui avait fait tirer sur la foule; on l'atteignit à la Bagaria, et il y fut tué. Le prince d'Iaci et l'officier Lanza subirent le même sort, parce qu'ils étaient parvenus à faire enclouer deux canons que les révoltés traînaient après eux. Il est triste d'être obligé de dire qu'on vit dans les rangs de la plus vile populace, et à côté des forçats, des nobles, des prêtres et jusqu'à des religieuses qui prenaient part à la sédition. Le 18 juillet, les troupes furent désarmées, les soldats consignés, et les officiers mis dans une maison à part; ils y furent nourris aux dépens du public. Cependant, par une sorte de justice qui ne désignait que les chefs à la vengeance populaire, les Napolitains ou les étrangers n'eurent à craindre ni pour leurs biens, ni pour leur personne; et, après cinq ou six jours de détention, ils furent libres de retourner dans leur patrie avec leurs familles et leurs effets. Une junte de gouvernement fut élue à Palerme; elle essaya de rétablir l'ordre, et le fit avec assez de succès jusqu'au 28 juillet. Une députation partit de Palerme le 2 août, et se rendit à Naples pour demander au roi l'indépendance de la Sicile et renouveler aux pieds du trône le serment de fidélité.

A Naples, cependant, on nourrissait la secrète espérance d'opposer la Sicile à elle-même, en déclarant Messine capitale de cette île. Il est nécessaire de dire que la population de Messine passe pour être entièrement dévouée aux Anglais, et pour avoir été de tout temps jalouse de la prépondérance de Palerme.

Le gouvernement napolitain pensait que les chefs des barons siciliens avaient organisé et dirigé les troubles de Palerme des 16 et 17 juillet; ils furent même hautement accusés d'avoir fait crier *Vive la constitution de 1812*, excitant ainsi le peuple à redemander la chambre des pairs et celle des communes. On ajoutait que les barons siciliens coloraient leur révolte du prétexte spécieux que le roi avait juré et sanctionné le maintien de la constitution de 1812, et que l'influence napolitaine leur avait seule arraché ce bienfait.

Quoi qu'il en soit, l'exemple de l'Espagne entraîna tous les esprits, et les jeta dans cet abîme de maux auxquels la sagesse et la fermeté n'ont encore pu apporter que de bien légers palliatifs. On peut dire, pour la défense des barons siciliens; que leur renonciation aux droits de la pairie suivit immédiatement la nouvelle de l'acceptation de la constitution espagnole. Ainsi la question ne saurait se compliquer par les prétentions de la noblesse, qui ne se sépara jamais du reste de la nation, et qui seconda seulement de tout son pouvoir l'ancienne et constante aversion des Siciliens contre les Napolitains.

Don Diego Naselli, noble sicilien, alors âgé de soixante ans, était peu propre à gouverner la Sicile dans un moment de révolution. Toute sa conduite porte l'empreinte de la faiblesse et de l'irrésolution ; mais il ne mérite pas les reproches odieux dont il a été l'objet. Sa plus grande faute, celle qu'on peut regarder comme la cause de tous les événemens qui suivirent, fut d'armer le peuple : dès-lors aucune barrière ne put arrêter ce torrent impétueux; et certes l'état de l'Europe depuis trente ans offrait pourtant à ce gouverneur de grandes et terribles leçons, qui furent perdues pour lui et pour la Sicile.

On aurait sans doute assoupi les premières convulsions de ce mouvement par une grande fermeté et une juste sévérité; peut-être aussi fallait-il mettre plus de franchise et de promptitude dans la communication des nouvelles de Naples. Telle fut enfin la révolution de Palerme, dont l'explosion fut déterminée et rendue plus terrible par l'ignorance du peuple et le silence timide du gouvernement.

Terminons ce précis des événemens dont la Sicile a été le théâtre. Le prince de Villafranca arriva de Naples à Palerme le 24 juillet. Il fut porté en triomphe par le peuple, et immédiatement investi de la présidence de la junte. On refusa l'entrée du port à deux frégates napolitaines et à deux brigantins qui sollicitaient la liberté des soldats napolitains emprisonnés depuis les 16 et 17 juillet. Cette réclamation fut repoussée. La junte de Palerme adressa une circulaire à toutes les municipalités siciliennes. Messine, toujours rivale de Palerme, restait unie aux intérêts napolitains. L'opposition de Calta Nisetta fut punie par les Palermitains de la manière la plus cruelle. Les villes de Cefalu, Bisacquino, Carini, CaltaGirone, Ficarra, Aidone, Licata, Marsalla, Traina, Mistretto, s'empressèrent de nommer des représentans à la junte palermitaine. Cette junte, investie de l'autorité nationale, constitua la force militaire, recueillit les dons patriotiques, et chercha à établir une sorte de régularité dans la perception des impôts. Elle épura les autorités, enrôla les citoyens, et déclara que tous les employés faisaient partie de la force militaire.

Pendant que tout se passait ainsi en Sicile, la députation envoyée à Naples y recevait une réponse propre à calmer les esprits, et le prince vicaire général choisit bientôt don Florestan Pépé pour traiter avec la junte palermitaine. La députation, revenue de Naples à Palerme le 8 septembre, annonça aux Siciliens que l'indépendance de l'île serait accordée par Sa Majesté napolitaine, pourvu qu'il fût prouvé que cette indépendance était le vœu de la majeure partie de la population. Ainsi le roi de Naples aurait gouverné deux peuples indépendans l'un de l'autre et régis par des constitutions différentes.

Le général Pépé débarque à Milazzo, le 15 septembre, à la tête de quatre mille hommes environ; il refuse de traiter avec huit députés de la junte, et manifeste l'intention de marcher immédiatement sur Palerme. Cette ville se prépare à soutenir un siége. Les gens sages sentaient tout le danger de confier la défense d'une capitale à une populace plus disposée au pillage qu'au combat. Le président de la junte et sept autres membres partent pour Termini, et veulent régler avec Pépé les conditions d'une capitulation. Une tempête violente empêcha la députation de retourner par mer à Palerme et de faire connaître à cette ville les termes du traité. Le peuple de Palerme s'assembla tumultueusement, et l'approche des troupes du général Pépé fut regardée comme une trahison de la junte, soupçonnée de vouloir livrer tous les chefs et les fauteurs des événemens des 16 et 17 juillet. Bientôt tous les postes de la garde civique furent assaillis, l'autorité de la junte fut entièrement méconnue, le palais de Villafranca forcé et pillé.

L'arrivée des troupes de Pépé aux portes de Palerme contraignit ces bandes indisciplinées à ne plus songer qu'à leur défense : elles se portèrent avec violence contre les troupes napolitaines, les attaquèrent sur tous les points, et obligèrent Pépé de reculer jusqu'aux eaux du Corsaire. La flotte de Naples n'avait pu venir au secours de son armée de terre, parce que la forteresse et les barques canonnières de Palerme firent sur elle pendant quatre jours un feu continuel, si bien soutenu, qu'elle fut obligée de s'éloigner de la côte.

La position de Pépé devenait d'autant plus critique, que les attaques des Palermitains étaient appuyées par les mouvemens des petites villes voisines, qui ne cessaient de harceler ses troupes pendant la nuit. Un renfort de mille hommes qui lui venait de Trapani, fut mis en déroute à Monréale. Ces revers engagèrent le général napolitain à envoyer des parlementaires à Palerme. Le major Cianciulli, chargé de cette mission, trouva cette ville livrée à la plus horrible anarchie. Le prince de Paterno, fort aimé des Siciliens, prit dès ce moment sur lui la direction des affaires. Après plusieurs conférences, un traité signé à bord de la goélette anglaise *the Razor* rendit le général Pépé maître de la ville, et garantit aux Siciliens l'exécution de plusieurs conditions stipulées dans les limites de ses pleins pouvoirs. Palerme ouvrit ses portes; Pépé occupa les forts, plaça le prince de Paterno à la tête d'une junte provisoire, consolida l'ordre public dans la ville et dans les vallées voisines, désarma le peuple, et nomma le général Campana gouverneur de Palerme. Dès que le parlement de Naples fut instruit de cet événement, il déclara nulle et non avenue la convention militaire que le général Pépé et le prince de Paterno venaient de faire entre eux. L'annullation du traité porta le mécontentement de la Sicile à son comble. Florestan Pépé fut rappelé, et le parlement napolitain le remplaça par le général Coletta : celui-ci partit pour Palerme avec un nouveau renfort de troupes, et prit les mesures les plus sévères contre toutes les classes de citoyens. Beaucoup de propriétés furent séquestrées, et l'imposition d'une contribution de 90,000 onces réduisit la Sicile au désespoir.

Le parlement napolitain déclara Messine capitale de la Sicile ; mais cette mesure ne fit qu'exalter davantage l'esprit d'opposition et de rivalité qui existait entre Messine, Catane et Girgenti, d'une part, et Palerme et tout le reste de la Sicile, de l'autre. Le désordre augmentait avec la faiblesse et l'incertitude du gouvernement napolitain. Mis hors de la loi des nations par le congrès de Laybach, préparant avec activité la défense de son territoire, le parlement napolitain abandonna la Sicile à ses propres fureurs. L'anarchie était à son comble dans cette belle contrée, lorsque les Autrichiens s'emparèrent de Naples, occupèrent le royaume, et, sous la conduite du général Walmoden, débarquèrent à Palerme, le 31 mai 1821, au nombre de six mille hommes. Une seconde expédition autrichienne, abordant à Messine, fut disséminée sur la côte orientale de la Sicile.

Des bandes habituées au désordre, et formées de tous les forçats, qui, à la faveur des derniers troubles, sont parvenus à rompre leurs chaines et à s'échapper des bagnes où ils étaient renfermés, se sont réfugiées dans les parties les plus désertes du pays : on poursuit ces brigands ; mais une fuite précipitée les transporte loin de l'endroit où l'on croyait les atteindre, et ils reparaissent sur un autre point. Il n'existe aucune sûreté intérieure en Sicile, et tout y est provisoire. Cependant un décret du roi de Naples rétablit le siége du gouvernement à Palerme. Un conseil suprême doit régir ce pays; il ne règne jusqu'à présent que sur des haines, sur des cendres, enfin sur une misère générale et profonde.

NOTES.

(1) *Page 19.* IL arriva dans ce genre une singulière méprise. Meiboom le fils, ayant lu dans un itinéraire d'Italie nouvellement publié, *Petronius Bononiæ integer asservatur, ipsumque ego meis oculis non sine admiratione vidi*, crut que l'on venait de découvrir à Bologne un manuscrit entier et complet de la fameuse satire de Pétrone, et il partit de Lubeck pour voir cette merveille sur le lieu. Arrivé à Bologne, il va chez un antiquaire, le livre à la main, et lui demande si le fait qui s'y trouve annoncé est véritable. L'antiquaire le lui confirme, et le conduit à l'église de Saint-Pétrone, dont le sacristain, mandé pour cela, lui fait voir le *Petronium integrum*, c'est-à-dire, le corps du saint évêque conservé en entier.

(2) *Page 29.* Les médailles de Tyndare représentent ordinairement :

Une tête de jeune homme.—R. Léda et le cygne.

Une tête de Vénus.— R. Vénus en pied, avec l'Amour.

Une tête de Minerve ou de Cérès. — R. Deux étoiles au-dessus de bornes ou d'épis.

NOTES. 249

(3) *Page 33*. Les médailles de Palerme, l'antique *Panorme*, représentent ordinairement :

La tête de Minerve, ou celle de Cérès, couronnée d'épis. — R. Trois jambes, au milieu desquelles se trouve une tête de Méduse, et des épis de blé alentour ; ce qui est le symbole de la Trinacrie ou Sicile.

Une tête de Jupiter.—R. Mars en pied.

La tête d'Auguste.—R. La Victoire, ou une divinité quelconque. Ces dernières ont souvent l'exergue en lettres grecques.

Quelques-unes représentent soit Jupiter ou Apollon, soit Jules-César, Métellus ou un autre consul romain, soit un aigle avec une tête au revers.

Celles qui furent frappées par les Carthaginois, lorsqu'ils étaient maîtres de Palerme, sont plus estimées que les précédentes. Voici la description du plus grand nombre :

Un palmier, emblème de la Phénicie, mère-patrie des Carthaginois. — R. Une tête de cheval et des caractères puniques.

D'autres médailles ont pour effigie une tête de femme avec des poissons alentour. — R. Un quadrige ou une tête de cheval avec un palmier.

On voit sur d'autres la tête de Cérès, et au revers un bœuf, ou Pégase, ou un palmier.

(4) *Page 56*. Les médailles d'*Hyccara* sont rares :

elles représentent ordinairement une tête d'homme barbu, et le revers, un chien.

(5) *Page 63.* Le portique du temple de Ségeste forme un parallélogramme rectangle, et a cent soixante-quinze pieds de long sur soixante-treize de large; chaque colonne a vingt-huit pieds et un pouce de hauteur, six pieds deux pouces de diamètre inférieur; et le diamètre supérieur se réduit à cinq pieds deux pouces. L'entre-colonnement varie de six pieds six pouces à sept pieds deux pouces; mais, entre les deux colonnes d'entrée, il est de sept pieds six pouces. Le nombre des pièces composant chaque colonne est de dix, onze ou douze assises. Les corniches ont douze pieds six pouces chacune : la hauteur de la frise est de trois pieds un pouce six lignes, et celle de tout l'entablement est de dix pieds huit pouces ; mais les moulures ont peu de relief, et le fronton est très-surbaissé. Le temple a cinquante-six pieds d'élévation, y compris les trois degrés.

Les médailles d'Égeste ou Ségeste représentent ordinairement :

Cybèle. — *R.* Un soldat, ou Énée portant son père sur ses épaules.

Un combat de lutteurs. — *R.* Un chien.

Hercule tirant de l'arc. — *R.* Deux hommes levant un sac.

Une tête de héros couronnée du diadème, avec l'exergue : ÉGESTE. — R. Un chien avec différens emblèmes.

Une tête de Minerve. — R. Hercule.

LA DIANE DE SÉGESTE.

(6) *Page 63.* Ségeste est une des plus anciennes villes de la Sicile; et l'on fait remonter son origine à Énée, qui, s'étant sauvé du sac de Troie, en jeta, dit-on, les fondemens, lorsqu'il venait en Italie. Voilà pourquoi les Ségestains se croient unis au peuple romain, plus encore par les liens du sang que par ceux de l'alliance et de l'amitié qu'ils ont entretenues de tout temps avec lui. Cette ville autrefois, dans une guerre qu'elle eut à soutenir en son nom et avec ses seules forces, fut prise et détruite par les Carthaginois, qui transportèrent en Afrique tous les ornemens qui pouvaient embellir la leur. Parmi ces dépouilles était une Diane en bronze, aussi renommée par la perfection du travail que par l'ancienneté de son culte: mais tout se borna pour elle à cet enlèvement; car, en allant à Carthage, elle changea seulement de domicile et d'adorateurs; et son extrême beauté lui fit retrouver chez un peuple ennemi ce religieux concert d'hommages qu'elle obtenait auparavant. Long-temps après, Carthage elle-même fut prise par le second

Scipion l'Africain. Et remarquez ici, Romains, l'attention scrupuleuse du vainqueur, afin que les grands exemples de vertu qu'offre votre histoire, en vous rappelant des souvenirs flatteurs, vous pénètrent d'une juste indignation contre l'audace inconcevable de l'accusé. Sachant que la Sicile avait été souvent ravagée par les Carthaginois, il convoque tous les Siciliens; il s'engage à faire les plus exactes recherches, et promet à chaque peuple la restitution, s'il y a lieu, de tout ce qui peut lui avoir appartenu. Ce fut alors que l'on rendit aux Thermitains les statues enlevées de la ville d'Himère, et dont je vous ai parlé. On rendit pareillement à ceux de Gela et d'Agrigente ce qu'ils avaient perdu. Ceux-ci recouvrèrent, entre autres choses, le fameux taureau de Phalaris, où ce tyran, le plus cruel qui fut jamais, se plaisait à faire enfermer des hommes vivans, pour les tourmenter par la violence des feux allumés tout autour. On rapporte que Scipion, en le rendant aux Agrigentins, leur dit qu'ils pouvaient juger s'il n'était pas plus avantageux pour eux d'obéir aux Romains que d'être esclaves de leurs compatriotes, puisque ce monument attestait tout à-la-fois et la cruauté de ces derniers et la douceur de notre empire.

A cette même époque, la statue dont il s'agit fut rendue soigneusement aux Ségestains, reportée à Ségeste, et replacée dans son ancien temple, au milieu des acclamations de toute la ville et des transports de la joie la plus vive. Le piédestal, fort élevé, retraçait le nom de Scipion, écrit en gros caractères, avec une inscription qui rappelait la prise de Carthage, comme cause de ce rétablissement. Cette Diane était l'objet du culte des habitans et de la curiosité des étrangers. Pendant ma questure en Sicile, ce fut la première chose qu'on me montra. Elle avait pour costume une robe longue, sur une taille presque colossale, et d'une grosseur proportionnée ; ce qui n'empêchait pas qu'elle n'eût l'air et les traits délicats d'une vierge. Un carquois pendait sur ses épaules; elle tenait un arc de sa main gauche, et de la droite une torche enflammée.

Cet ennemi de toute religion, ce ravisseur des choses sacrées, ne l'eut pas plutôt aperçue, qu'on eût dit que le flambeau de la déesse avait porté le feu dans son ame, tant il est possédé du desir insensé de l'avoir. Il ordonne aux magistrats de la faire descendre de sa base et de la lui donner, ajoutant qu'ils ne pouvaient lui faire un plus grand plaisir. Ils s'y refusent par des considérations tirées de l'énormité d'un tel sacrilége ; d'autant plus que la crainte des lois et des jugemens, non moins que la religion, leur impose la nécessité de lui désobéir. Point de raisons : il prie, il menace, employant tour à tour les promesses et la crainte. Les Ségestains opposent le nom de Scipion l'Africain, et lui représentent que c'est un présent du peuple romain ; qu'ils n'ont pas le droit de disposer de cette espèce de trophée qu'un illustre général, devenu maître d'une ville ennemie, avait voulu laisser à Ségeste comme un monument de cette importante conquête.

Verrès, bien loin de se ralentir, devient chaque jour plus pressant : mais sa demande, ayant été soumise au sénat, est suivie d'une réclamation générale; de sorte que, dans ce voyage, le premier qu'il fit à Ségeste, il ne remporta qu'un refus absolu. Depuis cela, dans toutes les répartitions publiques, c'est-à-dire, autant de fois qu'il fut question d'exiger des rameurs, des matelots ou des grains, il ne manquait pas de taxer les Ségestains plus que tous les autres, et même au-delà de leurs forces : de plus, il mandait leurs magistrats ; il retenait auprès de lui les plus honnêtes gens et les plus qualifiés; il les traînait dans tous les lieux où il tenait ses assises; il déclarait à chacun d'eux en particulier qu'il le perdrait ; il ne parlait de rien moins que de ruiner la ville de fond en comble. Enfin les Ségestains, las de tant de persécutions, et craignant des maux plus grands encore, se déterminèrent à céder. En conséquence, au grand déplaisir de tous les habitans, au milieu des pleurs et des lamentations des hommes et des femmes, on propose au rabais le déplacement de la statue de Diane.

Vous jugerez, citoyens, de la sainteté de son culte, en apprenant qu'il ne trouva personne à

Ségeste, soit homme libre, soit esclave, ou citoyen, ou étranger, qui voulût y porter la main. Sachez qu'on fit venir de Lilybée quelques barbares, qui, ne soupçonnant rien de cette impiété, s'engagèrent pour de l'argent à l'ôter de sa base. Figurez-vous le concours prodigieux des femmes, à la vue de ce déplorable spectacle. Concevez les gémissemens des vieillards, dont quelques-uns se souvenaient du jour où cette même Diane, reportée de Carthage à Ségeste, avait annoncé le succès des armes romaines. Quel contraste! A cette époque brillante, un héros, général du peuple romain, rendait aux Ségestains les dieux de leurs pères, qu'il avait repris sur les ennemis; et dans leur vieillesse ils voyaient un préteur de ce même peuple, non moins infame que détestable, les enlever par le sacrilége le plus horrible. Qui ne sait pas, dans toute la Sicile, que, lors de cette exportation, les femmes et les filles de Ségeste, entourant la statue, répandirent sur elle des parfums précieux, la couvrirent de fleurs et de guirlandes, brûlèrent de l'encens en son honneur et l'accompagnèrent jusqu'aux confins de leur territoire? (Cicéron, *Verr.* IV, 33.)

(7) *Page 64.* Il ne sera pas mal d'exposer ici très-succinctement l'histoire de cette mémorable vengeance.

Charles d'Anjou régnait en Sicile depuis l'an 1265.

Ses ministres, ses lieutenans, ses principaux magistrats, étaient Français. Charles levait sans cesse de nouveaux impôts; chaque jour des ordonnances tyranniques opprimaient la nation, mortifiée chaque jour aussi par des violences, et sur-tout par des insultes faites aux femmes de toutes les classes. Cet état insupportable dura dix-sept ans. Charles, qui était alors à Viterbe, ne tint aucun compte des plaintes que la Sicile entière portait contre Herbert Orillon, vice-roi du pays, Jean de Saint-Remi et Thomas Boussan. Charles se contenta d'écrire, et rappela vainement ces hommes pervers à des principes plus équitables.

Le pape Nicolas III, ennemi de Charles, chargea son légat d'assurer les Siciliens de son appui. Enfin Jean de Procida, homme courageux, ami de ce Mainfroi qui avait perdu la couronne de Sicile et la vie dans une bataille livrée à Charles d'Anjou, conçut le projet de délivrer son pays du joug des Français. Il confia son plan à Alano de Lentini, Palmerio Abbate, Gautier de Calta Girone, tous gens influens et dévoués à la maison d'Aragon. Procida est dépêché vers Paléologue; il arrive à Constantinople, effraie l'empereur d'une guerre que Charles d'Anjou est près de lui susciter. Paléologue l'écoute; il entre dans les intérêts des Siciliens, écrit à Pierre d'Aragon et à Nicolas III. Procida, revenu sans péril à Messine, fait part aux conjurés du succès de cette première entreprise. On le charge de la mission honorable, mais toujours hasardeuse, de porter les lettres de Paléologue à Pierre et à Nicolas III: ce dernier le bénit, et promet d'ourdir une trame *soudaine et cruelle* contre les Français. Mieux reçu encore par le prince aragonais, Procida retourne à Constantinople, et ramène à Barcelone Accardo Latino, homme de confiance de l'empereur, chargé d'une grosse somme d'or et qui devait s'entendre avec Pierre d'Aragon sur le plan et les moyens d'exécution de la conspiration. Là fut arrêté le massacre général des Français en Sicile.

Procida retournait dans cette île lorsqu'il apprit la nouvelle de la mort du pape Nicolas III, qui était l'ame de cette grande entreprise. Procida, atterré, sentit néanmoins qu'il fallait brusquer ce terrible dénouement. La police, peu habile à cette époque, le laissa, dit-on, parcourir les villes de la Sicile, passant pour fou, et, selon quelques historiens, soufflant dans une sorte de tube qu'il appliquait à l'oreille de tout le monde. Il avait soin, ajoute-t-on, de ne dire aux Français qu'une bouffonnerie qui les faisait rire, tandis qu'il transmettait aux Siciliens, au nom de Pierre et du saint-siége, l'ordre de massacrer les Français le 30 mars 1282. Quoi qu'il en soit de ce détail, le massacre eut lieu ce jour-là sur tous les points de la Sicile. Huit mille Français en furent victimes: on ne respecta ni l'âge, ni le rang, ni le sexe; l'enfant fut tué dans le sein de sa mère. Pierre d'Aragon fut reconnu comme légitime souverain de ce royaume. L'église du Saint-Esprit à Palerme fut, dit-on, le théâtre des plus odieuses cruautés; et Fazelli, qui écrivait deux cents ans après, affirme qu'on montrait encore de son temps, dans les églises de Saint-Côme et de Saint-Damien à Palerme, des monceaux d'ossemens des Français.

(8) *Page 65*. Les médailles d'Éryx représentent ordinairement :

La tête de Vénus. — *R*. Une colombe.

Une tête de Janus. — *R*. Une colombe dans une couronne d'olivier.

Une tête de vieillard. — *R*. Une tête de femme.

Une tête de Jupiter couronnée d'olivier. — *R*. La lettre E.

Une tête de héros. — *R*. Hercule nu.

(9) *Page 67*. Les médailles de *Motya* représentent ordinairement :

Une tête de femme, présumée être celle de Didon, autour de laquelle sont placés quatre dauphins. — *R*. Un jeune homme à cheval.

Une tête de jeune homme. — *R*. Un chien.

(10) *Page 68*. Les médailles de Lilybée repré-

sentent ordinairement une tête d'Apollon, et au revers une lyre ou un trépied.

(11) *Page 73.* Les médailles de Sélinonte représentent :

Un sacrifice, ou un serpent allaité par une femme, avec l'exergue grec ΣΕΛΙΝΟΝΤΙΟΝ. — *R.* La figure d'un coq ou d'un chien, ou des feuilles de persil.

Hercule combattant un taureau.—*R.* Un homme sacrifiant.

Un jeune homme faisant un sacrifice. — *R.* Un bige avec deux hommes.

(12) *Page 80.* Dédale était d'Athènes, et descendait même du roi Érechthée par son père Métion, petit-fils de ce roi. Toute l'antiquité le représente comme étant doué d'un grand génie pour les arts, sur-tout pour la sculpture et la mécanique. On lui devait le niveau, l'équerre, l'aplomb, plusieurs autres inventions utiles et des procédés qui facilitaient l'exécution dans plusieurs métiers. Ce fut lui qui, s'éloignant de la forme grossière des premières statues ou représentations humaines, qui étaient droites, à peine ébauchées, et qui n'offraient souvent qu'un poteau ou une gaine carrée, osa le premier donner des attitudes à ses figures, séparer ou éloigner du corps les bras et les jambes, qui, avant lui, étaient

raides, réunis, probablement comme les anciennes figures égyptiennes qui avaient servi de modèle aux Grecs dans l'enfance de l'art. L'invention de Dédale lui fit beaucoup d'honneur; et ses statues, qui, quelques siècles après, étaient regardées comme informes, quoiqu'on y trouvât un certain caractère de grandeur, passèrent de son temps pour des prodiges; on les disait animées: elles marchaient; et, pour pouvoir être sûr de les conserver lorsqu'on les achetait, on était obligé de les attacher, afin qu'elles n'abandonnassent pas l'endroit où les avait placées leur nouveau propriétaire. Il paraît aussi que Dédale se servit du mercure ou vif-argent pour donner du mouvement à ses figures; c'est du moins l'opinion de quelques auteurs anciens. D'après toutes ces découvertes de Dédale, on n'est pas étonné que son adresse et son habileté aient fait passer dans la langue grecque son nom comme épithète, pour exprimer tout ce qui était fait avec art, à moins que ce mot n'existât avant le premier statuaire grec, et qu'il ne fût devenu son nom. On donnait celui de *Dédalées* aux statues qui remontaient à une époque inconnue; il désignait plus particulièrement de grandes figures en bois, faites, disait-on, d'après le modèle de celles de Dédale, et qui servirent dans de grandes fêtes nommées *Dédalées*, célébrées à Alalcomène près de Platée, les unes tous les ans, et les autres tous les soixante ans, en l'honneur de Jupiter et de Junon. Mais pour en revenir à Dédale, il n'eut pas le bonheur de tout inventer; son neveu Talus, nommé aussi *Perdix* et *Anemalus*, trouva la roue du potier et la scie : Dédale, jaloux de ses découvertes, se défit de lui. Accusé de ce crime devant l'Aréopage, et près d'être condamné, il trouva le moyen de s'évader, et se réfugia en Crète, près de Minos, auquel il rendit de grands services; il bâtit le labyrinthe de Crète d'après le modèle d'une partie de celui d'Égypte ; il fit encore d'autres ouvrages qui le mirent en grande faveur auprès de Minos.

Il paraît que le génie de Dédale ne l'empêchait pas de se livrer à l'intrigue, et qu'il se laissa aller avec trop de complaisance à servir les amours de Pasiphaé, femme de Minos, soit qu'elle fût devenue éprise, ce qui n'est guère croyable, d'un superbe taureau consacré à Neptune, soit que l'objet de sa flamme fût un des officiers de la cour de Minos, nommé *Taurus*. La fable rapporte, les monumens, et même un bas-relief du Musée royal, font foi que Dédale fit une machine au moyen de laquelle Pasiphaé put s'abandonner à toute l'ardeur de ses feux. Minos, instruit de son déshonneur et de la part que Dédale y avait prise, voulut le faire mourir; mais il parvint encore à s'échapper avec son fils Icare. Comme Dédale avait, dit-on, inventé les voiles des vaisseaux, cette belle découverte suffisait bien pour qu'on publiât qu'ayant fabriqué des ailes pour lui et pour son fils, ils s'envolèrent de Crète et traversèrent la mer Égée. Le jeune homme, impatient d'aborder en Sicile, se noya en débarquant, et il n'en fallut pas davantage pour répandre et accréditer le conte que, s'étant trop élevé, trop approché du soleil dans son vol, la cire qui unissait les plumes de ses ailes s'était fondue, et qu'il était tombé dans la mer. En passant près de l'Italie, Dédale s'arrêta à Cumes et à Capoue, et y bâtit des temples à Apollon. Virgile, dans le VI.ᵉ livre de l'*Énéide*, célèbre celui de Cumes et décrit les portes de bronze, travail admirable de Dédale. Ce statuaire fut accueilli en Sicile par Cocalus, pour lequel il construisit près d'Agrigente un palais qui lui servait de forteresse, et qui était placé sur un rocher élevé et d'un accès très-difficile ; Cocalus y renferma ses trésors. On montrait en Sicile d'autres monumens qu'on attribuait à Dédale ; entre autres, des bains chauds dans une grotte près de Sélinonte, et des édifices autour du temple de Vénus, sur le mont Éryx, dont il combla les précipices : la plupart de ces ouvrages n'existaient plus du temps de Diodore de Sicile. La vengeance de Minos poursuivit Dédale à la cour de Cocalus ; il y arriva avec une flotte nombreuse, et exigea du roi qu'il lui livrât le statuaire qui l'avait offensé. Cocalus, paraissant céder aux instances et aux menaces de Minos, l'invita à venir dans son palais, et il paraît qu'il le fit périr en trahison dans un bain, chaud, par le conseil et le secours de ses filles, qui protégeaient Dédale, peut-être parce qu'il fut l'inventeur des marionnettes. Quoi qu'il en soit, Cocalus eut aussi à se plaindre de Dédale, et il s'en défit. On parla peu de sa mort ; on n'est pas d'accord sur ce point, et dans toute la vie de cet homme célèbre des temps mythologiques il y a plus de fable que de positif. On a réuni en sa personne tout ce que les arts offraient de merveilleux à une époque où le génie des Grecs ne s'était pas encore développé.

(13) *Page 81.* C'est dans ce lieu que Tryphon et Athénion, deux esclaves fugitifs, établirent le quartier général de l'armée composée des esclaves qu'ils avaient mis en liberté l'an 649 de Rome. Ils durent à la force de sa situation la possibilité de soutenir la guerre pendant quatre ans, et de se défendre contre tous les efforts de leurs anciens maîtres, qui investirent inutilement cette forteresse. La révolte devint si sérieuse, que l'on crut devoir envoyer une armée consulaire pour l'étouffer. Le consul Aquilius fut chargé de cette guerre, qu'il termina heureusement par la destruction totale des rebelles.

(14) *Page 81.* Les médailles d'Héraclée représentent :

Le lion de Némée, ou Hercule, soit au repos, soit combattant.—*R*. Minerve.

Une tête de Cérès.—*R*. Un épi.

(15) *Page 85.* Les médailles d'Agrigente représentent ordinairement :

Un crabe ou un aigle.—*R*. La tête d'Apollon ou de Jupiter ou de Cérès.

Un crabe.—*R*. Un aigle seul, ou dévorant un poisson ou un lièvre.

Un aigle.—*R*. Une Victoire. On croit que cette médaille a été frappée en l'honneur de Théron.

Apollon.—*R*. Un trépied, ou un aigle à deux têtes.

Minerve.—*R*. Une Victoire tenant une palme. On croit que cette médaille fut faite en l'honneur d'Exanète d'Agrigente, lorsqu'il remporta le prix de la course.

Une tête de Cérès.—*R*. Un homme.

Les médailles du fleuve *Acragas* représentent ordinairement une tête avec l'exergue de ce nom.—*R*. Un aigle sur un chapiteau, et à côté un crabe.

Dans un grand nombre de médailles, où se trouve un crabe ou cancre, il y a divers objets qui sont figurés au-dessous, tels qu'un petit lion, une lamproie ou une coquille, &c. &c. &c.

(16) *Page 88.* Houel et M. Denon se sont trompés ; les ouvertures faites au temple de la Concorde

datent de l'époque du culte chrétien, où cette église fut dédiée à San Gregorio delle Rupe, évêque de Girgenti. On peut aussi accuser de cet acte de barbarie, car tout cela est incertain, Beato Mattei, évêque de Girgenti, qui abattit entièrement l'autel antique en 1620. On croit donc que c'est lui qui fit ouvrir les six portes des parties latérales. Presque tous les voyageurs en ont mis le mauvais effet sur le compte du premier architecte du temple. On lit au-dessus de l'architrave orientale la même inscription que celle qui se trouve sur le temple de Ségeste :

FERDINANDI REGIS AVGVSTISSIMI
PROVIDENTIA RESTITVIT
ANNO MDCCLXXXVIII.

On peut remarquer que le luxe de ce souvenir a coûté presque aussi cher que la réparation tout entière.

(17) *Page 103*. Les médailles de la ville ou du fleuve *Gela* représentent ordinairement :

Le Minotaure. — R. Une tête d'homme ou d'Hercule.

Le demi-Minotaure. — R. Un cheval seul, ou un bige attelé, ou un guerrier à cheval tenant un javelot.

(18) *Page 111*. J'ai pensé qu'on lirait avec plaisir

un extrait traduit de l'ouvrage de d'Orville sur la Sicile. On y trouvera l'opinion de cet auteur, énoncée même un peu longuement, selon son usage, mais avec la bonne foi qui le caractérise, sur les découvertes d'ossemens de géans dont on entretient sans cesse la curiosité des étrangers.

« Des écrivains, presque tous siciliens, parlent de
» tombeaux et d'ossemens de géans qui existent sur-
» tout dans les ports de cette île. Les Siciliens ajoutent
» encore foi à ces rêveries. Plein du desir d'acqué-
» rir quelque certitude sur un point si merveilleux,
» je résolus de mettre tous mes soins à découvrir
» quelque part des restes de ces enfans de la Terre,
» pour me convaincre qu'il en a existé en Sicile ou
» ailleurs : je n'ai rien pu trouver; mes recherches
» les plus soigneuses, les plus constantes, ont été
» vaines. Après avoir tout considéré, il m'a semblé
» qu'on devait mettre au rang des fables ce que les
» auteurs ont écrit et ce que l'on nous dit sur cette
» race prodigieuse d'hommes. En effet, j'ai vu un
» grand nombre d'os et de côtes de grands poissons,
» de baleines et d'autres animaux, qui étaient conser-
» vés ici, et que le vulgaire, dans son ignorance,
» prend pour des ossemens de géans.

» La moindre instruction suffirait pour démontrer
» l'absurdité de ces contes populaires.

» Ces vastes tombeaux, ces cavernes creusées dans

» les rochers, étaient presque toujours disposés pour
» recevoir plusieurs cadavres. Ces sarcophages, plus
» grands que le corps humain, comme on en a trouvé
» par-tout, n'étaient pas destinés à un seul homme.
» Il a pu y avoir, et il y a eu en effet, divers motifs
» pour que des cercueils excédassent de quelques
» pieds la stature humaine. Souvent un vain orgueil
» a donné lieu à la grandeur énorme des tombeaux.
» On a décerné aux princes, aux rois, aux empereurs,
» même après leur mort, une demeure plus spacieuse
» que ne l'exige la mesure du corps humain. Il est à
» remarquer qu'on avait aussi la coutume d'ensevelir
» quelquefois plusieurs objets ensemble ; ce qui obli-
» geait à donner au sarcophage une plus grande dimen-
» sion. Dans des temps plus reculés, naguère parmi
» nous, et encore aujourd'hui chez quelques peuples,
» on a vu des animaux, sur-tout des chevaux, ensevelis
» avec des hommes ; ce qui nécessitait des tombeaux
» plus vastes. Je puis invoquer, à ce sujet, un témoi-
» gnage irrécusable. On trouva à Utrecht, l'an 1555
» de J. C., dans une église consacrée à la Sainte Vierge,
» le tombeau de Gisbert seigneur de Goye, qui avait
» été enseveli avec ses armes et son cheval, ainsi que
» l'attestaient des restes d'armes et d'ossemens de
» cheval. Ce fait, bien constaté, m'a été de nouveau
» affirmé par Pierre Vlaming, auteur d'un poème
» flamand. L'exemple ci-dessus et d'autres semblables

» répondent à tout ce qui a été dit sur la vaste dimen-
» sion de quelques tombeaux, et à ce qu'on a pu en in-
» férer. Ces contes sur les géans, ayant été rejetés par
» des Siciliens mêmes, et, entre autres, par Carau-
» sius, ne doivent pas paraître mériter que nous per-
» dions beaucoup de temps à les réfuter. Cependant,
» comme il est difficile d'effacer les idées supersti-
» tieuses quand elles se sont emparées des esprits, et
» que des gens éclairés ne repoussent pas le merveil-
» leux, lorsqu'il est présenté par des auteurs tels que
» Fazelli, qui se porte souvent pour témoin oculaire,
» ce sera lui que j'essaierai de combattre. Je laisserai
» volontiers, et sans peine, à Thomas Fazelli sa répu-
» tation tout entière d'homme intègre, et je le recon-
» naîtrai pour un écrivain qui chérit la vérité : mais,
» soit la faute du siècle, qui se ressentait encore des
» ténèbres de la barbarie, soit erreur d'un esprit trop
» faible, il me sera facile, par une foule d'argumens,
» de démontrer au lecteur impartial et éclairé que
» Fazelli eut lui-même la crédulité la plus supers-
» titieuse. Je n'en veux pour preuve que les récits de
» cet auteur au sujet du fleuve Alphée, de la fontaine
» Aréthuse, des enchantemens des démons, et des
» miracles de S. Philippe d'Argyre. Je passe sous
» silence ces contes, qui finiraient par donner de
» l'humeur; mais je n'en veux pas prendre, lorsqu'il
» parle de la fécondité d'une femme d'Agrigente, mère

» de soixante-dix enfans en trente couches : cela ne
» ressemble-t-il pas un peu trop à l'histoire des trois
» cent soixante-quatre enfans de Marguerite comtesse
» de Henneberg ?

» Examinons de plus près ses conjectures sur les
» géans. Pour en faire des habitans de la Sicile, il
» prend ses exemples dans l'antiquité la plus reculée.
» Il remonte jusqu'aux temps fabuleux, et place au
» nombre des vérités incontestables les soixante-dix
» coudées du cadavre d'Antée : cependant Hyllus, fils
» d'Hercule, surpassait Antée,

» Quantùm lenta solent inter viburna cupressi.
(Virg. *Eclog.* 1, v. 26.)

» Philostrate (*Heroïc.* p. 671) rapporte et Fazelli
» croit que le cadavre d'Hyllus, de neuf arpens de
» hauteur, repose en Phrygie. Or, comme l'arpent
» contient cent vingt pieds, voilà donc un squelette
» de mille quatre-vingts pieds. Il serait presque égal,
» pour la dimension, à cet Og sur lequel les rabbins
» ont raconté tant de fables, et dans le crâne duquel
» on assure qu'un chasseur erra pendant trois jours
» et ne trouva une issue qu'avec peine. La crédulité
» de Philostrate n'excuse point Fazelli. Le premier
» pourrait être ou expliqué ou excusé, parce qu'il ne
» dit pas neuf *arpens*, mais neuf *orgyies :* et une *or-*
» *gyie* [ὀργυιά] signifie la mesure de deux brassées ou

» de deux pas. Ainsi, selon lui, la taille d'Hyllus était
» seulement de dix-huit pieds.

» Revenons aux géans de la Sicile. Fazelli dit qu'il
» est prouvé *pour quiconque n'est ni insensé ni*
» *aveugle, qu'il est dans la nature des choses que*
» *des géans aient habité la Sicile.* Il ajoute : *En*
» *1343, la curiosité des habitans de la ville d'Éryx,*
» *excitée par les récits de quelques individus, leur*
» *fit prendre les armes et marcher à une caverne*
» *du mont Éryx. Ils y trouvèrent un cadavre hu-*
» *main d'une très-grande stature, assis, s'appuyant*
» *de la main gauche sur un bâton semblable à un*
» *mât de navire. A peine touchée, l'enveloppe du*
» *bâton se réduisit en poussière ; elle cachait une*
» *massue de plomb. Le cadavre tomba également*
» *en poussière, à l'exception de trois dents d'une*
» *grandeur étonnante, et de la partie antérieure*
» *du crâne, dont la contenance était de quelques*
» *muids siciliens. L'opinion des savans fut que*
» *ce cadavre était celui d'Éryx, et la caverne*
» *porte encore le nom de ce géant. Ces dents mo-*
» *laires se voyaient de mon temps dans l'église*
» *de l'Annonciation, suspendues par un fil de fer*
» *aux pieds d'un crucifix ; plus tard, les habitans*
» *en firent hommage au pape.*

» On doit regretter la massue de plomb ; les anti-
» quaires auraient facilement établi la vérité du fait

» d'après la nature du métal. Mais, comme on a sans
» doute bientôt fondu cette massue et que les dents
» ont disparu, on peut douter de la vérité d'un fait
» bien antérieur au temps où écrivait Fazelli.

» Jean Bocace (*Geneal. deor.* lib. IV, cap. 68),
» qui vivait dans un temps plus rapproché de cette
» époque, raconte la même chose. Il affirme de plus que
» *la hauteur du géant était de deux cents coudées.*

» Je me permettrai d'élever quelques doutes sur le
» sentiment de ces érudits, qui veulent qu'Éryx ait été
» enseveli dans ces lieux. Je n'aurai point égard à ce
» mode nouveau de sépulture qui présente un homme
» assis et tenant dans sa main droite une massue ;
» mais je les prie de lire avec moi Virgile, à l'endroit
» où il raconte comment Entelle, disciple d'Éryx dans
» le pugilat, refusant de combattre à cause de sa vieil-
» lesse, *jette néanmoins sur l'arène deux cestes*
» *d'un poids énorme, dont Éryx avait coutume*
» *de se servir dans les combats.* Celui qui devait
» combattre avec Entelle, *Darès, s'étonne plus que*
» *tous les autres et refuse ces armes ;* mais alors
» Entelle tout glorieux dit : *C'est avec ces deux*
» *cestes qu'Éryx se mesura avec le grand Alcide,*
» *et je m'en servis moi-même.* Si Entelle s'était
» servi des cestes d'Éryx, leurs corps auraient pu être
» à peu de chose près de la même proportion : mais il
» n'en fut point ainsi ; car *le fils d'Anchise apporta*

» des cestes égaux et les attacha aux mains de tous
» les deux. A moins qu'on ne veuille placer Darès
» au rang des géans, il n'est pas possible que son
» adversaire et lui se soient servis de cestes égaux.
» Entelle était plus grand : mais, selon le récit de
» Virgile, il ne surpassait pas de beaucoup les autres
» par sa force. On rapporte que cet Éryx combattit
» avec Hercule; mais le même poète fait entendre
» que les armes du demi-dieu étaient aussi les plus
» pesantes.

» A en juger par les récits des poètes et les pro-
» ductions des statuaires, il ne paraît pas qu'Hercule
» fût d'une force et d'une taille extraordinaires, à moins
» qu'Omphale ne fût aussi d'une stature gigantesque.
» Si nous admettions qu'Hercule fût un géant, com-
» ment aurait-il pu ajuster à son armure la peau du
» lion de Némée, à moins qu'il n'y ait eu aussi des
» géans parmi les lions ? Dans quels labyrinthes se
» jettent les défenseurs de la race des géans!...

» Mais passons aux autres traditions de Fazelli ;
» car celle du géant du mont Éryx a paru fabuleuse,
» même au savant Jérôme Maggi, qui néanmoins
» s'efforce de prouver qu'il a existé des géans. (*Mis-*
» *cell. sive Var. Lect.* lib. I, cap. 4.)

» Voici le second témoignage de Fazelli : *L'an 1516,*
» *le bruit se répandit à Mazarino qu'on avait trouvé*
» *un cadavre d'environ vingt coudées. Le comte*

» *Braccio-forte et sa femme Émilie demeurèrent
» interdits à la vue d'un cadavre prodigieux et
» d'une tête de la grosseur d'un tonneau. A cet
» aspect, Émilie, saisie d'horreur et presque mou-
» rante, avorta. Des gens maladroits ayant ensuite
» touché trop rudement le cadavre, il s'en alla tout-
» à-coup en poussière ; on ne conserva que les
» dents, chacune du poids de cinq onces.* Celui-ci
» n'a donc plus deux cents coudées et des dents de
» cent onces. Comment assigner la cause d'une telle
» disproportion dans la structure de cette race de
» géans? A la vérité, c'est après un intervalle de trente
» ans, c'est-à-dire, en l'année 1546, que cette histoire
» a été racontée à Fazelli, près de Calta Nisetta, par
» Antoine de Moncade, comte d'Adrani, ou plutôt
» par sa sœur Émilie. Il faut donc s'en rapporter au
» dire d'une femme : et ne pourrait-on pas la soup-
» çonner de faiblesse et de superstition ? Une pein-
» ture exécutée dans la maison d'Émilie rappelait cette
» étrange circonstance de sa vie.

» Fazelli rapporte, en troisième lieu, que, *tous les
» jours, à Milazzo, entre Lentini et Syracuse,
» on retire des tombeaux une quantité de grands
» ossemens.* Mais ces os ont sans doute appartenu à
» des animaux, et ces sépulcres ont été autrefois des
» carrières qui peut-être, dans la suite, furent em-
» ployées à la sépulture des morts. J'ai fait vainement,

S

» à ce sujet, sur les lieux mêmes, les recherches les
» plus suivies et les plus exactes. On peut s'étonner
» que ces restes singuliers n'aient pas été découverts
» par les Romains, et qu'ils aient attendu, pour se
» montrer, un temps d'ignorance et de crédulité. Il
» est étrange aussi qu'avec le progrès des lumières ces
» découvertes et ces conjectures se soient évanouies.

» Des habitans d'*Hyccara* et de Palerme n'attestent
» pas seuls un quatrième exemple de Fazelli, qui,
» entre autres raretés, possédait dans sa collection une
» omoplate monstrueuse : mais était-il assez versé dans
» l'ostéologie pour distinguer une épaule humaine
» de celle des animaux, tels que le bœuf et le cheval ?

» N'a-t-on pas reconnu que de grosses têtes, attri-
» buées par le vulgaire à des géans, avaient appartenu
» à des nains ? B. S. Albin, que personne n'égale dans
» la connaissance du corps humain, nous en fournit
» des exemples dans l'*Index* de la collection anato-
» mique léguée par Rau à l'université de Leyde *(a)*.

» Le cinquième témoignage a été ainsi consigné :
» *En l'année 1547, Paolo de Lentini trouva par*
» *hasard, dans un champ de Palerme, un cadavre*
» *humain qui offrait la grandeur et la masse d'un*

(a) On conserve au musée de Marseille un crâne d'une grosseur monstrueuse, celui d'un nommé *Borduni*, qui avait été notaire dans cette ville, et qui y mourut il y a environ quatre-vingts ans.

» *corps de géant; sa hauteur était de dix-huit cou-*
» *dées; tous les membres étaient détachés.* Paolo les
» ayant touchés avec trop peu de précaution, tous,
» excepté la mâchoire, tombèrent en poussière. De
» sorte qu'il n'est rien resté de cette prétendue décou-
» verte, dont on fit grand bruit à cette époque.

» Mais il nous importe de connaître ce que Mario
» Valguarnera, Sicilien, a pensé et publié (*Antiq.*
» *Panorm.* p. 219) sur ce récit de Fazelli. S'il n'est
» pas tout-à-fait exempt de superstition, il est du
» moins plus raisonnable. Ainsi donc, après avoir
» dit qu'il a rempli dans un antre quatre mouchoirs
» d'ossemens de géans, il ajoute : *Quoique cet antre*
» *soit par-tout tellement couvert d'os de géans,*
» *qu'on pourrait sans beaucoup de peine en rap-*
» *porter chez soi une très-grande quantité, cepen-*
» *dant la vétusté du sol et l'humidité que lui ont*
» *fait contracter les eaux qui y filtrent de toutes*
» *parts, ont usé et consumé ces ossemens au point*
» *qu'ils se pulvérisent au moindre attouchement;*
» *de plus, ils sont si fortement liés avec la terre,*
» *qu'on ne peut les obtenir que par portions et*
» *avec la terre elle-même.*

» C'est ainsi qu'il n'est pas rare de rencontrer dans
» les cabinets des naturalistes des os d'homme et de
» bêtes, non-seulement adhérens à de l'argile, mais
» entourés souvent de cailloux.

» *C'est pourquoi je ne saurais comprendre com-*
» *ment, du temps de Fazelli* (cent cinquante ans
» avant), *ce cadavre de géant qui n'était renfermé*
» *dans aucun monument particulier, s'est trouvé*
» *assez bien conservé pour pouvoir être mesuré.*
» *Assurément, dès qu'un os s'est offert à nos yeux,*
» *nous n'avons épargné aucun soin pour l'obtenir*
» *entier. D'après cela, je suis persuadé que Fazelli*
» *n'a pas mesuré ce cadavre, et que c'est seulement*
» *par les deux dents molaires qu'il en a présumé*
» *la longueur.* Mais on a vu clairement plus haut ce
» qu'on peut statuer d'après une semblable conjecture.

» Je m'étonne néanmoins qu'après avoir trouvé sur
» le sol même de son pays ce témoignage trompeur de
» l'existence des géans, Valguarnera, que la profon-
» deur de son jugement et de son érudition distingue
» particulièrement parmi les auteurs qui ont écrit sur
» la Sicile, ait pu rapporter des choses aussi peu dignes
» de foi.

» Ajoutons encore quelques témoignages de Fazelli :
» *L'an 1548, George Adorno de Gênes, étant sorti*
» *de Syracuse à la tête de quelques hommes armés,*
» *entra dans une caverne pour y chercher des mé-*
» *dailles d'or antiques. Ayant forcé l'entrée de cette*
» *grotte, il descendit et pénétra dans un antre*
» *profond, où il découvrit un cadavre humain de*
» *vingt coudées.*

» Mais, si des médailles ont été trouvées dans ces
» cavernes, ne doit-on pas penser que, du temps des
» Grecs et des Romains, ces lieux étaient destinés aux
» sépultures? Il existe en effet aujourd'hui, aux envi-
» rons de Syracuse et près du faubourg d'Achradine,
» un grand nombre de catacombes très-spacieuses,
» que j'ai parcourues après bien d'autres observateurs.
» Fazelli ajoute enfin que *presque tout le corps se*
» *réduisit en cendres.*

» Le reste de son récit ne fournit pas des preuves
» plus convaincantes que tout ce que j'ai cité jusqu'à
» ce moment. Mais, pour revenir à cette caverne, c'é-
» tait sans doute une de ces catacombes dont l'entrée,
» la profondeur, et même toute la voûte, sont ordi-
» nairement taillées dans le roc. D'ailleurs, il ne dit
» rien sur la largeur et la hauteur des marches de l'es-
» calier, et l'on aurait pu tirer de ces mesures des argu-
» mens plus solides que ceux que présentent quelques
» dents ou des fragmens incomplets.

» *Après la mort du gouverneur de la citadelle de*
» *Calatafimi, en 1550, des paysans qui creusaient*
» *son tombeau, aperçurent un coffre contenant un*
» *cadavre humain d'environ vingt-deux coudées.*

» Ainsi ce géant aurait eu trente-trois pieds de
» hauteur; ce qui ne m'étonne pas beaucoup, puisque
» nous en avons déjà rencontré de bien plus extraor-
» dinaires : mais ce qui est tout-à-fait digne de re-

» marque, c'est que la race antique des Cyclopes,
» premiers habitans de la Sicile, ait enfermé ses morts
» dans des coffres, tandis que, suivant Homère, Poly-
» phéme se contentait, de son vivant, d'habiter un
» antre de l'Etna.

» Les paysans brisèrent ces ossemens, dont on ne
» trouve pas plus de trace que des autres découvertes
» de la même nature.

» Une semblable recherche date de l'année 1552.
» *Des maçons découvrirent par hasard plusieurs*
» *tombeaux de géans, renfermés dans des pierres*
» *de taille; ils y trouvèrent des cadavres dont la*
» *plupart étaient d'une hauteur de plus de huit*
» *coudées.*

» Nous ne savons pas ce que devint cette précieuse
» découverte. Mais je m'arrête, et je crois avoir assez
» prouvé que les assertions de Fazelli et de Valguar-
» nera ne sont appuyées sur aucun fait positif.

» Après tant de recherches, tant de découvertes,
» qui eurent de si nombreux témoins, il n'est pas
» resté la moindre preuve visible de tout ce qu'ils ont
» pu dire; et je pense qu'il faut mettre au rang des
» fables ce que les autres auteurs ont pu écrire sur ces
» premiers habitans de la Sicile. »

(19) *Page 113.* Les médailles de Lentini représentent ordinairement :

Une tête de lion, avec des pavots.—*R*. Un homme nu, ou un homme à cheval.

Une tête d'Apollon, ou un jeune homme.—*R*. Un trépied ou un lion.

Une tête d'Apollon Archagète. — *R*. Un quadrige.

Cérès.— *R*. Des épis de blé.

(20) *Page 116.* Il serait trop long et tout-à-fait inutile de citer toutes les médailles de Syracuse. Nous renverrons à l'ouvrage de M. Mionnet pour cet objet. Voici la désignation des principales.

Les médailles en or représentent ordinairement :

Une tête de jeune homme couronnée d'olivier ou de laurier. — *R*. Une Victoire ailée, ou un bige tiré par deux chevaux.

Une tête d'Apollon.—*R*. Un trépied.

Une tête de femme.—*R*. Hercule terrassant un lion.

Une tête de Cérès couronnée d'épis.—*R*. Un bige conduit par la Victoire, ou une vache.

Une tête de femme. —*R*. Apollon ou une lyre.

Les médailles en argent ont communément pour empreintes :

Une tête de femme vue de profil ou de face, représentant la nymphe Aréthuse, coiffée diversement ou les cheveux épars, quelquefois couronnée d'épis, et presque toujours entourée de dauphins.—R. Un bige attelé, et une Victoire; quelquefois aussi un homme à cheval, ou Pégase.

Une tête de Pallas avec le casque en tête; et derrière, une petite Victoire, ou un autre symbole, tel qu'un trépied, un casque, une chouette, &c. &c.— R. Pégase.

Une tête de femme. — R. Un poulpe.

Les médailles en cuivre représentent :

Une tête de Cérès ou de Proserpine, voilée, ou couronnée d'épis.—R. Des épis, ou une couronne de chêne.

Une tête de Pallas. — R. Deux dauphins avec une étoile au milieu, ou Pégase, ou un homme à cheval.

Une tête d'Aréthuse, entourée de poissons. — R. Un poulpe, ou un bige.

Une tête de femme couronnée d'épis ou d'olivier. —R. Un bige ou un quadrige.

Une tête d'Apollon. — R. Diane.

Une tête de jeune homme. — R. Un lion.

Une tête de Proserpine. — R. Un bœuf et des dauphins.

Une tête de jeune homme couronnée de laurier. —R. Un aigle tenant la foudre.

Une tête de Jupiter. — R. Un aigle ou la foudre.

Une tête de Neptune. — R. Un trident et des dauphins.

Un hippogriffe, ou une tête d'homme. — *R*. Un cheval.

Plusieurs de ces médailles sont extrêmement belles, et c'est parmi celles-là que j'ai choisi celles qui ont été gravées dans cet ouvrage. Outre ces médailles, il s'en trouve encore un très-grand nombre à l'effigie des princes de Syracuse; savoir; de Gélon, d'Hiéron I.er, de Denys, d'Agathocle, de Pollion, &c. &c.

(21) *Page 120.* Pendant tout ce temps, c'est-à-dire, depuis le premier établissement des musulmans dans l'île jusqu'à la fin du gouvernement des princes normands, on y frappa des monnaies d'or, d'argent et de bronze, qui peuvent être divisées en trois classes: les monnaies aglabites, les fatimites, et celles des princes normands. La plupart ne sont malheureusement arrivées jusqu'à nous qu'en fort mauvais état. Par suite d'un usage généralement adopté dans les états musulmans à cette époque, au lieu d'indiquer par son nom la ville où la monnaie avait été frappée, on se contentait de mettre le nom du pays, qui désigne en pareil cas la capitale elle-même. Mais, comme la Sicile, tour à tour envahie par les chrétiens et les musulmans, et même occupée à-la-fois pendant quelque temps par les deux peuples, a souvent changé de capitale, on ne sait si le mot générique de *Sicile*

désigne Messine ou Palerme, ou telle autre ville considérable de cette ile.

Voici les médailles qui ne laissent aucune incertitude à cet égard :

Médaille arabe d'argent, frappée à Palerme en 230 de l'hégire, ou 844 de J. C.

Médaille de Roger II, frappée à Messine en 545 de l'hégire, ou 1150 de J. C.

Médaille de Guillaume II, frappée à Messine.

Quelques-unes des monnaies frappées sous les princes normands offrent une singularité qui mérite d'être remarquée. Les légendes sont le plus souvent moitié arabes et moitié grecques ou latines; et parmi ces médailles, les unes portent les signes du christianisme, et d'autres, ceux de la religion musulmane : il en est même qui réunissent à-la-fois les symboles de l'une et de l'autre religion. Cette singularité était un effet de la politique des princes siciliens, qui voulaient ménager les musulmans de leurs états, et qui pensaient les attacher à leurs intérêts par cette concession tolérante et certainement suggérée par l'esprit commercial.

(22) *Page 125.* Ou lit encore, sur la plinthe supérieure à la précension, l'inscription suivante :

ΒΑΣΙΛΙΣΣΑΣ ΦΙΛΙΣΤΙΔΩΣ.
DE LA REINE PHILISTIS.

Hardouin et Baudelot ont prétendu que c'était une reine d'Épire. Havercamp se donne beaucoup de peine pour prouver que cette reine de Syracuse était Démarate, épouse de Gélon. Swinton, dans les *Transactions philosophiques,* a publié une médaille précieuse de la reine Philistis. Un camée conservé long-temps dans le cabinet de M. le duc d'Orléans rappelait assez exactement cette médaille. Au reste, il nous manque le nom de deux des tyrans qui gouvernèrent Syracuse : ainsi l'existence de la reine Philistis n'est pas le seul point douteux de l'histoire de cette ville.

(23) *Page 125.* L'amphithéâtre de Syracuse est un ouvrage romain. Tacite parle d'un sénatus-consulte qui, sous le règne de Néron, accorde un certain nombre de gladiateurs à la ville de Syracuse.

L'usage des jeux venait des Lydiens qui, sous la conduite de Tyrrhenus, s'établirent dans l'Étrurie. On appelait *ludii* à Rome les jeunes sauteurs, à cause même de cette origine.

Il y avait quatre espèces de jeux : ceux du cirque, ceux de la scène, les gladiateurs et les chasses.

Il y eut une époque où les Campaniens ne donnaient jamais un grand repas que le banquet ne fût arrosé du sang de deux gladiateurs.

(24) *Page 134.* Syracuse avait trois ports :

Le port Trogile : il était situé sur la côte septentrionale de l'Achradine ;

Le petit port [μικρὸς λιμήν], renfermé entre Ortygie et Achradine : il se nomma *Laccius ;* des embellissemens lui valurent ensuite le nom de *Marmoreus ;*

Le grand port [μέγας λιμήν] : son embouchure avait huit stades de largeur et quatre-vingts de circuit. Ce lieu fut le théâtre des principaux événemens du siége. Dans ce grand port il y en avait un petit nommé *Dascon.* Les Athéniens y formèrent un havre pour leurs vaisseaux.

(25) *Page 134.* Cyané, jeune fille de Syracuse, inspira, dit-on, à Cyanippe, son père, une passion violente, qui le porta à la déshonorer. Pour se venger, cette jeune vierge l'assassina ; elle se tua ensuite, et les Syracusains, touchés de la vertu de Cyané, donnèrent son nom à la source la plus limpide.

(26) *Page 134.* Le *papyrus,* que les paysans siciliens nomment *parrucca,* est un jonc triangulaire de douze à quinze pieds de haut, qu'on n'a trouvé jusqu'à présent qu'à Syracuse, en Égypte et à Madagascar. C'est une plante bulbacée, dont le pied est garni d'une pellicule jaunâtre et légère ; elle se propage par semence ou par bulbe.

Pline donne de grands détails sur la fabrication du *papyrus* d'Égypte. Il ne paraît pas que les anciens aient fait usage de celui de la Sicile. Cassiodore dit que les feuilles de *papyrus* étaient blanches comme la neige. On en fabriquait des étoffes grossières, et on en mangeait la partie inférieure, qui est savoureuse et aromatique. On faisait encore en Égypte un commerce de *papyrus* du temps de S. Jérôme, au Ve siècle. Ce ne fut que dans le IXe que le papier de coton lui fut préféré. M. Landolina, Syracusain, est parvenu à fabriquer le *papyrus* de la fontaine Cyané, en suivant les procédés indiqués par Pline ; ses dernières expériences furent couronnées du succès le plus complet : mais sa mort a fait négliger et perdre entièrement les avantages de cette intéressante découverte.

VOLS DE VERRÈS
DANS SYRACUSE.

(27) *Page 141.* Je vais, citoyens, rapporter et mettre sous vos yeux le pillage de Syracuse, la plus belle ville comme la plus riche de toute la Sicile ; et je terminerai par-là ce que j'avais à dire sur cette matière. Il n'y a peut-être aucun de vous qui n'ait souvent entendu raconter ou lu dans nos annales la prise de cette même ville par Marcus Marcellus. Comparez, je vous prie, cette expédition guerrière avec le gou-

vernement prétendu paisible de Verrès, la victoire du général avec l'arrivée du préteur, la cohorte infame de celui-ci avec l'invincible armée de celui-là, les passions tyranniques de l'un avec la modération de l'autre; et vous conviendrez que le vainqueur de Syracuse en fut vraiment le père; que celui qui l'a trouvée florissante, s'en est montré le destructeur.

Je passe ici différens traits, qui sont épars dans ce que j'ai dit, ou que je rapporterai dans la suite. Je ne dirai pas que la place publique de Syracuse, où le sang ne coula point lorsque Marcellus en eut fait la conquête, a regorgé de celui d'une infinité d'innocens à l'arrivée de Verrès; que son port, où n'avoient jamais pénétré ni les flottes romaines, ni celles des Carthaginois, a été ouvert, sous sa préture, à un chétif brigantin de pirates; qu'il a fait violence à nombre de jeunes gens de condition libre, déshonoré des mères de famille, ce qu'on ne vit pas alors, c'est-à-dire, dans un temps où la prise de la ville, la colère d'un ennemi vainqueur, la licence du soldat, les usages de la guerre et les droits de la victoire semblaient tout autoriser. Je vais, dis-je, omettre tous ces excès, dont, pendant trois ans, il a comblé la mesure; je me borne à citer les faits relatifs à l'espèce de crimes qui m'occupe en ce moment.

Vous avez souvent entendu dire que Syracuse est la plus grande et la plus belle de toutes les villes de la Grèce. En cela, citoyens, la renommée s'accorde avec la vérité : car, outre qu'elle est fortifiée par sa situation naturelle, elle offre aux yeux un aspect imposant, tant du côté de la terre que du côté de la mer. Ses deux ports sont presque dans son enceinte et sous les murs de ses édifices. Chacun d'eux a son embouchure particulière : mais ils vont se confondre dans un large bassin ; et cette réunion forme la partie de la ville qu'on appelle *l'île*, qui, séparée du reste par un petit détroit, s'y rejoint au moyen d'un pont qui établit la communication.

Telle est la grandeur de Syracuse, qu'elle se divise en quatre villes considérables. L'île, dont je viens de parler, une des quatre, est au milieu des deux ports, et va se terminer à l'entrée de l'un et de l'autre. C'est là qu'on voit l'ancien palais du roi Hiéron, qu'occupent aujourd'hui nos préteurs. Il y a des temples sans nombre, dont deux sur-tout attirent les regards par leur beauté ; celui de Diane, et un autre de Minerve, dont, avant la préture de Verrès, on admirait les riches ornemens. A la pointe de l'île est une fontaine d'eau douce, nommée *Aréthuse*, d'une grandeur incroyable, et prodigieusement poissonneuse, que les eaux de la mer couvriraient entièrement sans une forte digue de pierres qui la défend contre cette invasion.

La seconde ville est la partie de Syracuse qui porte le nom d'*Achradine*. Elle est remarquable par une place immense, entourée des plus beaux portiques; à quoi l'on doit ajouter un prytanée superbe, un vaste palais où le sénat tient ses séances, un temple magnifique de Jupiter Olympien. Le reste de ce quartier se compose d'une rue fort large, qui s'étend d'un bout à l'autre, et qui elle-même est coupée par une infinité de rues de traverse; le tout consistant dans une suite continue de maisons particulières. La troisième se nomme *Tychè*, parce qu'il y avait autrefois un temple dédié à la Fortune : elle en renferme encore plusieurs, indépendamment d'un fort beau gymnase; et c'est le quartier de Syracuse le plus vivant et le plus peuplé. La quatrième ville est appelée *la Ville-neuve*, parce qu'elle a été bâtie la dernière. A son extrémité, que termine un spacieux théâtre, sont deux temples consacrés, l'un, à Cérès, et l'autre, à Proserpine, pour ne pas parler d'une grande et belle statue d'Apollon dit *Téménite*, que Verrès n'aurait pas fait difficulté d'enlever, si le transport en eût été facile.

Je reviens à Marcellus, afin que vous ne regardiez pas ma description comme un hors-d'œuvre. Ayant pris d'assaut cette belle ville, il crut que ce serait faire une tache au nom romain que d'anéantir tant de beautés, dont on ne pouvait craindre aucun danger : il épargna donc tous les édifices publics et particuliers, sacrés et profanes, comme s'il fût venu avec son armée pour défendre la place, et non pour l'assiéger.

A l'égard des simples ornemens, il consulta les droits de la victoire et ceux de l'humanité. Il se croyait autorisé par l'une à transporter à Rome beaucoup de choses qui pouvaient contribuer à son embellissement; et l'autre lui faisait un devoir de ne pas dépouiller entièrement une ville qu'il avait eu le desir de sauver.

Ce partage fut réglé de manière que l'humanité de Marcellus ne conserva pas moins de monumens aux Syracusains que sa victoire en acquit au peuple romain. Ce qu'il fit porter à Rome est encore aujourd'hui dans les deux temples de l'Honneur et de la Vertu, comme en d'autres lieux. Du reste, il ne se réserva rien pour la décoration de ses jardins et autres propriétés; il sentit que sa maison, ne recélant pas ce qui devait orner la ville, en serait elle-même le plus bel ornement. Quant à Syracuse, il y laissa beaucoup de morceaux du plus grand prix; sur-tout il ne se permit d'enlever aucun dieu, de toucher à aucun. Jetez maintenant les yeux sur Verrès, non pour comparer l'homme à l'homme (ce serait outrager la mémoire d'un héros), mais pour opposer la paix à la guerre, les lois à la violence, le magistrat protecteur à l'ennemi triomphant, l'entrée d'un simple cortége à celle d'une armée victorieuse.

J'ai dit qu'il y a dans l'île un temple de Minerve, autrefois très-richement orné. Marcellus n'en voulut rien ôter: Verrès, au contraire, l'a pillé, l'a dépouillé, de manière qu'il semble avoir été la proie, non d'un ennemi qui respecte encore le droit des gens et la religion, mais des brigands les plus barbares. On y voyait une suite de tableaux admirables, représentant un combat de cavalerie du roi Agathocle, qui tapissaient l'intérieur du temple. Il n'y avait rien à Syracuse de plus célèbre que cette peinture, rien de plus fait pour exciter la curiosité des étrangers. Quoique la victoire de Marcellus eût rendu tous ces objets profanes, sa piété pour les dieux l'empêcha d'y toucher : mais l'indigne préteur, pour qui une longue paix, fidèlement observée par les Syracusains, devait rendre ces mêmes tableaux inviolables et sacrés, les a tous enlevés jusqu'au dernier. Ainsi les murailles de ce temple, dont les ornemens avaient subsisté pendant tant de siècles, au milieu de tant de guerres, il les a totalement défigurées et laissées toutes nues.

Marcellus, qui avait fait vœu de consacrer deux temples à Rome, s'il prenait Syracuse, ne voulut pas les décorer de ce qu'il aurait pris dans d'autres temples ; et Verrès, qui jamais ne fit de vœux à l'honneur et à la vertu, mais bien à Vénus et à Cupidon, a spolié complétement le temple de Minerve. Le premier s'était fait un scrupule d'enrichir les dieux de ce qui avait appartenu aux dieux ; le second, dis-je, a fait transporter dans une maison d'infamie les ornemens de la chaste Minerve. Il a fait encore enlever de ce même temple vingt-sept autres tableaux très-bien faits, parmi lesquels étaient les portraits des anciens rois ou tyrans de la Sicile, qui charmaient tous les yeux, non-seulement par la beauté du travail, mais par la célébrité de ceux dont ils rappelaient le souvenir et les traits. Et remarquez, s'il vous plaît, Romains, combien ce nouveau tyran de Syracuse a été plus détestable qu'aucun de ceux qui l'avaient précédé. Les autres du moins se faisaient un devoir d'embellir les temples des dieux, au lieu que celui-ci n'a pas craint de renverser leurs monumens et de s'approprier leurs dépouilles.

Que dirai-je des portes du temple? Je crains que ceux qui ne les ont pas vues ne me soupçonnent d'exagération; et pourtant quelle apparence que je m'oubliasse au point de mentir impudemment en présence de tant de personnages du premier rang, devant des juges dont la plupart ont été à Syracuse, et pourraient confondre ma témérité? Ces portes étaient enrichies d'or, sur un fond d'ivoire; et je puis assurer hardiment que jamais on n'en vit de plus belles à l'entrée d'aucun temple. Nombre d'écrivains grecs en parlent avec complaisance. Il se peut que leur enthousiasme soit excessif, et qu'ils aient outré leurs éloges : mais toujours est-il vrai de dire que notre général, en laissant à des ennemis vaincus les objets de leur admiration, a fait plus d'honneur au gouvernement romain qu'un préteur audacieux qui les ravit pendant la paix. On y voyait des sujets historiques représentés en ivoire avec un art infini; Verrès les a fait détacher, sans en laisser un seul. Il a pris également une superbe tête de Méduse, avec sa chevelure de serpens : et, quoi qu'il en dise, il a montré dans cette occasion que ce n'était pas seulement la perfection du travail, mais la matière elle-même, que son avarice recherchait; car ces portes étaient chargées d'une infinité de gros clous d'or, qu'il n'a pas fait difficulté d'arracher. Or assurément c'était le poids, et non leur beauté, qui pouvait lui plaire. Enfin ces portes, qui, dans l'origine, étaient le plus bel ornement du temple, sont restées dans un tel état, qu'elles ne semblent plus faites que pour le fermer.

A-t-il fait grâce à ces tiges de je ne sais quel gramen? J'ai remarqué sur cela votre étonnement, citoyens, lors de la déposition des témoins; car elles n'avaient rien de ce qui tient à l'art, rien de curieux que leur grandeur extraordinaire ; c'était assez d'en entendre parler, et beaucoup trop de les voir plus d'une fois : cependant, Verrès, vous les avez jugées de bonne prise.

Quant à la Sapho que vous avez enlevée du prytanée, sa beauté vous fournit une sorte d'excuse, et l'on doit presque vous pardonner ce vol. Quoi donc ! ce chef-d'œuvre de Silanion, si digne de son auteur, si bien travaillé, si parfait, appartiendrait, je ne dis pas à un particulier, mais à tout un peuple, plutôt qu'à un connaisseur aussi fin, aussi délicat, que Verrès ! Assurément on ne peut lui contester la préférence. Pour nous tous, envers qui la fortune n'a pas été aussi prodigue, il ne nous appartient pas d'avoir les mêmes fantaisies. Si quelqu'un de nous a la curiosité de voir quelque rareté de ce genre, qu'il aille au temple de la Félicité, au monument de Catulus, au portique de Métellus ; qu'il trouve le moyen de se faire introduire dans le Tusculum de quelqu'un de nos gens heureux ; qu'il contemple la place publique, s'il arrive qu'elle soit décorée des morceaux précieux que ce personnage important aura bien voulu prêter à nos édiles.

Verrès aura donc chez lui tant de belles choses ! Ses maisons de ville et de campagne recéleront les ornemens des villes et des temples ! Et vous souffririez plus long-temps, citoyens, les goûts et les caprices de ce vil artisan, qui, par sa nature, par son éducation, par la tournure de son esprit et de son corps, paraît beaucoup plus fait pour porter les statues que pour les avoir en propre !

On concevra difficilement combien cette Sapho laissa de regrets. Outre qu'elle était de la plus grande perfection, on voyait sur le piédestal une inscription très-célèbre, que ce connaisseur unique, ce Grec habile, qui prétend posséder toutes les finesses de l'art, eût certainement fait disparaître, s'il avait su le premier mot de la langue grecque; car cette inscription, qui reste seule, indique à-la-fois l'existence de la statue et son enlèvement.

Que dire encore de cette statue d'Apollon, non moins belle que sainte et révérée, qui, par cette double raison, attirait un concours perpétuel de curieux et d'adorateurs dans le temple d'Esculape? N'est-elle pas devenue votre proie? N'avez-vous pas fait enlever publiquement celle d'Aristée du temple de Bacchus? Et celle de Jupiter Imperator, que les Grecs appellent *Ourios*, cette statue magnifique et si religieusement honorée, n'avez-vous pas été la ravir dans son sanctuaire? Et ce buste admirable de Paros, qu'on allait voir en foule dans le temple de Proserpine, avez-vous fait difficulté de le prendre? Cependant cet Apollon était un des objets du culte public, et tous les ans on célébrait sa fête avec celle d'Esculape. Cet Aristée, qui, selon l'opinion des Grecs, est fils de Bacchus, et auquel ils attribuent la découverte de l'huile, était adoré de la même manière et dans le même temple que ce dieu.

A l'égard du Jupiter Imperator, imaginez, citoyens, tous les hommages qu'il recevait dans son temple. Si vous voulez vous en faire une juste idée, songez à la grande vénération qu'on avait pour cette autre statue de la même forme et de la même beauté, que Flamininus apporta de Macédoine à Rome. Dans le monde entier on connaissait trois statues de Jupiter Imperator, toutes trois dans le même genre, toutes trois également belles. Une de ces statues est celle de Macédoine, que nous voyons ici; la seconde est à l'embouchure du Pont-Euxin; et la troisième était à Syracuse, avant la préture de Verrès. Flamininus enleva la première; mais ce fut pour la placer dans le Capitole, c'est-à-dire, dans la demeure terrestre du grand Jupiter.

Quant à celle du Pont-Euxin, quoique tant de flottes ennemies soient sorties de cette mer pour entrer dans le Bosphore, et du Bosphore dans le Pont-Euxin, elle a subsisté jusqu'à nos jours sans recevoir aucune atteinte. Mais celle de Syracuse, que Marcellus, et vainqueur et armé, vit sans y toucher, qu'il crut devoir céder à la religion, que les Syracusains et tous ceux qui sont domiciliés dans leur ville honoraient avec une dévotion particulière, l'objet non-seulement de la curiosité, mais du culte de tous les étrangers, Verrès n'a pas craint de l'arracher de son temple.

Pour en revenir une dernière fois à Marcellus, sachez, Romains, que la victoire de ce général fit regretter beaucoup moins de citoyens syracusains qu'ils n'ont perdu de dieux à l'arrivée de Verrès. On dit même qu'il fit chercher le fameux Archimède, dont le nom rappelle le profond savoir et le génie presque divin, et qu'ayant appris sa mort il en eut un vrai chagrin. Quelle distance d'un tel homme à celui-ci, dont toutes les recherches ont eu pour but, non de conserver, mais de piller!

Je passerai sous silence une infinité de larcins qui feraient peu d'impression, si j'en parlais en cet endroit. Je pourrais dire qu'il a fait enlever de tous les temples de Syracuse de superbes tables de Delphes, de belles coupes d'airain, une quantité prodigieuse de vases de Corinthe. Aussi, Romains, ceux qui sont chargés de montrer les curiosités de la ville aux étrangers, et que les Grecs appellent *mystagogues*, font présentement leur métier tout au rebours: car, au lieu qu'auparavant ils montraient les choses mêmes, ils ne font plus que montrer la place que chacune occupait. Maintenant, je le demande, qui d'entre vous peut se figurer que les Siciliens n'aient ressenti qu'une douleur médiocre de tous ces brigandages? Non, certes, il n'en est pas ainsi. Premièrement, tous les hommes font profession de chérir les objets de leur culte; c'est pour eux tous un devoir sacré de conserver et d'adorer les dieux de leurs pères. En second lieu, qui ne sait pas que ces chefs-d'œuvre de l'art, ces tableaux, ces statues, font les délices de tous les peuples de la Grèce? Il ne faut qu'entendre leurs plaintes, pour juger de l'amertume de leurs regrets, quand on leur enlève ces ornemens, qui peuvent nous paraître futiles et méprisables. Croyez, juges, ce qu'il est impossible que vous n'ayez pas appris d'ailleurs, que de toutes les injustices que nos alliés ont éprouvées dans ces derniers temps, il n'en est point qui leur ait causé, qui leur cause encore une douleur plus vive que cet horrible pillage de leurs temples et de leurs villes.

Inutilement il nous dirait, selon sa coutume, qu'il a tout acheté. Vous pouvez vous en rapporter à moi, citoyens; jamais ville de la Grèce ou de l'Asie n'a vendu librement ni statues, ni tableaux, ni rien de cette espèce : à moins que vous ne vous persuadiez peut-être que, depuis qu'on a cessé de rendre une exacte justice à Rome, les Grecs sont devenus indifférens pour ces productions du génie, que non-seulement ils ne vendaient pas, mais qu'ils achetaient auparavant. De bonne foi, s'imaginera-t-on que, Crassus, Scévola, Claudius, ces hommes si puissans, dont la magnificence a rendu l'édilité célèbre, n'ayant pu traiter avec eux pour aucun objet de cette nature, ce trafic ait commencé sous les édiles créés depuis le relâchement des tribunaux? (Cicéron, *Verr.* IV, 52.)

(28) *Page 143*. On a placé à l'entrée principale de la bibliothèque de Syracuse une célèbre inscription grecque, sur laquelle le P. Lupi a donné des éclaircissemens, et qui nous apprend que le père d'Hiéron se nommait *Hiéroclès*. La guerre la plus cruelle s'est élevée à ce sujet entre M. l'abbé Capodieci, l'évêque actuel de Syracuse, et l'abbé Sinesco. On a écrit des volumes, on s'est aigri, et la mémoire d'Hiéron et d'Hiéroclès est venue troubler la douce paix de l'église de Syracuse.

(29) *Page 151*. Le Vaccanini fut choisi pour dessiner l'architecture des monumens de Catane, lorsque cette ville ressuscita en 1740. Les fabriques ont une sorte de noblesse et de magnificence; mais on retrouve trop souvent dans les ornemens le mauvais goût du Borromini. Un capucin, frère *Liberale*, dessina le plan de la nouvelle ville d'une façon si maladroite, que, pendant l'été, on ne trouve nulle part le moindre abri contre le soleil.

(30) *Page 153*. On trouve, dans ce musée, des échantillons de laves de l'Etna. Leur nombre et l'ordre dans lequel ils sont placés permettent d'en étudier la nature et la décomposition. On y voit aussi quelques fragmens des mines de la Sicile, qui prouvent évidemment l'abondance des métaux dans

cette île; mais l'exploitation en serait si coûteuse, qu'on a dû abandonner les entreprises tentées plusieurs fois sans avantage. Leanti raconte que quelques monnaies d'argent furent frappées en 1734. Le métal avait été extrait des mines de Sicile. Ces monnaies offraient l'effigie de l'empereur Charles VI, alors souverain de l'île, avec cette épigraphe latine: EX VISCERIBUS MEIS. Charles III voulut aussi s'occuper des mines siciliennes. Ce prince y employa des ouvriers saxons très-versés dans ce genre de travail; mais le bois manquait, et, la dépense devenant supérieure aux produits, l'entreprise fut encore abandonnée.

(31) *Page 158.* Je crois devoir rapporter ici un passage de l'ouvrage du comte Rezzonico, relativement au bas-relief curieux, présumé égyptien, qui fait partie de la collection du prince de B***, sans garantir toutefois l'exactitude du jugement porté par cet écrivain élégant, savant et spirituel:

« Un basso rilievo altresì mi fù presentato d'oscu-
» rissime allusioni, ed abile a rintuzzare gli sforzi di
» qualunque erudito, che non siasi iniziato nell' esotte-
» riche dottrine cosmologiche, e nell' astrusa teogonia
» de' popoli primitivi a me nota per le recenti scoperte
» fattesi nel Bengala e i samscretici misteri disvelati
» dagli accademici di Calcutte. Vedesi una donna
» spremere il latte dalle sue vizze pope, ed irrigarne il

» labbro ottangolare di un' arca, che in se contiene
» molti animali e varie teste di fanciulli, che animati
» dalla prolifica rugiada emergono dall' imo fondo; in-
» torno alle pareti è scolpita una pompa egizia funebre
» in minutissime figure. Escono dal labbro alcuni fan-
» ciulli, che porgono mano ad altri molti, da' quali è
» sostenuto il cadavero d' un grosso bue colle zampe
» alzate verso il cielo, e pare che tentino di gittarlo in
» quel vaso. Or chi non vede qui effigiata la natura,
» il cahos, e le tre potenze di creare, mantenere e dis-
» truggere, ossia l'indica *Trimurti?* Imperochè il bue
» morto dinota evidentemente la distruzione; e l'atto e
» lo sforzo de' genj per gittarne il cadavero nel gran
» vaso si è il circolo perpetuo della morte alla vita,
» che mantiene eterne le cose, avvegnachè pajano a'
» nostri debili sensi annichilate e distrutte. A togliere
» poi ogni dubbio della mia spiegazione basta osser-
» vare, come feci io stesso alla seconda volta, dietro
» la natura le ali manifeste dell' incubazione, e queste
» formate in modo, che figurano eziandio le natatoje
» de' pesci, e sono coperte di squame fin là d' ond'
» escono le penne ritorte all' insù della chioccia, e
» così tutto evvi egregiamente espresso il cosmolo-
» gico pensiero degli Sciti e degli Egiziani. »

(32) *Page 171.* Le lave dell' Etna ridotte a pu-
limento offrono vajate superficie, e Brydon ebbe

torto nel credere, che poco fossero differenti le une dall' altre, e non degne d' entrare in contesa co' bei mischj del Vesuvio. Dolomieu bene osservò che l'Etna ed i vulcani dell' isole Liparie traggono al sommo i porfiriti e i graniti, su cui posano, e la catena porfiretica quì appunto comincia e stendesi fin sotto Stromboli. (Rezzonico, tom. VI, p. 30.)

(33) *Page 181.* Les médailles de Centorbi représentent ordinairement une tête de Jupiter, quelquefois une tête de Diane, et au revers un trépied ou un carquois.

(34) *Page 182.* Les médailles d'Enna représentent une tête de Cérès. — R. Un cerf, ou Pégase, ou une torche.

(35) *Page 187.* Les médailles de Taormine représentent ordinairement :

Une tête de Bacchus, couronnée de lierre.—R. Un soldat avec un chien.

Une tête d'Isis. — R. Un Minotaure et un soleil.

Une tête d'Apollon, couronnée d'olivier. —R. Une lyre, ou un Minotaure, ou un trépied.

Une tête de Minerve. — R. Une chouette.

(36) *Page 187.* Les médailles de Naxos repré-

(37) *Page 190. ANACREONTICHE dell' Abate* Giovanni Meli, *Siciliano, ridotte in italiano da* Giovanni Rosini.

LU GIGGHIU.	IL CIGLIO.
La benda lacera,	La benda lacera,
Spinnatu tuttu,	Tronche le piume,
Chiancia Cupidini	Struggeasi in lacrime
A chiantu ruttu.	De' Numi il Nume;
Bucculiavasi	E querelandosi,
Pallidu e zarcu:	Fra i gridi e il pianto,
Me matri Veneri	'Diceva : Ahi!...Venere
Mi rumpiu l'arcu.	L'arco mi ha infranto.
Oh! beni stijati	Oh! ben fè a toglierti
(Ci dissi allura);	Quel reo trastullo;
Tu si diavulu;	Che tu se' un demone,
Non criatura.	Non un fanciullo,
'Ncrepati, ruditi;	Rispondo : or, barbaro,
Sì, c'aju gustu:	Piangi e ti rodi:
Almenu termina	Cosi almen termine
Speddi stu sustu.	Avran tue frodi.
A st' improperi	A' miei rimproveri
S'ingatta e taci;	S'acquatta e tace;

NOTES.

Ma dintra è torbidu,
   Nun trova paci.
	Ma in volto è torbido,
	   Ne trova pace.

Posa lu guvitu
   Supra d'un sciuri,
   Finci di dormiri:
 Ma 'un dormi Amuri.
	Posando il gomito
	   Poi sovra un fiore,
	   S'addorme...ahi! stolidi!
	   Non dorme Amore.

Poi tuttu 'nzemmula
   Pigghiannu sciatu,
   Grida: Vittoria,
   L'arcu è truvatu!
	Ch'anzi, in un attimo,
	   Come destato,
	   Grida: Vittoria,
	   L'arco è trovato

L'arcu infallibili,
   Chi va pri milli,
 È l'adorabili
   Gigghiu di Filli.
	L'arco infallibile,
	   Che val per mille,
	 È l'adorabile
	   Ciglio di Fille.

Dissi, e d'un subitu
   Scuccandu nn dardu,
   Si 'ntisi un murmuru:
   Ai! ai! com' ardu!
	Disse, e sollecito
	   Scoccando un dardo,
	   Udissi un gemito:
	   Ahi! ahi! com' ardo!

LU LABBRU. — IL LABBRO.

Dimmi, dimmi, apuzza nica,
   Unni vai cussì matinu?
 Nun c'è cima chi arrussica
   De lu munti a nui vicinu.
	Dimmi, dimmi, apetta cara,
	   Ove vai sì di mattino?
	 Tutto è notte, e non rischiara
	   Anco il monte a noi vicino.

Trema ancora, ancora luci
   La ruggiada 'ntra li prati:
 Duna accura, nun t'arruci
   L'ali d'oru dilicati!
	Trema ancora, ancor biancheggia
	   La rugiada in grembo ai prati:
	 Deh! che molli io non ti veggia
	   D'oro i vanni delicati!

NOTES.

Li scuriddi durmigghiusi	I fioretti dormigliosi
'Ntra li virdi soi buttuni	Entro i verdi lor bottoni
Stannu ancora stritti e chiusi	Stanno ancor tutti nascosi
Cu li testi a pinnuluni.	Colle teste a penzoloni.
Ma l'aluzza s'affatica!	Ma che val se non rischiara?
Ma tu voli e fai caminu!	L'ale movi e fai cammino!
Dimmi, dimmi, apuzza nica,	Dimmi, dimmi, apetta cara,
Unni vai cussì matinu?	Ove vai sì di mattino?
Cerchi meli? E siddu è chissu,	Cerchi il mel? Se hai tal desio,
Chiudi l'ali, e'un ti straccari:	Chiudi l'ale, e non stancarti:
Ti lu 'nzignu un locu fissu,	Certo un loco so ben io
Unni 'ai sempri chi sucari.	Ove avrai da saziarti.
Lu cunusci lu miu amuri,	La diletta del mio core,
Nici mia di l'occhi beddi?	Nice mia, conosci tu?
'Ntra ddi labbri c'è un sapuri,	Ne' suoi labbri ell'ha un sapore,
'Na ducizza, chi mai speddi.	Un tal dolce, che non più.
'Ntra lu labbru culuritu	Entro il labbro colorito
Di lu caru amatu beni,	Del mio caro amato bene
C'è lu meli chiù esquisitu:	Evvi il mele più squisito:
Suca, sucalu, ca veni.	Suggi, suggilo, che viene.

DUE ARIETTE

DUE ARIETTE
NAZIONALI SICILIANE
Con accompagnamento di Piano forte.

ARIETTE.

ARIETTE.

ARIETTE

(38) *Page 193*. L'inscription grecque qui suit a déjà été imprimée dans cet ouvrage, p. 193, sans être accompagnée d'aucune traduction. D'après le jugement de quelques personnes qui ont fait une étude particulière de ce genre d'érudition, nous croyons devoir représenter ici de nouveau le texte grec de cette inscription, mais plus correct, et tel qu'on peut supposer qu'il a été gravé primitivement. Nous y joignons une traduction latine.

Ὁ ΔΑΜΟΣ ΤΩΝ ΤΑΥΡΟΜΕΝΙΤΩΝ
ΟΛΥΜΠΙΟΝ ΟΛΥΜΠΙΟΥ ΜΕΣΤΟΝ
ΝΙΚΑΣΑΝΤΑ ΠΥΘΙΑ ΚΕΛΗΤΙ
ΤΕΛΕΙΩΙ.

Populus Tauromenitarum (honorat) Olympium Mestum Olympii filium victorem in Pythiis, equo desultorio adulto.

(39) *Page 195*. Les médailles de Messine frappées avant l'arrivée des Romains en Sicile représentent ordinairement :

Un dauphin avec le mot *Zancle*. — R. Une tête dans une forteresse.

Une tête de Jupiter. — R. Un soldat armé, et pour exergue le mot *Mamertinon* ou *Messine*.

Une tête d'Hercule. — R. Un lion ou une femme.

Une tête d'Apollon. — R. Mars en pied, ou une Victoire, ou une lyre, &c.

Une tête de lion et un lièvre au-dessous. — R. La figure de Jupiter assis, tenant un vase et ayant un aigle à ses pieds, ou une couronne de laurier.

Une tête de Mars. — R. Un aigle ou un chien.

Un lièvre. — R. Une Victoire et un char ou une couronne de laurier.

(40) *Page 198.* Poco dirò dell'immagine greca della Vergine, e della sua lettera a' Messinesi. Il dotto Monsignor Grano mi fece avvertire che quella immagine veneravasi assai prima che Costantino Lascari approdasse a questo porto, e siccome stavasi sovra un *leggio*, così era detta volgarmente la Madona del *leggio*, e in corrotto linguaggio del *letterio*, poichè in latino barbaro scrivevasi *lectorium*. L'astuto Greco da tal corrotto e mal inteso vocabolo colse l'occasione d'inventare la lettera, ch'egli disse di aver diseppellita fralle pergamene nell'archivio di Messina, avendola recata in greco l'apostolo S. Paolo dall'originale ebraico, e con tal menzogna allucinò la città di Messina, e n'ebbe il Greculo un onorevole stipendio, coll'obbligo però d'insegnarvi la sua lingua. Egli lasciò poscia in dono alla città la sua copiosa biblioteca, che passò in Ispagna. Ritrovò pure il greco maestro altri documenti, come quello del soccorso dato da' Messinesi ad Onorio, egualmente favoloso. Sulla tavola greca leggesi, Η ΠΟΡΓΟ ΕΠΗΚΟΟΣ, e

sopra avvi l'usato monogramma $\overset{\Omega}{MP}$ $\overset{\Omega}{OT}$, cioè *Madre di Dio, sollecita ascolatrice*. S. Paolo fù a Reggio, non a Messina, giusta gli Atti degli Apostoli, *Devenimus Rhegium*, e fù eletto apostolo quaranta-cinque anni dopo la nascita di Cristo, secondo i migliori cronologisti. Lo stile diplomatico finalmente, e molto più la data, l'epoche, la feria, e l'indizione, accusano di aperta falsità e d'ignoranza il versipelle grammatista, il quale dovea sapere che Dionisio Esiguo si fù l'inventore dell'era volgare, e che questa non fù dalla Chiesa ricevuta che nel secolo ottavo. Il popolo non può illuminarsi; ma ne ridono a Messina gli scienziati uomini che pur vi sono, e non debbono gli Inglesi viaggiatori pigliarsi a gabbo la credulità, che sempre è stata l'appanaggio della indotta plebe, e ch'io nella culta loro isola, ed in Londra medesima, ho veduto trionfare, come altrove, e nella turba, ed anco più alto. (Rezzonico, *Viaggio della Sicilia*, tom. VI, p. 88.)

NOTICE

SUR

QUELQUES ARTISTES DE L'ANTIQUITÉ

QUI ONT FLEURI EN SICILE.

Quoique les arts aient illustré la Sicile à plusieurs époques et que ses monumens en soient les meilleures preuves, le temps ne nous a conservé les noms que d'un petit nombre d'artistes siciliens qui aient joui de quelque célébrité.

Dans le VI.e siècle avant J. C., vers l'an 560, Périllus d'Agrigente, en société avec Dontas de Lacédémone, fondit le taureau où Phalaris enfermait et faisait brûler les malheureux dont il voulait se défaire.

Vers l'an 436 avant J. C., Démophile d'Himère et Gorgasus introduisirent en Italie l'art de la peinture; ils travaillèrent au temple de Cérès à Rome, et leurs peintures se conservèrent très-long-temps : le plus grand titre de Démophile à la célébrité est d'avoir été le maitre de Zeuxis.

Parmi les sculpteurs qui furent employés par Gélon et Hiéron, on cite Micon de Syracuse, fils de Nicomaque. Phæax d'Agrigente travailla au char de Hiéron avec Calamis, Onatas et Calynthus, qui n'étaient pas nés en Sicile, mais dans l'île d'Égine, d'où était également originaire Glaucias qui avait fait le beau char de Gélon ; ce qui prouve qu'il n'y avait pas beaucoup d'artistes en Sicile, puisqu'alors on eut recours à ceux d'Égine. Il est aussi question d'un Pythagore de *Leontium*, statuaire habile : mais le passage de Pline où il en est fait mention est très-obscur ; il paraît que les ouvrages que le naturaliste romain attribue à ce prétendu Pythagore de *Leontium* étaient de Pythagore de *Rhegium*, qui avait fait la statue de l'athlète Léontiscus, qu'on trouve citée par Pausanias. La ressemblance des noms a pu causer cette méprise, Pline n'écrivant que d'après d'autres auteurs, et Pausanias ayant sur lui l'avantage d'avoir vu la statue et peut-être aussi le nom qui pouvait y être inscrit.

Sous les successeurs d'Alexandre, les arts brillèrent de quelque éclat en Sicile ; mais il ne paraît pas que cette période ait été de longue durée. Il n'est pas question d'artistes siciliens sous la domination de Hiéron II, qui régna paisiblement depuis 279 avant J. C. jusqu'en 312 ou 315. Marcellus, après la prise de Syracuse, fit enlever et transporter à Rome la plupart des tableaux et des statues qui décoraient cette ville; c'est ce qui apprit aux Romains à apprécier les chefs-d'œuvre des beaux-arts, et ce qui leur en donna le goût. Tite-Live fait observer que cette spoliation de la Sicile, d'où l'on avait emporté les statues des dieux et celles qui servaient à l'embellissement des villes, ainsi que des maisons des particuliers, offrit un exemple dangereux, dont les conséquences devinrent funestes aux dieux et aux monumens de Rome, et même au temple que Marcellus avait orné des dépouilles et des statues des dieux vaincus de la Sicile.

NOTICE

SUR

QUELQUES ARTISTES SICILIENS,

DEPUIS LA RENAISSANCE DES ARTS JUSQU'AU XIX.ᵉ SIÈCLE.

Une grande obscurité règne sur la vie des artistes siciliens. En attendant la publication d'une histoire plus complète, que nous devrons bientôt à un écrivain de cette nation, voici, sur ce sujet, quelques renseignemens exacts que nous avons pu recueillir.

Antonio d'Antonio peignit, vers 1267, S. Placide pour la cathédrale de Messine. On croit qu'il est un des ancêtres d'Antonello da Messina, et que tous deux étaient de la famille *degli Antonj*, dont les ouvrages sont encore conservés dans les monumens publics.

Salvatore di Antonio, père d'Antonello da Messina, a laissé dans l'église de San-Francesco un tableau qui représente S. François sur le mont *della Vernia*, recevant les stigmates.

ANTONELLO DA MESSINA. On lui conteste l'honneur, que quelques écrivains lui avaient fait, d'avoir rapporté de Flandre en Italie le secret de la peinture à l'huile, dont la pratique y était, dit-on, connue long-temps avant lui.

Un portrait d'un noble Vénitien, fait par Antonello da Messina et qui était conservé dans la galerie de Bartolommeo Vitturi à Venise, portait la date de 1478; ce qui fait présumer qu'à cette époque Antonello exerçait encore la pratique de son art dans cette ville.

PINO DA MESSINA, élève d'Antonello, aidait son maître dans l'exécution des nombreux travaux dont il fut chargé à Venise.

FRANCO (Alfonso), né à Messine en 1466, mort de la peste en 1524, fut élève de Jacopello d'Antonio. Les étrangers recherchèrent ses tableaux. Ses compositions avaient la naïveté de cette époque, et son dessin portait un grand caractère de vérité. On ne conserve de lui dans sa patrie qu'une déposition de croix à *San-Francesco di Pola*, et une dispute de Jésus avec les docteurs à *Sant'-Agostino*.

OLIVA (Pietro), de Messine, dont le maître est inconnu, mit dans ses ouvrages autant de naïveté qu'Alfonso Franco. Il vivait en 1491.

ROSALIBA (Antonello), de Messine, peignait, en 1505, d'une manière agréable.

Salvo di Antonio, neveu d'Antonello da Messine, vivait en 1511 : il soutint par ses talens la réputation de la famille *degli Antonj*. On peut juger par son tableau de *la Mort de la Vierge*, conservé dans la sacristie de la cathédrale de Messine, combien il cherchait à saisir la manière de Raphaël, qu'il imitait parfois avec assez de succès.

Alibrandi (Girolamo), né à Messine, d'une famille considérée, en 1470, y mourut de la peste en 1524. A l'étude des lois, à laquelle ses parens lui prescrivaient de s'appliquer, il substitua celle de la peinture, qui lui offrait plus d'attraits. Après en avoir appris les premiers élémens dans l'école messinoise *degli Antonj*, il alla séjourner en Italie, et imita les autres peintres au point de tromper les connaisseurs les plus exercés. *La Purification de la Vierge*, tableau d'une grande proportion (24 palmes de Sicile), et qui est conservé dans l'église *della Candelora*, passe pour le chef-d'œuvre de la peinture messinoise par la noblesse du dessin, la grâce et le charme de la couleur. Polydore de Caravage admirait tellement cet ouvrage, qu'il peignit à la détrempe une déposition de croix pour lui servir de couverture et en assurer la conservation.

On ne peut parler des artistes siciliens sans rappeler le service éminent que Polydore de Caravage rendit à Messine, en y établissant une école où les jeunes artistes étudièrent les saines doctrines de la grande école italienne, dont ils suivirent toujours depuis les progrès et la décadence. L'empereur Charles-Quint, au retour de son expédition d'Afrique, en 1535, vint à Messine, où il fut reçu avec une grande pompe : de magnifiques arcs de triomphe avaient été élevés par les soins de Polydore, qui était aussi bon architecte que peintre ingénieux.

Si l'on en croit Vasari, ce fut principalement à Messine que ce disciple de Raphaël essaya de colorier ses tableaux, qu'il avait jusqu'alors exécutés en clair-obscur. Vasari vante sur-tout un portement de croix, noblement conçu et peint avec art. Polydore se préparait à revoir Rome et ses amis, lorsqu'il fut assassiné, en 1543, par un Calabrois, son élève.

CESARE DI NAPOLI, peintre de Messine, étudia sous Deodato Guinaccia, élève de Polydore. Il vivait en 1583. Les ouvrages qui restent de lui dans sa patrie, prouvent qu'il méritait les éloges que lui donnèrent ses contemporains.

ANASTASIO, architecte sicilien, appelé à Gènes en 1509, y restaura des aqueducs, et réunit des sources abondantes dans une vaste citerne, près du pont *de' Cattanei*. Cet homme habile fortifia l'ancien môle, jeta des fondemens pour sa prolongation, et dirigea dans la même ville la construction de plusieurs édifices publics et particuliers.

COMANDÈ (Francesco), de Messine, élève de Deodato Guinaccia, adopta le style de Polydore.

Il ne faut pas le confondre avec Giovanni-Simone Comandè, son frère, qui rapporta dans sa patrie le goût qui distingue l'école de Venise, où il avait long-temps étudié. Quoique la manière d'opérer des deux frères fût très-différente, l'union qui régnait entre eux les a fait souvent travailler au même ouvrage : mais, par une bizarrerie dont il est difficile d'assigner la cause, les Siciliens accordaient plus d'habileté à Giovanni-Simone, et, dans cette persuasion, lui attribuaient les peintures qui étaient entièrement de la main de Francesco.

RICCIO (Mariano), né à Messine en 1510, suivit d'abord la manière de Franco, son maître; il la quitta ensuite pour prendre le style de Polydore, qu'il saisit avec beaucoup d'adresse.

RICCIO (Antonello), fils de Mariano, s'attacha, dès son entrée dans la carrière des arts, à l'école fondée par Polydore; il y obtint assez de succès. Cet artiste vivait en 1576.

DUCA (Giacomo del), sculpteur et architecte sicilien, élève de Michel-Ange Buonarotti, dont il a imité en bronze *le Jugement dernier*, dans l'église de Saint-Jean de Latran. Il fut architecte du peuple romain, et donna les dessins de la villa Mattei, du jardin Strozzi, près de la villa Negroni, et de plusieurs édifices sacrés et profanes. De retour à Palerme, sa patrie, en qualité d'ingénieur en chef de la ville, il y périt misérablement en 1582.

VIGNERIO (Jacopo), de Messine, obtint la réputation de peintre habile. On admire à juste titre un portement de croix qu'il exécuta en 1552 pour l'église de *Santa-Maria della Scala.*

CATALANI (Antonio), dit *l'Antico,* né à Messine en 1560, mort en 1630, suivit à Naples l'école de Deodato Guinaccia.

CATALANI (Antonio), dit *il Giovane,* né en 1585, mort en 1666, élève de Giovanni-Simone Comandè. Il se forma une manière agréable, expéditive, mais incorrecte. Il Giovane produisit un grand nombre de tableaux qui n'eurent qu'un succès passager.

LAURETI (Tommaso), Sicilien, peintre et architecte, mourut octogénaire à Rome, sous le pontificat de Clément VIII. Ses talens en peinture et en architecture avaient été appréciés par le pape Grégoire XIII, qui le connut à Bologne avant son exaltation. Il le fit venir à Rome pour peindre le plafond de la salle de Constantin au Vatican. Laureti éprouva, à la mort du pontife, de tels dégoûts, qu'il ne termina point les travaux qu'il avait entrepris. Cet artiste vécut pauvre et estimé. Ses confrères de l'académie de Saint-Luc lui décernèrent un buste exécuté par Borgiani. Laureti excellait dans la connaissance de la perspective.

FRANCESCO, sculpteur sicilien, a exécuté à Rome plusieurs ouvrages assez estimés. On ignore à quelle époque vivait cet artiste.

MINNITI (Mario), de Syracuse, né en 1577, mort en 1640, passa une grande partie de sa vie à Messine. Épris de la manière forte de Michel-Ange de Caravaggio, il fréquenta pendant quelque temps son école à Rome; cependant ses ouvrages avaient plus de douceur, et son dessin était plus correct. De retour dans sa patrie, il inonda la Sicile de ses tableaux. Empruntant souvent la main de ses élèves, il retouchait leurs ouvrages, et les vendait sous son nom. La perte de sa réputation fut le résultat de cette avidité.

RODERIGO ou RODRIGUEZ (Luigi), de Messine, appelé à Naples *Luise Siciliano*, eut le malheur d'étudier les principes de son art dans l'école de Belisario Corenzio. Ce maître, ne pouvant supporter les louanges que Rodriguez avait méritées par les fresques qu'il avait exécutées dans l'église *del Carmine* à Naples, et piqué de la préférence qu'il donnait aux avis de Joscpin, empoisonna son élève. Rodriguez succomba en 1630 à sa cruelle destinée, avant d'avoir mis fin aux travaux qu'il avait commencés dans l'église de la Conception des Espagnols. Ils furent confiés après sa mort à Giuseppe Marullo et à Pacceco di Rosa.

RODERIGO ou RODRIGUEZ (Alonzo), frère de Luigi, naquit à Messine en 1578, et mourut en 1648. Après avoir étudié les ouvrages des Vénitiens, il retourna en Sicile, où il obtint de grands succès. On vante son tableau de la Piscine miraculeuse à *San-Cosmo de' Medici*, et celui des deux fondateurs de la ville de Messine, dans le palais sénatorial. Cet artiste estimable, loin de porter envie aux succès de Barbalunga, qui, à Messine, fit préférer le style de l'école bolonaise à celui de l'école vénitienne, avait coutume de nommer son rival *le Carrache de la Sicile*.

RODERIGO ou RODRIGUEZ (Giovanni-Bernardino), peintre et sculpteur sicilien, surnommé, pour la régularité de ses mœurs, *il Pittore santo*, mort en 1665, vint à Naples, à l'âge de douze ans, chez son oncle Luigi Roderigo, et parvint, au bout de quelques années, à l'aider dans ses travaux. On cite de lui quelques sujets tirés des actions de la Vierge. Il entra dans l'école du Dominiquin, appelé à Naples en 1629. Docile aux avis d'un aussi grand maître, Giovanni-Bernardino mérita d'obtenir des succès. On a de lui des peintures à l'huile et à fresque.

GIORDANO (Stefano), de Messine, pratiqua les maximes suivies par les *Riccio*, et l'on cite avec éloge de cet artiste la Cène peinte en 1541, dans le monastère de Saint-Grégoire. Le style de Giordano dans cet ouvrage tient beaucoup de celui de Polydore.

On a lieu de présumer qu'il est le même que Jordan (Esteban), peintre, sculpteur et architecte, dont les auteurs espagnols ignorent la patrie. Il fut le premier sculpteur de Philippe II, place à laquelle un artiste médiocre n'aurait pu aspirer. Les Siciliens paraissent avoir perdu de vue Giordano en 1541. Les Espagnols sont dans la persuasion que Jordan cessa d'exister vers l'an 1600.

GAGGINI, famille palermitaine qui a produit plusieurs habiles sculpteurs. A défaut de renseignemens plus satisfaisans, on dira qu'un Domenico Gaggini, sculpteur, eut un fils appelé *Antonio* ou *Antonello*, qui suivit la profession de son père, plaça en 1503 une statue de la Vierge dans la cathédrale de Palerme, et enseigna les principes de son art à ses trois enfans, Vincenzio, Giacomo et Fazio.

ANGELO, dit *il Siciliano*, sculpteur et architecte, vivait au commencement du XVI.ᵉ siècle.

FULCO (Giovanni), né à Messine en 1615, mort en 1680, apprit les premiers élémens de la peinture dans l'école messinoise, d'où il passa à Naples dans celle du chevalier Massimo Stanzioni. Il excella à donner du mouvement et de la grâce aux enfans. Le tremblement de terre qui ravagea Messine fit disparaître un grand nombre de ses ouvrages; mais le tableau de la Nativité de la Vierge, ainsi que les fresques dont il décora la chapelle du Crucifix dans l'église *della Nunziata de' Teatini*, échappèrent à la destruction.

BARBALUNGA (Antonio RICCI, dit) se nommait *Alberti*. Né à Messine en 1600, il y mourut en 1649. Il se perfectionna à Rome, dans l'atelier du Dominiquin, et fut son meilleur élève. La Sicile a peu de peintres qui lui soient comparables. Il forma à Messine une école qui a été long-temps florissante. Syracuse et Palerme conservent avec soin ses productions.

COZZA (Francesco), peintre et graveur, né en 1605, mort en 1682, a vécu long-temps à Rome, et fut constamment attaché au Dominiquin, dont il termina quelques ouvrages demeurés imparfaits. On croit qu'il était Palermitain. Il a gravé quelques eaux-fortes qui sont recherchées et très-rares. Un de ses meilleurs ouvrages en peinture, placé dans l'église de *San-Francesco in strada Felice*, à Rome, représente *la Vergine del Riscatto*. Sa profonde connaissance des manières d'opérer de chaque maître donnait beaucoup de poids à ses jugemens sur les tableaux.

MAROLI (Domenico), né à Messine en 1612, mort en 1676, suivit d'abord l'école de Barbalunga; mais, craignant que ses succès ne fissent ombrage à son maître, il vint à Venise étudier Paul Veronèse, qu'il parvint à imiter. On lui reprocha d'avoir peu empâté ses tableaux, de s'être servi de couleurs trop liquides; pratique vicieuse qui contribua à les faire noircir et à leur faire perdre le charme qu'ils avaient en sortant de ses mains.

Onofrio (Gabrielli), nommé à Padoue, où il résida long-temps, *Onofrio da Messina,* naquit en 1616, et mourut en 1706, à quatre-vingt-dix ans. Il s'attacha d'abord à l'école de Barbalunga, dans la suite à celle du Poussin, puis à celle de Piètre de Cortone; enfin, après avoir passé neuf ans à Venise avec Maroli, il adopta une manière expéditive, et retourna dans sa patrie, où l'on rechercha ses ouvrages.

Scilla ou Silla (Agostino), né à Messine en 1629, et mort à Rome en 1700, a été peintre, poète, naturaliste et antiquaire. Barbalunga, charmé de ses dispositions pour la peinture, obtint du sénat en sa faveur une pension, qui le mit en état d'aller à Rome perfectionner ses talens sous la direction d'Andrea Sacchi. Après un séjour de quatre années dans la capitale des arts, il revint à Messine mettre à profit ses études d'après l'antique et d'après les chefs-d'œuvre de Raphaël, et réussit à améliorer sa manière de peindre, à laquelle on reprochait de la sécheresse. Son dessin avait de la pureté. Il a laissé des mémoires sur la connaissance des monnaies pontificales et des médailles antiques.

Scilla (Giacinto), frère d'Agostino, mort à Rome en 1711, eut aussi un talent assez remarquable.

Balestriero (Giuseppe), né à Messine en 1632, fut élève d'Agostino Scilla, dont il copia les ouvrages. Il était bon dessinateur; mais, s'étant fait prêtre, il renonça aux arts, et mourut en 1709.

CELI (Placido), de Messine, mort en 1710, avait de grandes dispositions pour les arts. Il vint à Rome avec Agostino Scilla, dont il abandonna la manière pour suivre celle de Carle Maratte et de Giovanni Morandi ; mais il ne s'éleva jamais au-dessus de la médiocrité.

MADIANA (Antonio), né à Syracuse en 1650, mort en 1719, abandonna à Rome Agostino Scilla, pour suivre à Malte le *Calabrese*. De retour dans sa patrie, il fit admirer dans ses tableaux un style ferme et prononcé qui tient du goût de ses deux maîtres.

TRICOMI (Bartolommeo), de Messine, disciple de Barbalunga, peignit bien le portrait.

SUPPA (Andrea), né en 1628, mort en 1671, surpassa en talens son maître B. Tricomi. Il apprit l'architecture et la perspective d'Abraham Casembrot, artiste hollandais fixé en Sicile, étudia soigneusement les ouvrages de Raphaël et des grands maîtres, se forma un style agréable, mit du choix dans ses airs de tête, et termina toutes les parties de ses tableaux peut-être avec trop de recherche. Une grande partie de ses ouvrages a péri dans les tremblemens de terre qui ont affligé Messine ; le reste est conservé en Sicile avec beaucoup de soin et d'estime.

BOVA (Antonio), né à Messine en 1641, mort en 1711, imita avec succès le style d'Andrea Suppa, son maître.

Po (Pietro del), peintre et graveur, né à Palerme en 1610, mort à Naples en 1692, apprit les premiers élémens de la peinture en Sicile, et alla se perfectionner à Rome sous la conduite du Dominiquin. Son fils et sa fille Teresa jouirent aussi de quelque réputation. Pietro del Po a gravé à l'eau-forte et retouché au burin un grand nombre d'estampes d'après A. Carrache, le Dominiquin, le Poussin, &c.

TANCREDI (Filippo), né à Messine en 1655, mort à Palerme en 1725, fit ses premières études pittoresques à Naples, et se perfectionna à Rome sous Carle Maratte. Ses ouvrages sont répandus dans toute la Sicile, et particulièrement à Messine et à Palerme.

NOVELLI (Pietro), surnommé *il Monrealese*, du lieu de sa naissance, et appelé quelquefois *Morelli*, mais sans doute par erreur, vivait en 1660. De nombreux ouvrages de sa main à fresque et à l'huile décorent les édifices de sa patrie, et l'on cite particulièrement le réfectoire des Bénédictins de Monréale, où il représenta les noces de Cana. Long-temps domicilié à Palerme, il y fut souvent employé; et l'ouvrage le plus considérable qu'il y exécuta entièrement de sa main, est la peinture de la voûte de l'église des Pères Conventuels. Novelli a la réputation d'habile dessinateur, de coloriste agréable; il s'est parfois élevé à la hauteur de l'Espagnolet. Sa manière tient aussi de celle de Van Dyck, qu'il avait beaucoup connu. Les ouvrages de cet artiste jouissent avec raison de la plus haute faveur en Sicile.

AQUILA (Pietro), peintre, graveur et prêtre, était de Palerme. On voit dans l'église *della Pietà* de cette ville deux de ses tableaux qui représentent la parabole de l'Enfant prodigue. Il est plus connu par ses nombreuses gravures d'après les grands maîtres. On lui doit la galerie Farnèse d'après Annibal Carrache, recueil en vingt-cinq feuilles grand *in-folio*, et, de concert avec Cesare Fanteti, les loges de Raphaël au Vatican.

AQUILA (Francesco-Faraone), frère de Pietro, a été également peintre et graveur. Ses tableaux sont peu connus. Il a gravé les peintures de Raphaël qui sont dans les salles du Vatican.

ZUMBO (Gaetano-Giovanni), sculpteur, né à Syracuse en 1656, mort à Paris en 1701, n'a eu d'autres maîtres que la nature et l'antique. Il étudia l'anatomie avec soin, et donna des preuves de ses talens à Bologne. En 1701, l'académie des sciences de Paris fit l'éloge d'une belle tête anatomique modelée par cet homme industrieux.

PLANZONE (Filippo), né en 1610 à Nicosia, petite ville de Sicile, fut contraint par la misère d'entrer dans le service militaire à Gènes, où il occupa ses loisirs à sculpter des masques d'homme, de bête, ou des figures de fantaisie, remarquables par un bon goût de dessin. Planzone aurait acquis une réputation plus solide, si la mort ne l'eût enlevé à l'âge de vingt-six ans.

Papaleo (Pietro), sculpteur et stucateur, né à Palerme vers l'an 1642, et mort à Rome en 1718, a laissé plusieurs ouvrages dans cette dernière ville. Le mérite de Papaleo l'avait fait admettre à l'académie de Saint-Luc en 1695.

Juvara ou Ivara (Filippo), architecte et graveur, né à Messine en 1685, d'une famille ancienne, mais pauvre, mourut en 1735. Il s'appliqua dans son enfance au dessin et à l'architecture, prit l'habit ecclésiastique, et vint à Rome dans l'école du cav. Fontana. A défaut d'occupations, Ivara se mit à graver à l'eau-forte des scènes du petit théâtre *de' Burattini* [marionnettes] du cardinal Ottoboni ; mais le duc de Savoie, à peine nommé roi de Sicile, le fit venir à Messine, et lui demanda un projet de palais à élever sur le port de cette ville. Ce prince en fut si satisfait, qu'il nomma Ivara son premier architecte. Cet artiste fit construire à Turin la façade de l'église des Carmélites sur la place Saint-Charles, jeta les fondemens de l'église de la Superga, ceux du palais de Stupinigi et de plusieurs autres édifices sacrés et profanes. Appelé par le roi de Portugal, il lui présenta plusieurs projets d'édifices publics et religieux. L'incendie du palais royal de Madrid, arrivé à la fin de l'année 1734, détermina Philippe V à faire venir

Ivara pour en élever un nouveau ; il s'en occupait au moment de sa mort. Un frère d'Ivara exécutait des ouvrages précieux en argenterie, qui étaient fort recherchés en France et en Angleterre.

GUERGENA (Domenico), né à Messine en 1610, étudia, avant de se faire capucin sous le nom *del Padre Feliciano*, l'architecture et la perspective sous Abraham Casembrot. Il est probable que Guergena se serait contenté de faire des tableaux dans le goût de Casembrot, s'il n'eût pas été envoyé à Bologne dans un couvent de son ordre. L'occasion qu'il eut de voir et d'apprécier les ouvrages du Guide lui inspira le desir de l'imiter. Ses essais furent heureux ; les religieux le vantèrent et soignèrent sa réputation.

QUAGLIATA (Giovanni), né à Messine en 1603, mort en 1673, obtint à Rome des succès, à l'aide de Piètre de Cortone, qui eut pour cet élève une grande partialité. De retour dans sa patrie, il osa disputer le premier rang à Rodriguez et même à Barbalunga. Tant que ses rivaux vécurent, il mit de la sagesse dans la composition et l'exécution de ses tableaux ; mais, après leur mort, il s'abandonna à la fougue de son imagination, et perdit tout-à-fait la faveur publique.

AVELLINO (Giulio), de Messine, mort vers l'an 1700, était élève de Salvator Rosa. Il peignit avec succès le paysage, qu'il enrichissait d'architecture et de figures touchées avec esprit.

CALANDRUCCI (Giacinto), né à Palerme en 1646, et mort en 1707. Après avoir étudié la peinture sous Pietro del Po, il a laissé à Rome, ainsi que dans plusieurs villes d'Italie, des preuves de son talent.

CALANDRUCCI (Domenico), frère de Giacinto, fut d'abord élève de Carle Maratte; il entra depuis dans l'école de son frère, et resta à Rome.

CALANDRUCCI (Giov. Batista), neveu et élève de Giacinto. On voit de ses ouvrages à l'huile et à fresque, à Rome, dans l'église de *San-Lorenzo in Borgo*.

PORCELLO (Giovanni), né à Messine en 1682, mort en 1734, vint à Naples, dans l'école de Solimène. De retour dans sa patrie, il ouvrit chez lui une académie, où il s'attacha à propager la manière de son maître, défectueuse à la vérité, mais préférable à celle qui dominait alors en Sicile.

FILOCAMO (Antonio et Paolo) ouvrirent, vers le même temps, à Messine, une académie qui fut très-suivie. Élèves de Carle Maratte, ils y firent prévaloir le goût de l'école romaine. Antonio surpassait son frère dans la peinture à l'huile. Un troisième frère, Gaetano, exécutait les ornemens qui faisaient partie de leurs compositions.

PALADINI (Litterio), de Messine, mourut de la peste en 1743. Cet élève de Sebastiano Conca dut ses succès à l'étude de l'antique, et peignit à Messine la voûte de l'église *di Monte Vergine*.

CAMPOLO (Placido), victime de la peste de Messine en 1743. On vante son plafond de la galerie du sénat.

PALADINI (Giuseppe) était de Messine, et vivait dans le XVII.ᵉ siècle. Il peignit avec succès une Sainte Famille à *San-Giuseppe di Castel-Termini*.

FOTI (Luciano), né à Messine en 1694, mort en 1779, excellait à copier les ouvrages de tous les maîtres, et particulièrement ceux de Polydore. Il parvint également à connaître avec exactitude le style des différens maîtres et leur manière d'opérer, au point de restaurer les tableaux endommagés, sans qu'il fût possible de discerner les traces de son travail.

BELLAVIA (Marcantonio), peintre sicilien, est présumé élève de Piètre de Cortone. On voit plusieurs de ses ouvrages, à Rome, dans l'église de *Sant'-Andrea delle Fratte*.

SOTTINO (Gaetano), Sicilien. On ignore l'année de sa naissance, celle de sa mort, et le nom de son maître. Il a peint à Rome la voûte d'un oratoire qui est près de *Santa-Maria in Costantinopoli*, hôpital fondé en faveur des pauvres Siciliens.

MARTORANA (Giovacchino), Palermitain, peintre à grandes machines, vivait dans le XVIII.ᵉ siècle. On montre de lui, dans sa patrie, *il Capellone de' Cruciferi*, et à *Santa-Rosalia*, quatre grands tableaux de la vie de S. Benoît.

Sozzi (Olivio), de Catane, a peint beaucoup à Palerme; il y a peu d'autels à San-Giacomo, église de cette ville, qui ne soient ornés d'un tableau de sa main.

Sozzi (Francesco), Sicilien, a peint dans la cathédrale de Girgenti un tableau qui représente les cinq premiers évêques de cette ville.

Lipari (Onofrio), Sicilien. On lui doit deux tableaux du martyre de S. Oliva, qui se voient à Palerme. Il vivait vers la fin du dernier siècle.

Randazzo (Filippo) a exécuté à fresque de vastes compositions qui décorent plusieurs édifices de Palerme.

Sciacca (Tommaso), né à Mazzara en 1734, mort en 1795, a suivi l'école d'Antonio Cavallucci da Sermonetta, et a exécuté des peintures considérables dans la cathédrale de Rovigo et dans l'église des Olivétains de la même ville.

Tuccari (Giovanni), né à Messine en 1667, y mourut de la peste en 1743. Antonio, son père, élève médiocre de Barbalunga, lui avait enseigné les principes de l'art : le fils pratiqua les diverses branches de la peinture ; mais il ne dut sa réputation qu'aux petits tableaux de bataille qu'il exécutait avec une rapidité singulière.

Cartissani (Niccolo), né à Messine en 1670, mourut en 1742 à Rome, où il réussit à peindre agréablement le paysage.

GIANETTI (Filippo), de Messine, mourut à Naples en 1702. S'il l'emporta sur Abraham Casembrot, son maître, par le grandiose des sites et la justesse de la perspective, il lui fut inférieur pour la finesse du dessin des figures. La facilité de son pinceau était si extraordinaire, qu'elle lui mérita le surnom de *Giordano des paysagistes.* C'est à la protection et aux encouragemens du vice-roi comte di San-Stefano qu'il dut une partie de la considération qu'il obtint à Palerme et à Naples.

JOCINO (Antonio), de Messine, peignit le paysage dans le XVII.ᵉ siècle, en concurrence avec Abraham Casembrot. Il était fécond, exécutait avec promptitude, et ne mettait point à ses ouvrages un prix élevé.

PANARIA (Matteo), Palermitain, peignit à Rome, dans l'église des *SS. Quaranta Martiri*, le supplice du bienheureux Jean de Prado et de S. Pascal, ainsi que plusieurs autres sujets.

Il Padre Matteo DI SANT-ALESSIO, de Palerme, a peint à Rome plusieurs tableaux pour la sacristie de l'église *di Gesù e Maria al Corso.*

MONOSILIO (Salvatore), de Messine, suivit la manière de Sebastiano Conca, son maître, et habita longtemps à Rome.

SERENARI (Gasparo), abbé palermitain, entra dans l'école de Seb. Conca à Rome, où il acquit la réputation de peintre ingénieux. Sa manière était franche et rapide. De retour à Palerme, il exécuta beaucoup de tableaux à l'huile, et fit de vastes travaux à fresque. On cite de lui la coupole *del Gesù* et *il Capellone* du monastère *della Carità*.

LAPICEOLA (Niccolo), Palermitain, né en 1730, mourut en 1790. On le croit de Crotone en Calabre. Après avoir suivi l'école de Francesco Mancini, il vécut à Rome. Lapiceola a fourni les dessins d'une mosaïque exécutée dans une des coupoles de Saint-Pierre au Vatican, et a peint S. François pour l'église de San-Lorenzo. Plusieurs ouvrages de cet artiste sont répandus dans les églises de la capitale et des environs. Il a aussi travaillé dans la villa Albani près de Rome.

PUGLIA (frà Luigi), architecte sicilien et religieux dominicain, restaura, au milieu du XVIII.ᵉ siècle, l'église de Sant-Idelfonso à Rome.

BISCARI (Ignazio-Vincenzio Paterno Castello prince DI) a construit, à ses frais et d'après ses dessins, sur le *Simeto*, qui est la rivière la plus considérable de la Sicile, et qui coule à quelques milles de Catane, un pont de trente-une arches et de deux cents cannes de longueur. Cette utile entreprise, commencée en 1765, terminée en 1777, facilitait la circulation des voyageurs, et fournissait de l'eau pour l'irrigation des terrains voisins. L'entretien en fut négligé, et ce monument tombe en ruine.

NOTICE

SUR QUELQUES AUTEURS SICILIENS

QUI ONT PUBLIÉ DES OUVRAGES DEPUIS TRENTE ANS.

Le prince DE BISCARI (Ignazio Paterno), de Catane, a formé dans son palais, à Catane, un musée très-riche, très-complet et très-intéressant des antiquités siciliennes qu'il a pu recueillir, et les a classées avec beaucoup d'ordre. Le prince de Biscari, qui a fait l'usage le plus noble d'une très-grande fortune, a écrit un itinéraire de la Sicile.

Le prince DE TORREMUZZA, de Palerme, a réuni et publié en deux volumes une suite nombreuse de médailles siciliennes, grecques, romaines, puniques, &c., ouvrage fort estimé. Après sa mort, son buste fut exécuté en marbre par ordre du sénat de Palerme, qui le fit placer dans la salle de ses séances, en considération des services de cet excellent citoyen.

Le marquis DE VILLABIANCA, de Palerme, a continué l'*Histoire des familles nobles de la Sicile*, commencée par le Mugnos, historien sicilien de 1600.

Le nom seul du P. PIAZZI, astronome, religieux théatin, venu très-jeune en Sicile de la Valteline, sa patrie, rappelle la découverte de la planète *la Cérès*.

Scina (Dominique), de Palerme, auteur des ouvrages suivans : *Nouveaux Élémens de physique expérimentale*, les meilleurs qu'on ait publiés en Italie; *le Maurolico redivivo;* *la Vie d'Empédocle;* *l'Agro Panormitano*, &c.

Le chevalier Gioëni (Joseph), de Catane, a mis au jour la Lithologie du Vésuve et celle de l'Etna, l'une et l'autre estimées des naturalistes; il était ami intime de M. de Dolomieu.

Remondini (Vincent), de Messine, a formé un cabinet minéralogique, dont il a fait connaître les richesses dans plusieurs mémoires savans. Cette collection fut acquise par le gouvernement à la mort de l'auteur.

Ferrara (Carlo), de Catane, a publié l'*Histoire générale de l'Etna* et quelques traductions et commentaires des œuvres de Bonnet. L'abbé Spallanzani parlait de cet écrivain comme d'un homme profond dans l'histoire naturelle.

Sapira (Gaetano), de Tizzini, découvrit l'usage heureux de l'alcali-fluor dans les hémorragies.

L'abbé Tineo, de Palerme, a fait connaître, dans un catalogue raisonné, les plantes nombreuses et rares du jardin botanique de Palerme, le plus complet de l'Italie.

Le baron Bivona, de Mazzarino, élève de Tineo, a surpassé son maître dans ses centuries latines des plantes siciliennes.

Le chevalier LANDOLINA (Saverio), de Syracuse, a retrouvé le *papyrus* du Nil dans le petit fleuve *Anapus*, près de Syracuse. Il en a indiqué l'usage dans un ouvrage plein de savoir et d'intérêt.

SCUDIEDI (Rosario), de Catane, a publié une histoire succincte de la médecine. Cet ouvrage a mérité d'être traduit et commenté en français et en anglais.

GREGORIO (Rosario), de Palerme, a traduit en latin et en italien plusieurs manuscrits arabes; entre autres, celui de Novaïri. Il a publié ensuite les *Considérations sur le droit public de la Sicile sous les Normands*, &c., ouvrage très-savant. Enfin il a donné, en deux volumes *in-fol.*, une continuation des Mémoires historiques du Caruso, historien sicilien de l'an 1600.

MELI (Giovanni), de Palerme, surnommé *l'Anacréon de la Sicile*. Ses poésies ont de la grâce et de l'originalité; il jouit d'une telle réputation dans son pays, que le sénat de Palerme lui a décerné les honneurs d'une statue en marbre.

GARGALLO (Tommaso), de Syracuse, marquis DE CASTEL-LENTINI, a publié dernièrement en italien une traduction très-estimée des poésies d'Horace. Il est aussi connu par une excellente traduction des *Offices* de Cicéron.

Le comte GAETANI a traduit avec succès, du grec en italien, les idylles de Théocrite, Bion, Moschus, et les odes d'Anacréon.

SCROFANI (Saverio), de Modica, correspondant de l'Institut royal de France, a mis au jour un *Voyage en Grèce*, trois volumes; un *Essai sur le commerce de l'Europe en général, et sur celui de la Sicile en particulier;* un *Cours d'agriculture*, en seize volumes *in-8.*; plusieurs Mémoires sur l'économie politique, qui se trouvent imprimés dans le recueil des classiques économistes italiens; l'*Histoire de la guerre des trois mois;* l'*Histoire de la guerre des esclaves en Sicile, sous les Romains;* Mémoires sur les poids et mesures métriques comparés aux poids et mesures anciennement en usage dans toute l'Italie. Tous ces ouvrages ont été traduits en français, en anglais et en allemand. Le même auteur va publier son ouvrage sur la domination des étrangers en Sicile depuis les premiers Grecs jusqu'à Charles III de Bourbon.

GALLO (Giovanni), de Modica, a mérité, par son livre ingénieux sur l'usage et l'abus du lait, les éloges des médecins les plus célèbres.

Le baron ASTUTO, di Noto, et M. RICUPERO (Rosario), de Catane, sont à la veille de publier leurs nombreux recueils de médailles siciliennes, romaines, grecques, &c. Les étrangers attendent avec impatience les catalogues de cette rare et précieuse collection.

Le chevalier ACETTO, écrivain politique.

LE RAJAH
DE BEDNOURE,

HISTOIRE INDIENNE.

J'AVAIS RENCONTRÉ à Catane un de mes compatriotes, qui, après avoir habité long-temps les Indes orientales, était venu terminer en Europe une vie inquiète et agitée. Le climat de la Sicile convenait à sa santé languissante. Il vivait dans la retraite la plus profonde, uniquement occupé d'idées religieuses. Il était dans un âge encore peu avancé, lorsque, sentant sa fin approcher, il me confia un manuscrit dont sa mort, survenue depuis cette époque, me rendit tout-à-fait maître. La lecture de ce manuscrit m'ayant fait croire qu'il pourrait intéresser, ce motif m'a déterminé à le publier à la suite des Souvenirs de la Sicile. Je dois aller au-devant de toute critique, en avouant qu'il n'a aucune espèce de rapport avec ce journal; mais j'ai pensé qu'on me pardonnerait d'avoir joint cette petite histoire à mon ouvrage, si elle touchait quelques lecteurs, et si elle inspirait un peu d'indulgence pour les faiblesses du cœur humain.

LE RAJAH
DE BEDNOURE,

HISTOIRE INDIENNE.

> « Le sentiment de la fausseté des plaisirs
> » présens, et l'ignorance de la vanité des plai-
> » sirs absens, causent l'inconstance. »
> (Pascal.)

Une vie orageuse, des peines profondes, m'avaient conduit aux Indes orientales à l'âge de vingt-cinq ans; je m'y livrai au commerce, et ma fortune s'accrut rapidement. Je vivais retiré à la campagne, aux environs d'Anjenga, dans la province de Travancore, lorsque je fus réveillé une nuit par M. Makinston, facteur de la compagnie anglaise. C'était un homme de soixante ans, qui devait une grande opulence à des spéculations heureuses, et la considération générale à la probité la plus délicate. Également cher aux Indiens et aux Anglais, il modérait l'aversion des premiers pour le joug qui pèse sur eux, et diminuait, autant qu'il était en son pouvoir, l'humiliation de leur servitude. J'avais pour M. Makinston la plus tendre vénération. Sachant que, sans professer la médecine, je m'occupais de cet art intéressant, il vint me prier de le suivre chez un homme déjà sur l'âge et mourant, dont l'habitation était voisine de la nôtre.

Ce vieillard, d'une figure respectable, foudroyé par une apoplexie nerveuse et entièrement privé de l'usage de la parole, luttait contre une cruelle agonie. Ce Français, car il était mon compatriote, s'efforçait de nous montrer une jeune fille, à peine âgée de dix-sept ans, que deux vieux esclaves cherchaient à rappeler d'un long évanouissement. Le malade, levant ses mains vers le ciel et les ramenant pour la dernière fois sur son cœur, nous recommanda son enfant d'une manière aussi touchante que si l'éloquence la plus vive lui avait prêté son secours.

Cependant tous mes soins furent inutiles, et M. d'Averney mourut peu d'heures après.

Notre attention se porta dès-lors tout entière sur la jeune personne; elle repoussait nos consolations, et nous ne parvînmes pas à l'arracher de cette maison de deuil. Placée à genoux auprès de ce lit de mort, elle inondait de larmes pieuses le front glacé de son père.

Solamé d'Averney était fille de ce Français et de la veuve d'un poligar * du royaume de Canara; elle demeurait orpheline avec une fortune indépendante, une ame élevée et un caractère formé à l'école de l'adversité. Quand je la vis, le sentiment profond de la perte qu'elle venait de faire et de l'isolement dans lequel elle se trouvait, ajoutait à l'expression de ses traits je ne sais quoi de sublime, de surnaturel. Je n'essaierai pas de donner une idée de ce qu'elle me parut être depuis. La taille et la figure de Solamé ne sont pas ce que j'ai connu de plus parfait, mais ce que j'ai rencontré de plus séduisant sous le rapport de la grâce et d'un charme tout à-la-fois décent et voluptueux. A la souplesse, à l'harmonie des formes les plus élégantes, elle joignait cette transparence de la peau qui permet de suivre le cours du sang sous la carnation légèrement olivâtre des femmes de l'Indoustan. La modeste langueur de ses

---

* Grand seigneur indien.

grands yeux noirs n'empruntait rien de l'éclat du sumac, dont les beautés de Masulipatam colorent si adroitement leurs paupières. Le regard de Solamé est aussi pur que le souffle de Brama, disaient nos Indiens, et plus doux que les premières lueurs du jour.

Je ne pouvais me lasser de l'admirer. M. Makinston me trouva plusieurs fois indiscrètement placé devant cette jeune fille, ravi, ébloui, dans une sorte d'extase; cependant la mort était là avec toutes ses horreurs. Solamé l'invoquait sans relâche : l'un des deux esclaves se faisait, selon l'usage de Formose, de larges blessures avec un poignard, en signe de désespoir; tandis que l'autre frappait de sa tête contre un mur de bambous, de la manière la plus effrayante.

Le temps, qui ternit les jouissances, calme aussi toutes les maladies de l'ame; il vint enfin adoucir les regrets de Mlle d'Averney. La confiance s'établit entre nous : on n'atténue les peines les plus amères que par le silence, par une tendre compassion; et blâmer la douleur, c'est, pour ainsi dire, vouloir la guérir par le poison.

Cette jeune personne fut touchée de notre sollicitude sur sa position. L'âge de M. Makinston lui donnant le droit de marquer un intérêt plus vif à sa pupille, il prit pour elle les sentimens du plus tendre père. Il m'avait assez favorablement jugé pour me confier le soin de son précieux dépôt, lorsque ses nombreuses occupations ne lui permettaient pas de quitter Anjenga. J'allais alors timidement essayer de le remplacer; je cherchais tous les moyens que j'imaginais propres à distraire Solamé. Je fis transporter à l'habitation du facteur, où elle s'était rendue, un piano-forté, des livres, des collections d'estampes; enfin je me rappelais tous les souvenirs de mes voyages, pour en extraire ce qui pouvait l'intéresser. Elle paraissait écouter avec plaisir ce que je lui rapportais de la diversité des coutumes des peuples de l'Europe, et de la perfection des arts chez plusieurs d'entre eux. Son père lui avait déjà donné des notions assez exactes de tout ce que je tâchais de lui expliquer avec plus de précision.

Le facteur fut obligé de s'embarquer à peu près vers cette époque pour Tranquebar; il allait chercher son fils unique, officier dans l'armée anglaise, arrivé récemment d'Europe, et déjà blessé au combat d'Hidernagur. M. Makinston n'avait pas vu ce jeune homme depuis plus de quinze ans. L'inquiétude décida son départ d'une manière très-prompte : d'ailleurs, au moment de la mousson d'automne, il craignit d'exposer les jours de Solamé ; et nous demeurâmes chargés, l'une des sœurs du facteur et moi, de la tutelle de notre jeune amie.

J'ignorais alors l'histoire de la famille d'Averney ; mais je compris par quelques mots dits au hasard chez M. Makinston, qu'une longue suite de malheurs avait privé Solamé d'une grande fortune et du rang le plus élevé. Quelque vif que fût mon desir d'en apprendre davantage, j'étais décidé à ne jamais provoquer une confidence que j'espérais mériter. D'ailleurs, le sentiment indéfinissable qui m'occupait sans cesse auprès de Mlle d'Averney, contribuait à m'éloigner de ce qui aurait dû éveiller chez un autre la plus ardente curiosité. Comment peindre ce que j'éprouvais ? Quel nom mériterait cet attachement concentré, devenu en quelque sorte religieux, et dont toutes les jouissances auraient été détruites par le moindre des succès que l'amour ambitionne ?

Je passais cependant des journées entières,

et souvent une partie de la nuit, auprès de ce que la jeunesse et l'innocence offrirent jamais de plus noble et de plus touchant. « Tant mieux, » me disais-je en la regardant, en l'écoutant : sois » toujours un être d'une nature supérieure à l'es- » pèce humaine. L'attrait de sa sensibilité, l'en- » semble de ses perfections, n'élèvent-ils pas So- » lamé jusqu'à cette sphère idéale que les rêves » de la médiocrité ne peuvent atteindre ? » Je m'abandonnais ainsi sans effroi à tous les prestiges qui troublaient et embellissaient mon existence. Ces idées me suivaient sous les forêts de palmiers aracques où j'accompagnais souvent Mlle d'Averney ; on y était caché à tous les yeux par les doubles haies de mangoustans et de cannes à sucre, entrelacées de bétel ; nous y prenions plus souvent encore nos repas. Quand les rayons du soleil couchant étaient trop incommodes, Solamé quittait un mouchoir de Paliacate, d'une extrême finesse, qui lui servait de turban et retenait ses longs cheveux noirs : nous l'arrangions en guise de tente, en le fixant à de jeunes tiges de litchis ; je préparais ensuite la collation, des pommes de crème, des patates et du lait de coco.

Elle voulait alors que je lui disse ce que

j'avais vu des usages et de la recherche élégante des riches Européens. J'essayais de lui peindre avec une extrême réserve les mœurs des salons de Londres et de Paris ; je cherchais à lui donner une idée des efforts de l'esprit et du vide du cœur de tous ceux qui se fatiguent vainement pour plaire à des gens que rien n'amuse, pour étourdir un cercle dont la vengeance n'attend que leur départ. Après avoir passé en revue des ridicules qui l'amusèrent, des vices qui la surprirent, « Croyez-vous, me dit-elle un jour, » que je n'aie pas aussi des choses intéressantes » à vous apprendre? Votre silence au sujet de » ma famille, de notre établissement à Anjenga, » ne peut pas naître de votre indifférence : n'en » dois-je pas récompenser l'amitié la plus dis- » crète, la plus réservée? J'ai juré à mon père de » ne révéler nos tristes aventures qu'à la per- » sonne qui veillerait sur ma conduite, sur mon » bonheur à venir. C'est à ce titre que vous et » M. Makinston méritez mon entière confiance. » Vous connaîtrez jusqu'à ma plus chère et ma » plus secrète pensée. Mon tuteur en est déjà » instruit ; et, dès que vous le serez, cette malheu- » reuse histoire ne sortira plus de ma bouche. »

« Solamé, lui dis-je alors, voici le plus heureux
» instant de ma vie; encore quelques heures, et
» je crois que je la quitterais sans peine..... »
Nous étions assis au pied du morne de Sandala;
le vent du soir rafraîchissait l'atmosphère et
courbait mollement la cime des lataniers, quand
Mlle d'Averney commença son récit à peu près
en ces termes :

« Mon père était Français; sa famille tenait un
» rang distingué dans la province de Bretagne.
» Quelques fautes de sa jeunesse irritèrent si for-
» tement ses parens contre lui, qu'il vint à Ma-
» dras pour se soustraire à leurs poursuites. Une
» faible pacotille prospérait entre ses mains; il
» vendait des bijoux et des étoffes de Cachemire
» et d'Ambor. Le hasard le conduisit dans la capi-
» tale du royaume de Canara, où sa fortune prit
» l'essor le plus rapide. On ne vantait dans la
» riche Bednoure que le goût, l'élégance des tissus
» précieux qui, d'après la mode, ne pouvaient
» plus s'acheter que chez le nouveau négociant
» européen; on ne parlait que de sa probité, de
» sa politesse et de sa bonne mine. La foule des
» palanquins se pressait à la porte du bazar, où
» l'or rehaussé par l'éclat des pierreries savait

» prendre toutes les formes pour séduire tous les
» yeux. Le rajah voulut connaître mon père, qui
» mérita sa confiance et fut bientôt comblé de fa-
» veurs par le souverain. Les grands du royaume
» lui vouèrent dès-lors, en l'accablant de ca-
» resses, la haine la plus profonde et la plus una-
» nime. Son crédit augmentait chaque jour :
» chargé de l'administration des finances, il était
» devenu premier ministre, quand il vit ma mère.
» Elle était veuve d'un des poligars les plus puis-
» sans de Canara. Mon père n'usa de son pouvoir
» que pour obtenir la main de la belle Ussékir.
» Tous les grands furent aussi révoltés de l'au-
» dace du premier ministre et de son bonheur
» intérieur, qu'ils l'étaient déjà de la prospérité
» de l'empire.

» Il acheva de mécontenter les poligars, et de
» s'aliéner l'esprit des prêtres, en ne traitant pas
» assez sérieusement une affaire de religion qui
» divisait les collèges de Bénarès et de Maduré. Il
» s'agissait, m'a-t-il dit plusieurs fois, de décider
» si Wisnou, dans sa neuvième incarnation, avait
» eu pour but la punition ou le bonheur du genre
» humain; si, enfin, il ne pouvait pas être juste-
» ment irrité d'être représenté armé d'un dandei-

» ron, ou faisant le signe de paix d'abéaston. Au
» moment où la dispute était engagée à ce sujet,
» au point de menacer la tranquillité publique et
» les bases du trône, le rajah mourut, ne laissant
» qu'un fils âgé de cinq ans.

» La mère de ce jeune prince était ambitieuse
» et cruelle. La fureur de cette femme contre mon
» père éclata dès que son époux eut rendu le der-
» nier soupir. Soutenue par les soubahs * les plus
» puissans, elle ne dissimula plus le projet de
» faire périr le ministre chargé de la tutelle du
» nouveau rajah, de sacrifier cet enfant et d'é-
» pouser un jeune Malabare dont elle était éprise.
» Tous les partis furent gagnés, et le palais de
» mon père allait être investi. Il en avait fortifié
» les approches; mais tous ses efforts se bor-
» nèrent à cacher notre fuite et celle du rajah,
» dont la garde lui était confiée.

» Nous partîmes la nuit, suivis de quelques es-
» claves. Quand nos dromadaires, dont on avait
» forcé la course, s'arrêtèrent excédés de fatigue,
» ma mère, qui m'allaitait encore, était si inquiète
» de ma faiblesse et de celle de Misra (c'est, dit

---

* Haute dignité militaire chez les Indiens.

» Solamé en rougissant, le nom du rajah de Bed-
» noure), elle était si troublée par le souvenir des
» dangers auxquels nous venions d'échapper, et
» tellement hors d'état de prolonger son voyage,
» que notre établissement fut fixé dans la vallée
» déserte de Gattnura, sur les confins de la pro-
» vince de Ballapour.

» On y construisit des cabanes assez com-
» modes, au bord d'un petit lac. Un bois épais dé-
» robait la vue d'une chaumière vaste et mieux dis-
» tribuée que les deux autres. Rien n'y rappelait
» l'architecture des palais de Bednoure et leurs
» kiosques dorés. Cependant ma mère adorait son
» époux; ma mère était aimée : aussi oublia-t-elle
» bientôt les tapis d'Iran et les parfums de Bassora.
» Soumise à la destinée, elle s'habituait à ce nou-
» veau genre de vie, et nous élevait, nous aimait,
» Misra et moi, avec une égale tendresse.

» Le plus cruel événement vint troubler nos
» premières années; ma mère mourut. J'avais
» sept ans, quand une maladie violente nous l'en-
» leva. Nous apprîmes par cette absence ce que
» c'était que la mort, dont le nom jusque-là ne
» s'était mêlé que parfois au récit des douces
» fables qui charmaient et berçaient nos veilles.

» Mon père, à qui l'amour et les consolations
» d'Ussékir faisaient seuls oublier ses infortunes,
» fut si accablé par cette perte, qu'il passa plus
» d'un an sans revenir à la chaumière. Il fuyait
» nos caresses qui redoublaient le sentiment de
» ses maux. Errant dans les forêts, il paraissait
» seulement quelquefois sur un rocher qui domi-
» nait notre habitation. Souvent alors, aidée par
» Misra, qui avait près de douze ans, je gravis-
» sais, sans être vue, par les chemins les plus es-
» carpés : nous arrivions jusqu'à mon père, en lui
» tendant nos petites mains; il accourait, nous
» pressait sur sa poitrine, et puis, ne pouvant
» plus résister à l'excès de sa peine, il s'éloignait
» rapidement. Une jeune esclave de Bember
» nous ramenait alors plus tristes et plus décou-
» ragés que jamais.

» Attendri par nos instances, mon père se dé-
» cida cependant à revenir auprès de nous. Il
» voulait s'occuper de notre éducation; mais les
» moyens en étaient fort bornés, et la violence
» de ce dernier chagrin avait altéré sa mémoire.
» Nous ne possédions que deux livres français :
» l'un était les Évangiles, et l'autre, le Télé-
» maque. J'avais été baptisée à Bednoure par un

» missionnaire catholique; on m'élevait dans cette
» croyance. Quand nous avançâmes en âge, mon
» père, qui n'avait pas des idées assez fixes sur la
» religion, était aussi embarrassé par mes ques-
» tions que si aucun doute ne se fût jamais pré-
» senté à sa pensée. Mes enfans, nous disait-il
» quand nous le pressions de nous répondre, je
» crois que celui qui plaça pour le soulagement
» de tous les êtres le palmier dans le désert et la
» source la plus limpide sous les sables d'Aden,
» celui que vous priez soir et matin, est souve-
» rainement juste, souverainement bon. Espé-
» rons qu'il recevra également dans son sein pa-
» ternel le paria si méprisé, le sultan de Dehli et
» le catholique romain, s'ils ont cherché et pra-
» tiqué la vertu sur la terre.

» Je m'appliquais assez docilement à apprendre
» le peu qui m'était enseigné, tandis que chaque
» jour, en développant les forces du jeune Misra,
» semblait inspirer plus d'éloignement à cet esprit
» altier pour toute espèce de sujétion. Fier, iras-
» cible, déjà remarquable par les proportions de
» sa taille, le rajah le devint bientôt après par
» le courage avec lequel il allait attaquer les ani-
» maux les plus redoutables de nos forêts. Les

» premiers plaisirs de son enfance furent de tra-
» verser les torrens à la nage, de poursuivre et
» d'atteindre les gazelles à la course. Son cœur
» ardent et sensible peut aussi promptement con-
» cevoir une haine implacable, qu'il est suscep-
» tible de conserver un attachement sans bornes.
» Ses traits, naturellement si doux, prennent
» parfois le caractère le plus terrible. Misra était
» enfin dès-lors, selon l'expression du Védam,
» tout-à-la-fois bienfaisant comme la rosée et
» inexorable comme la tombe.

» Le rajah ne se livrait au repos que pour
» obéir à mon père qu'il croyait le sien, et pour
» satisfaire à sa tendresse pour moi, qui ne dou-
» tais pas que je ne fusse sa sœur. Écoutant avec
» délices le récit des combats et la louange des
» héros, n'apprenant quelque chose que par mes
» soins, assis à mes pieds, la tête appuyée sur
» mes genoux, mon ami ne se soumettait qu'en
» rougissant à répéter les leçons qu'il dédaignait.
» Le lin qui formait ses vêtemens n'était préparé
» que par moi; je n'étais servi que par lui. Misra
» ne revint jamais sans me rapporter des fleurs
» ou les prémices de quelque fruit. Ses mains
» assouplissaient les peaux de tigre qui devaient

» composer mon lit, et je pouvais seule obtenir
» la grâce d'un jeune daim, ou calmer d'un seul
» mot les élans d'une fureur aveugle que toute
» l'autorité de mon père n'aurait pu réprimer.

» Le rajah ignorait le secret de sa naissance.
» Ce penchant vers un orgueil indomptable fit
» reculer l'époque à laquelle mon père devait lui
» apprendre que ses aïeux avaient régné sur l'In-
» doustan, et qu'il était destiné à réclamer un jour
» l'empire de Canara : cette révélation devait avoir
» lieu le jour où il aurait atteint l'âge de dix-huit
» ans. Avertie peu de temps avant de la façon la
» plus mystérieuse, quel trouble fut le mien, dès
» que je sus que Misra n'était pas mon frère, et
» qu'il serait peut-être un jour mon souverain !
» Je me reprochais la vivacité de mes soins, les
» caresses que je lui prodiguais quand son retour
» s'était fait attendre : enfin c'est de ce moment,
» c'est de l'embarras que sa présence me causa
» dès-lors, que datent nos premières peines.
» Consterné, furieux de mon changement, il me-
» naçait de nous fuir, si je ne lui en confiais la
» cause. Mon père souriait, et m'obligeait au si-
» lence sans m'en expliquer les motifs; mais des
» larmes involontaires trahissaient le chagrin qui

» s'emparait de mon cœur. La veille du jour où
» Misra devait être instruit de ce qu'il me de-
» mandait avec une instance impérieuse, irrité
» de mon silence, il partit pendant la nuit et ne
» revint pas le soir. Le second soleil se levait sur
» notre demeure, où nous rentrions excédés de
» fatigue, après l'avoir cherché vainement dans
» tous les environs, quand je songeai que nous
» avions négligé de visiter une grotte assez éloi-
» gnée où sa passion pour la chasse le conduisait
» fréquemment. Nos esclaves étaient dispersés;
» mon père n'avait pas la force de me suivre, et
» je partis comme un trait, malgré ses prières, ses
» ordres. Je traversai le bois des grands banians;
» je me précipitai dans la caverne, oubliant qu'elle
» était souvent le repaire des bêtes féroces. J'en
» suivis tous les détours; je n'en regagnai l'entrée
» qu'avec difficulté; et à peine avais-je retrouvé
» la lumière, qu'un éléphant sort de la forêt; sa
» trompe me paraît chargée d'un fardeau : il s'ap-
» proche, mes jambes se dérobent sous moi, ma
» vue se trouble; mais il dépose à quelques pas
» de la grotte un homme, un corps inanimé :
» c'était Misra, glacé, souillé de sang et de pous-
» sière. L'éléphant s'éloigne; j'humecte avec de

» l'eau la plus froide le front, les yeux éteints du
» rajah : j'essaie de le soulever; tous mes efforts
» sont inutiles. Dans l'excès de mon désespoir,
» au comble du désordre, je monte sur une som-
» mité voisine, d'où je poussais des cris lamen-
» tables et prolongés; personne ne m'entendait :
» mes pieds blessés par les épines ne me portaient
» plus qu'avec peine. Je descendis épuisée de
» douleur et de fatigue, à demi nue; j'avais dé-
» chiré mes vêtemens pour étancher le sang que
» Misra perdait avec abondance. Enfin je ne
» songeais plus qu'à mourir avec lui : ma main
» s'appuyait sur son cœur; j'en attendais les bat-
» temens faibles et inégaux, et mon souffle cher-
» chait à rappeler à la vie celui dont je me repro-
» chais la mort. J'entendais au loin le rugissement
» du lion et le cri du chacal : le trépas allait nous
» réunir, quand la Providence dirigea vers nous
» nos deux fidèles esclaves que mon père suivait
» d'assez près. Il serait impossible de donner la
» plus faible idée de son état, lorsqu'il nous trouva
» ainsi privés de mouvement : car je fus long-
» temps aussi insensible que le rajah aux pre-
» miers secours qui nous furent prodigués.

» Depuis que je connais un peu le monde, je

» conçois mieux qu'il ne comprenne pas combien
» de pauvres sauvages tels que nous pouvaient
» s'aimer. Nous n'avions jamais été distraits de
» nos affections; nous versions, pour ainsi dire,
» les mêmes larmes ; le sourire de l'un de nous
» ne pouvait jamais naître que du bonheur des
» deux autres, et la même expression était aussi
» habituelle à nos visages que la même pensée
» l'était à nos cœurs.

» Les plaies de Misra furent visitées par mon
» père, qui employait ses loisirs à l'étude suivie
» des plantes et des simples ; aucune ne sembla
» mortelle : mais ses yeux demeuraient fermés,
» et ses lèvres ne purent prononcer que long-
» temps après quelques mots mal articulés. La
» constance de nos soins, sa jeunesse, la pureté
» de son sang, tout contribua pourtant à hâter
» sa guérison. Nous le voyions renaître ; nous lui
» parlions de son retour à la vie. Qu'en ferai-je?
» répondait-il : Solamé n'est plus la même pour
» moi ; je n'ai plus de sœur chérie, puisqu'elle
» repousse toutes mes caresses. Je cherchais ce-
» pendant à le rassurer, et la liqueur balsamique
» d'oucka, exprimée par mes mains, semblait
» lui devenir plus salutaire.

» Nous apprîmes alors les détails de l'événe-
» ment qui faillit nous devenir si funeste. Misra
» avait conçu le projet de ne plus revenir à la
» vallée de Gattnura, de chercher la mort loin
» de nous. Une chasse dangereuse lui parut un
» moyen sûr de nous punir. Il poursuivait de près
» un jeune tigre blessé, qui revint sur le rajah
» au moment où sa dernière zagaie venait de
» se briser. La fuite fut inutile : atteint déjà par
» l'animal furieux, le jeune prince serait devenu
» sa victime sans le secours miraculeux d'un élé-
» phant. La crainte éloigna sans doute le tigre ;
» l'évanouissement de Misra datait de cet instant,
» et il écoutait comme une fable l'histoire de sa
» délivrance par cet ami de l'homme, par ce bon
» éléphant qui nous l'avait rendu.

» Misra était si bien rétabli à l'époque de la
» fête d'Houlié, que nous profitâmes de cette
» solennité, consacrée à célébrer le retour du
» printemps, pour communiquer au rajah ce qu'il
» lui importait si fort de connaître. Mon père y
» ajouta qu'il avait des raisons pour concevoir
» de hautes espérances dans un avenir assez pro-
» chain. L'ame de Misra était supérieure à ce
» changement de destinée. Tu ne cesseras donc

» pas d'être mon père, dit-il à son ami en se
» jetant dans ses bras. Rassurez-moi tous deux :
» nomme-moi ton fils; que Solamé m'accepte pour
» époux : ce jour sera le plus fortuné de ma vie.
» Et cependant il était à mes genoux, me pres-
» sant de souscrire à ses vœux avec cette ardeur
» fière et touchante qui le caractérise. Laissons-
» nous guider, lui répondis-je; la sagesse pater-
» nelle est le plus doux instrument des desseins
» de la Providence. Apprenez, Misra, que ma
» plus vive douleur serait d'être moins aimée de
» vous. Ah ! si tu m'en croyais, reprit-il, le
» désert qui vit naître mes sentimens serait le
» témoin de notre union. Je presserais une com-
» pagne adorée dans mes bras, sous ces mêmes
» bananiers dont l'ombrage protégeait les jeux
» de nos premiers jours.

» On ne parvint que difficilement à persuader
» au rajah que, d'après les événemens dont il
» venait d'être instruit, il était plus prudent et il
» serait plus glorieux pour l'objet de son choix
» que cette alliance fût contractée à Bednoure.
» Tout y annonçait une révolution prochaine ;
» Tipoo-Saëb cherchait en effet le souverain lé-
» gitime du royaume de Canara pour le replacer

» sur le trône. Enfin cette union ne le console-
» rait-elle pas de ses revers, si la mauvaise for-
» tune le privait sans retour de la couronne de
» ses pères? Soyez certain, ajoutait son tuteur,
» que Solamé partagera votre avenir avec dé-
» lices, et que nous vous rappellerions ce vœu
» si cher à nos cœurs, dès que la fortune vous
» serait contraire.

» Mon père avait toujours conservé des intel-
» ligences à la cour de Tipoo-Saëb : ce sultan,
» informé qu'il existait un héritier du royaume
» de Canara, voulait, en faveur du souvenir de
» son alliance avec le père de Misra, rendre à
» ce jeune prince la couronne de Canara et de
» Tanjaour. Les peuples de ces contrées n'at-
» tendaient que l'arrivée de la plus faible armée
» pour secouer le joug de leur méprisable sou-
» veraine. Le nom de Misra circulait sourdement
» dans les provinces. Il était indubitable que ce
» rajah, présenté à la nation par un ministre
» qu'elle avait chéri, serait accueilli avec trans-
» port. Nous nous livrions à cette flatteuse espé-
» rance, que mon père modérait de tout son
» pouvoir. Des émissaires lui arrivaient chaque
» nuit, et, sans cesse occupé d'une correspon-

» dance active; il nous entretenait rarement de
» ses projets.

» Devenu plus simple, plus modeste, depuis
» qu'il avait appris la distance qui nous séparait
» de lui, le prince riait de notre respect, et s'en
» vengeait souvent en couvrant mes pieds de
» baisers. Il écoutait avec assez d'indifférence
» l'énumération des trésors des rajahs de Bed-
» noure; mais il s'animait au récit du nombre des
» troupes et des succès militaires de ses aïeux.
» Son tuteur saisissait toutes les occasions de
» l'instruire de ses nouveaux devoirs; il prépa-
» rait au trône cette ame neuve et impatiente du
» pouvoir. Il lui répétait fréquemment qu'un
» front rayonnant de gloire était seul digne de
» ceindre le diadème. La tolérance en doit tem-
» pérer l'éclat, ajoutait-il; mais la faiblesse le
» transforme en un bandeau : c'est à la valeur, à
» la justice, qu'il est réservé de confirmer l'ori-
» gine du signe sacré de la puissance.

» Il fut convenu, peu de temps après l'arrivée
» d'un envoyé de Tipoo, qui avait souvent des
» conférences avec le rajah, que nous nous ren-
» drions à Seringapatnam.

» Je fus la seule dont le cœur, à cette nou-

» velle, fut serré de tristesse et en proie aux plus
» sombres pressentimens. Nous quittions ce lieu
» consacré par les cendres de ma mère, cette
» paisible vallée qui avait caché notre adversité :
» c'était dans la saison pluvieuse ; trois fois les
» torrens débordés nous forcèrent à regagner
» notre asile. Un passage étroit, recouvert par
» des arbres épineux et des lianes, en rendait la
» sortie presque impraticable. On souriait quand
» je faisais la remarque de tous les obstacles qui
» s'opposaient à notre départ et semblaient être
» des avis marqués de la destinée. Les images
» variées d'un avenir incertain plaisent bien plus
» à l'imagination des hommes que la perspective
» prévue et la paix d'une vie achevée dans la re-
» traite. Ainsi l'écho est devenu muet autour du
» lieu où repose ma mère ; les fleurs qui cou-
» vraient son tombeau se seront flétries ; et, le
» jour où le juge suprême appellera toutes les
» générations dans les plaines d'Yémen, ma mère
» se levera et cherchera vainement autour d'elle
» les objets de ses éternelles affections.

» Console-toi, disait Misra : j'éleverai ici une
» pyramide sépulcrale ; j'y ferai bâtir une ville,
» et des jylongs, de nombreux pélerins, vien-

» dront un jour visiter ce monument de ta piété
» filiale.

» A peine eûmes-nous franchi les barrières
» des Gattes et la limite du désert, qu'un double
» tissu voila mes traits : le respect vint gêner la
» confiance. Le voyage fut rapide : une maison
» nous était préparée à Seringapatnam ; un pa-
» lais attendait le jeune rajah. Tipoo le combla
» d'honneurs, et le turban d'Omar ceignit le
» front de Misra, que la tristesse devait bientôt
» obscurcir.

» Les plus riches présens nous furent offerts ;
» cinquante dromadaires étaient toujours à nos
» ordres. A notre seul aspect, le front des poli-
» gars de Mysore se baissait humblement dans la
» poussière. Tandis qu'à la cour du sultan mon
» père traitait des intérêts du rajah de Bednoure,
» je demeurais entourée d'esclaves, et déplorant
» les ennuis inséparables de la grandeur. Mes
» seules distractions étaient d'entendre, le soir,
» les concerts que Misra, entièrement séparé de
» moi, faisait donner sous mes fenêtres, pour
» obtenir l'occasion de m'entrevoir. Des barques
» chargées de musiciens couvraient la rivière,
» dont les eaux baignaient une terrasse voisine

» de mon appartement. Mes yeux savaient tou-
» jours démêler le rajah dans la foule, et le ren-
» contraient souvent assis à la pointe d'un ba-
» teau, tournant vers ma demeure des regards
» mélancoliques. La musique, tendre, plaintive,
» semblait être leur interprète : cette fille du ciel
» dit si bien les tristesses du cœur ! Le charme
» de l'harmonie m'avait été inconnu jusqu'alors,
» et j'éprouvais une sensation délicieuse à re-
» voir Misra, tandis que j'écoutais le mélange
» des chants de la bayadère et celui des sons
» mélodieux de la flûte de magoudi et de na-
» gassuram.

» Cependant l'armée fut bientôt réunie : le
» traité d'alliance venait d'être conclu, et la ré-
» volte des peuples du Canara contre leur reine
» fit de cette expédition militaire un voyage
» triomphal. Tipoo, Misra et mon père, furent
» reçus comme des libérateurs : toute la popula-
» tion de Bednoure les bénissait, et ce moment
» sembla me promettre le bonheur de tous ceux
» que je chérissais. Hélas ! que la durée de cette
» erreur fut courte !..... Qu'il me soit permis
» de passer rapidement sur cette époque fatale
» de notre histoire. Il suffira de vous dire que

» Tipoo-Saëb m'avait vue, que j'avais repoussé
» plusieurs fois ses secrets et honteux hommages.
» Le sultan osa demander ma servitude et mon
» déshonneur pour le prix de cet empire que
» Misra venait de recouvrer. Mon père fut appelé :
» il trouva Misra hors de lui. Tous deux s'unirent
» pour n'omettre aucun des moyens les plus puis-
» sans de fléchir le farouche Tipoo ; le rajah lui
» offrit même la moitié de ses états : tout fut
» inutile..... On eut alors recours à la ruse ;
» une négociation parut s'entamer, et, tandis que
» Saëb se flattait de l'espérance de m'ensevelir
» dans son odieux harem, la fuite de mon père
» et la mienne furent décidées. Le plan en avait
» été si heureusement concerté, que nous étions
» arrivés à Cananor avant que l'on pût se douter
» à Bednoure d'un événement qui allait ensan-
» glanter cette ville endormie dans les fêtes, et
» si heureuse du retour de son légitime sou-
» verain.

» La plus profonde indignation pouvait seule
» ranimer notre courage, quand, pour la pre-
» mière fois de ma vie, je dus être séparée de
» Misra. Je le suppliai vainement de nous suivre,
» de tout abandonner, ou de me laisser périr à

» ses côtés. Non, me dit-il, je ne fuirai point
» devant un lâche ennemi, et dans peu de mo-
» mens tout mon sang sera versé pour la cause
» la plus juste, ou vous régnerez sur Bednoure.
» Les prières de mon père n'eurent pas plus
» d'effet que les miennes ; le rajah fut inébran-
» lable : la soif de la vengeance était alors le
» premier besoin de son ame. Nous le serrâmes
» long-temps dans nos bras. Il plaça sur ma poi-
» trine une chaîne d'iri, un talisman, qu'il dé-
» tacha de son cou ; il le portait depuis son
» enfance. Ah ! que je sentis cruellement alors
» le malheur de ne m'être pas unie à celui que
» je nommais tout bas mon époux bien-aimé !
» Enfin, bénis tous deux par mon père, nous
» nous arrachâmes de ce lieu, suffoqués par nos
» larmes.

» Quand j'atteignis Cananor, la fièvre me con-
» sumait : nous nous embarquâmes cependant à
» la hâte sur un vaisseau hollandais qui nous
» conduisit à Anjenga.

» Nous apprîmes, peu de temps après, l'issue
» funeste des efforts et du dévouement de Misra.
» La rage de Saëb, quand il fut informé de notre
» fuite, avait livré aux flammes le palais de Bed-

» noure. Misra, après s'être défendu héroïque-
» ment à la tête des siens, avait été blessé,.
» trahi, et fait prisonnier par le sultan de My-
» sore. Ce vainqueur barbare le fit charger de
» fers, l'enferma dans les cachots de la forteresse
» de Madegurrey, et s'empara de ses états.

» Nous passions toutes nos journées à pleurer
» sur le sort de la plus noble victime de l'amour
» et de l'honneur. L'idée que j'étais la cause in-
» nocente de ce désastre, me faisait abhorrer
» l'existence. Mon père tomba au bout d'un an
» dans un état de langueur qui l'a conduit au
» tombeau. Je suis demeurée seule, dit-elle
» d'une voix affaiblie : mais la main du Tout-
» puissant vous a conduit vers moi, ainsi que
» M. Makinston; et vous êtes devenus l'unique
» appui d'une orpheline qui n'a peut-être que ce
» seul bien au monde. »

« Pauvre infortunée, lui répondis-je profon-
» dément ému de ce récit, c'est quand l'orage a
» été long et terrible que l'espérance de sa fin
» devient plus fondée. Le vaisseau en détresse
» trouve souvent alors que des nuages effrayans
» lui cachaient un rivage desiré. »

Ce que je venais d'apprendre me rassura

contre le danger d'une séduction si constante. Solamé me parut plus que jamais un de ces êtres sacrés que protége leur malheur même. Je revins sans effort à mes habitudes stériles, arides, à cette vie sans but, sans motif, toujours inquiète et toujours déçue.

M. Makinston arriva sur ces entrefaites : il avait laissé son fils à l'armée, guéri de sa blessure, partageant les heureux efforts de ses compatriotes contre Tipoo-Saëb, que, dans la campagne prochaine, on espérait réduire à se défendre dans sa capitale.

Le facteur, plein de sollicitude sur la situation de Mlle d'Averney, s'efforçait, ainsi que moi, de lui montrer un meilleur avenir. Nous cherchions à la distraire en l'entourant de quelques amusemens et de personnes choisies parmi les nombreux Européens qui habitaient Anjenga. Nous crûmes en effet nous apercevoir, au bout de quelques mois, qu'une tristesse plus calme la rendait moins insensible aux agrémens de la société.

Une longue trêve conclue alors entre les Anglais et le sultan de Mysore permit au major William Makinston de venir se reposer quelques momens dans sa famille ; il y fut reçu avec tous les témoignages d'une affection sans bornes. Le bon Makinston montrait son fils avec orgueil, et les tantes de ce jeune officier assuraient qu'il avait à lui seul ébranlé le trône de Saëb. C'était un homme de vingt-sept ans, d'une taille élevée et d'une physionomie heureuse ; il avait reçu en Angleterre l'éducation la plus soignée, et n'était venu aux Indes orientales qu'après avoir parcouru l'Europe. Son père et ses oncles, premiers artisans d'une fortune immense, aimaient William Makinston avec une sorte d'idolâtrie ; ils plaçaient leur bonheur dans la possibilité de lui procurer, pendant leur vie, toutes les recherches du luxe, tous les avantages de la richesse. Il n'en avait jamais abusé ; ses goûts étaient nobles et simples. La reconnaissance animée que William témoignait à tous les siens, prévenait en sa faveur autant que ce charme puissant attaché aux manières les plus distinguées et les plus bienveillantes. Tel était l'homme qui fut présenté à Solamé par son tuteur, qui la suppliait de traiter William comme un frère. Le major fut si frappé de la beauté de la jeune Indienne, que son silence, sa rougeur, tout me découvrit bientôt une impression qu'il chercha long-temps à nous cacher.

La famille Makinston témoigna sa joie de l'arrivée de William par des fêtes où l'on accourait de toutes parts. La variété de ces plaisirs bruyans devait enfin soustraire Mlle d'Averney à ses pénibles souvenirs ; mais, au milieu des réunions les plus tumultueuses, je fus surpris d'entendre William Makinston solliciter de son père la permission de quitter Anjenga avant l'expiration de son congé. Ses demandes réitérées inquiétèrent sa famille.

Il me fut plus aisé qu'à tout autre d'étudier la cause de ce qui le faisait accuser de bizarrerie. Je rencontrais le major Makinston dans la société, où les gens fortement occupés d'une idée peuvent se croire isolés et supposent être à l'abri de toutes les observations. Objet constant des prévenances de plusieurs femmes séduisantes, William était également vanté, loué par toutes les mères, qui désiraient cette alliance pour leur fille : mais ses yeux se fixaient toujours, malgré lui, sur la même personne ; le reste semblait ne pas exister. Je saisissais jusqu'aux tressaillemens que lui causaient certaines inflexions d'une voix qui pénétrait seule jusqu'à son cœur. Je le voyais s'animer si le hasard rapprochait de lui Mlle d'Averney, languir et s'éteindre dès qu'elle s'éloignait un instant.

Je m'aperçus alors du trouble dans lequel la vue de ce jeune Anglais, son nom prononcé pendant son absence, tout jetait malgré elle la simple et confiante Solamé. Notre pupille se regardait comme l'épouse d'un autre : à l'abri de cet engagement et de ses souvenirs, elle se livrait au sentiment de l'amitié qu'elle croyait devoir au fils de son tuteur.

Une sédition éclata vers cette époque parmi les esclaves malais d'Anjenga; ils saisirent l'occasion d'une pêche nocturne. M. Makinston y avait réuni un grand nombre d'Européens. Les flammes consumaient plusieurs édifices au moment de notre retour, qui fut accueilli par les cris de l'insurrection. Les troupes étaient repoussées par la multitude, et tout semblait présager la ruine certaine de la colonie, lorsque nous gagnâmes le large, fort incertains sur la route que nous devions tenir. Le major Makinston voulait placer notre petite flotte sous la protection du fort Wellesley; un vent frais de nord-est gênait cette manœuvre : nos matelots indiens, encouragés par l'exemple des Malais, paraissaient disposés à les imiter.

William Makinston, dont la bravoure et le caractère imposaient cependant encore à tout l'équipage, ne parvint qu'avec difficulté à l'obliger de nous dériver du moins vers la grève, parce que le vent était devenu assez violent. Deux embarcations se brisèrent alors sur la côte, et la nôtre allait éprouver le même sort : nous nous jetâmes en foule à la mer dès que nous aperçûmes le banc de sable sous les vagues, qui ne le laissaient à découvert quelques instans que pour l'envahir de nouveau avec une furie toujours croissante.

William Makinston portait Solamé; je l'aidais à soutenir son père : on luttait contre la fureur des flots, qui nous ensevelissaient sous des montagnes d'écume. La lune était cachée par des nuages; et le canon du fort répondait seul aux cris d'une multitude de personnes qui trouvèrent la mort au milieu d'une fête.

Nous n'avions de l'eau que jusqu'à la hauteur de la poitrine; mais les vagues nous faisaient souvent perdre tout l'espace que nous nous hâtions de leur disputer. Épuisés de lassitude, nous atteignîmes pourtant le fort Wellesley. Le major Makinston s'empara aussitôt du commandement ; sa présence ranima le courage des soldats : on dirigea un feu si vif sur les insurgés, qu'une sortie engagée à propos permit d'opérer la jonction des troupes du fort avec la garnison de la ville. Vingt-quatre heures après, tout était rentré dans l'ordre, grâce à la fermeté du major et aux sages dispositions qu'il avait su prendre.

Le facteur fut long-temps malade ; Solamé perdit son collier d'iri, auquel elle attachait tant de prix. Mlle d'Averney avait passé plus de deux heures appuyée, pressée sur le cœur de William, qui n'était distrait du soin de ce précieux fardeau que par sa tendresse filiale. Le succès avait couronné des efforts surnaturels ; le major avait sauvé la vie aux deux êtres qui lui étaient le plus chers : son dévouement, sa valeur, tout ajoutait un nouvel éclat aux avantages qu'il réunissait à un si haut degré. La reconnaissance vint excuser la douce familiarité qui s'établit dès-lors entre le major Makinston et Mlle d'Averney ; elle s'abandonnait à l'admiration que lui avait inspirée ce caractère doux et protecteur.

Solamé ignorait que William suppliait M. Makinston de l'unir à elle. Le facteur détruisit toutes les espérances de son fils, et crut devoir lui découvrir la cause de ce refus. L'amour du jeune homme s'en accrut davantage : souffrant et affaibli, il resta auprès de celle qu'il aimait, et, lorsqu'il insistait pour quitter Anjenga et même les Indes, « Pourquoi vouloir nous fuir ?
» lui disait-elle. Nous n'avons pas l'esprit aussi
» cultivé que les dames de l'Europe; vous ne trou-
» verez ici ni leurs grâces, ni leurs talens : mais
» où rencontrerez-vous une sœur plus tendre ?
» Restez parmi nous; la seule idée de votre départ
» me glace d'effroi. — Pourquoi resterai-je ? lui
» répondait William : Solamé me conjurerait de
» partir, si elle avait la moindre idée de ce qui
» se passe dans mon ame. — Non jamais, reprit-
» elle ; et quand Misra deviendra mon époux,
» vous serez son frère, le mien. — Moi ! s'écria-
» t-il avec horreur. — Vous refusez donc mon
» amitié ? Eh bien ! éloignez-vous, partez, désolez
» ce qui vous entoure et vous chérit. — Ah ! dit
» William, si j'étais aimé, je ne partirais pas;

» mais, pour vous satisfaire, je puis mourir. —
» Est-ce ainsi que vous répondez à la tendresse
» de tout ce qui cherche à vous retenir ? ajouta
» Solamé avec embarras. — Donnez le nom que
» vous voudrez à votre ami, mais régnez sur
» lui, dit Makinston : cet empire est plus cer-
» tain que le trône que Misra doit vous conquérir.
» — L'insultez-vous dans son malheur ? — Je
» l'envie ce malheur ; j'envie sa prison, puisque
» votre cœur lui reste. — William, William,
» pensez à ce que je lui dois. Mais est-ce à moi
» de vous le rappeler, moi qui oublie si souvent
» cet ami généreux, moi qui me le reproche
» toujours ? — Serait-il possible qu'il ne fût pas
» votre pensée unique, constante»! reprit-il avec
ardeur. Solamé rougit, et ses yeux se remplirent
de larmes...... William resta : toujours plus
dominé par le sentiment qui l'entrainait vers Solamé, il lui découvrait chaque jour une grâce
nouvelle. Ses moindres discours recevaient l'empreinte d'un charme ineffable ; le danger de l'entendre devenait un besoin impérieux : celui qui
avait puisé dans la meilleure compagnie de l'Europe une assurance qui me faisait souvent envie,
ne répondait plus qu'en balbutiant quelques mots

sans suite, et retombait dans une rêverie dont son amie pouvait seule l'arracher. L'idée qu'il nourrissait en silence développa bientôt chez lui tous les symptômes de la passion la plus ardente, qui s'imprimèrent sur tout son être en caractères ineffaçables.

Une agitation constante attaquait même le principe de la vie chez William Makinston. Sa blessure s'était rouverte; l'altération de ses traits affligeait toute cette famille; et Solamé, effrayée du dépérissement de ce jeune homme, s'obstinait à lui offrir des soins, et s'enivrait, ainsi que lui, à la coupe empoisonnée qu'elle approchait sans méfiance de ses lèvres virginales.

Spectateur muet de cette scène singulière, je pouvais à peine croire ce qui frappait mes regards; j'ignorais si mon silence se conciliait avec les devoirs de l'amitié : mais j'hésitais à révéler à Mlle d'Averney ce qui n'était plus un secret pour personne dans la colonie ; j'hésitais à couvrir le premier de la rougeur de la honte un visage d'une expression angélique. Dieu seul peut savoir tout ce que mon ame endurait de tourmens, lorsque je les voyais oublier l'univers entier sous les bosquets de souparis qui entouraient nos habitations. Ils respiraient ensemble, tous les soirs, avec la brise de Comorin, les feux du sentiment le plus exalté, parce qu'il était le plus pur et le plus malheureux.

Peu de mois suffirent alors pour changer la destinée de William et de Solamé. Cette famille, sans cesse occupée d'intérêts sérieux, n'aperçut pas ce qu'elle aurait peut-être prévenu, atténué du moins, par des conseils salutaires et courageux : mais tout fut négligé. L'abandon de la confiance, les apparences de l'amitié, dérobaient le danger de cette intimité. Je fus plusieurs fois pressé par ma conscience de réveiller M.lle d'Averney de ce songe funeste ; j'y étais décidé : mais j'en renvoyais toujours au lendemain la pénible exécution. L'état de langueur où vous jette ce climat qui fait une fatigue du regard et une action de la parole, enfin le découragement de moi-même, tout se réunit pour rendre mon silence excusable à mes propres yeux. D'ailleurs l'amour vrai porte aussi un caractère sacré qui commande le respect : cette noble affection de l'ame l'élève, et ajoute à la supériorité qu'exercent les êtres distingués sur tout ce qui les entoure.

Dès que j'essayais de me dérober à cette

influence funeste en m'éloignant de mes amis, les journées étaient ternes, sans but, sans fin; tout me manquait à-la-fois, et je retournais à mes souffrances avec une joie inexplicable.

Par une bizarrerie aussi incompréhensible, souvent, dans nos promenades, je me sentais forcé de les quitter après avoir fait quelques pas avec eux : j'éprouvais un trouble intérieur indéfinissable; j'enviais toutes les peines que se préparait Makinston : alors, m'asseyant sur le sable, la tête appuyée dans mes mains, mes yeux se baignaient de larmes involontaires. Quand la certitude de ne pouvoir inspirer de tels sentimens arrivait jusqu'à mon cœur, je le sentais se briser, défaillir, et, ne tenant plus à la vie que par les regrets, je trouvais encore une sorte de douceur à recueillir ce triste héritage des passions de ma jeunesse.

L'inquiétude de Solamé devint plus apparente, lorsque nous apprîmes à-la-fois la prise du fort de Madegurrey par les Anglais et la liberté de Misra. On ignorait où il était allé depuis lors; mais un grade élevé dans l'armée anglaise et le commandement d'un parti de Marattes devaient, disait-on, le mettre bientôt en état d'exercer son implacable vengeance contre le sultan de Mysore.

Solamé s'interrogeait avec effroi sur l'impression qu'elle venait de recevoir, quand un ordre pressant rappela le major Makinston sous les murs de Seringapatnam.

Le premier mouvement de la jeune Indienne en apprenant que Misra vivait, avait été celui d'une joie presque convulsive, d'un desir immodéré qu'il fût instruit du lieu de sa retraite. Aucun de nous, à son gré, ne servait cet empressement avec assez de zèle. Solamé voulait partir.... Elle le devait.... Mais bientôt le retour le plus cruel sur elle-même la jeta dans une stupeur effrayante. Mlle d'Averney n'en fut tirée que pour sentir amèrement sa faute, et pour cacher son désespoir du départ de William Makinston. La consternation dans laquelle toute cette famille était plongée, lui déroba le spectacle du désordre de Solamé. William était aimé; il espérait vaincre la résistance de son père : la gloire l'appelait; il montra seul du courage au milieu de toutes ces douleurs si diverses dans leur cause, et si vives, si abandonnées, dans leur expression.

Dès que le major fut parti, M. Makinston ne me déguisa plus l'embarras que lui causait la passion de son fils ; la fermeté de ce jeune homme laissait à son père peu d'espérance d'en triompher. « La félicité de sa vie est attachée à
» la possession de Solamé, ajouta-t-il ; elle le dis-
» tingue, elle l'aime, et cependant la foi de ma
» pupille est engagée au rajah de Bednoure : ce
» jeune prince a tout sacrifié pour elle. William
» n'ignore pas que le vœu de M. d'Averney mou-
» rant avait béni l'union de sa fille et de Misra.
» Le rajah est libre ; et à peine la reconnaissance
» trouve-t-elle une faible place dans le cœur de
» Solamé ! Ce cœur, qui ne connaissait que des
» habitudes, attendait William ; il a semblé voler
» au-devant de lui. Les premiers souvenirs de
» Solamé ne sont plus pour elle que des devoirs.
» Cette fatale sympathie détruira le bonheur de
» mon fils et le repos de mes vieux jours. Parlez-
» lui, au nom du ciel ; elle a une entière confiance
» en vous : mes cheveux blancs lui imposent du
» respect, et toute ma tendresse paternelle n'ob-
» tiendrait peut-être pas un aveu sincère. Je ne
» saurais diriger sa conduite dans une circons-
» tance si délicate : elle a dit toute sa vie passée

» à mon fils; mais c'est encore sous le voile de
» l'amitié la plus pure que leurs destinées se sont
» liées à jamais. »

Je ne dissimulai pas à M. Makinston combien il m'en coûtait d'exiger une pareille confidence. Je m'en chargeai pourtant, quoique je visse bien peu de remède aux maux qui menaçaient Solamé.

Je ne pouvais m'habituer à l'idée d'un tel changement chez un être qui m'avait semblé supérieur à nos faiblesses, dont la douce vertu était d'un exemple aussi touchant que les grâces de sa personne avaient d'attrait et de séduction; elle m'avait paru plus parfaite que toutes les autres femmes, pour qui son indulgence était extrême : encore avide d'illusions, je me trouvais à cette époque de la vie où l'imagination cherche à ressaisir les rêves qui lui échappent, où la méfiance est à la veille de tarir toutes les sources du bonheur. Souvent mes regards se détournaient du spectacle qui s'offrait à moi, et se reportaient sur l'égale monotonie de mon existence. Étais-je plus heureux que mes amis, pour être moins à plaindre qu'eux? Qu'avais-je à faire d'une triste sécurité? Mon cœur, dévoré de peines solitaires, n'était ni le premier bien ni la première pensée de personne. On avait été avare d'affection pour mon ame craintive, humiliée ; elle attendait l'autre vie dans une indigence, dans un vide insupportable.

Mon calme était de l'abandon ; mon repos, de l'isolement : mes longues nuits se passaient à regretter les tempêtes de ma jeunesse, ses journées les plus amères ; enfin j'enviais l'adversité quand on lui accordait une plainte, et la mort dès qu'elle arrachait quelques larmes. J'appelais vainement à mon secours les hivers, les frimas des pays du Nord ; leurs vents glacés auraient peut-être rafraîchi mon front et calmé l'ardeur de mon sang. Un rêve funeste vint une nuit troubler mon sommeil, et me laissa une longue agitation. Je songeai que, revenus tous ensemble en Europe, nous y habitions une grande ville. Je promenais ma tristesse au milieu des ténèbres. Arrivé sur un pont, je regardais couler le fleuve, qui entraînait des glaçons de toutes les formes : l'orage agitait quelques réverbères à demi éteints, et de gros nuages me cachaient la lumière incertaine de la lune. Tout-à-coup je vis arriver une voiture : un homme à cheval, portant un flambeau, marchait à côté. J'aperçus distinctement dans cette voiture une jeune femme belle, pâle : une couronne de roses blanches ornait sa tête ; elle souriait avec douceur à un jeune homme assis à ses côtés, qui lui parlait vivement. Je reconnus William et Solamé, qui semblaient se rendre à une fête, et passaient rapidement à côté du désespoir : mais au même instant un bruit affreux se fit entendre, le pont s'abima ; et je me réveillai épuisé de fatigue, baigné d'une sueur froide, me débattant encore contre les angoisses de la mort.

Revenons à la jeune Indienne. A peine trouvai-je sur sa figure la trace rapide du désespoir, que je volai à son secours. J'allai vers elle comme ce prisonnier chargé depuis long-temps d'une lourde chaîne ; il aide un nouveau venu, qui va désormais souffrir avec lui, à soulever ce poids qui l'accable.

Je rappelai enfin à Solamé ses premières années, le désert, le dévouement de Misra et la mort de son père : elle garda un silence morne, sans pouvoir verser une larme, sans m'avouer son tourment, quelque détour que je prisse pour l'amener à m'ouvrir son cœur. Hélas ! il était

flétri, brisé; il ne m'entendait plus : la voix de l'amitié était étouffée par le cri du repentir. Bien des jours se passèrent ainsi; elle refusait presque toute espèce de nourriture; le sommeil ne venait plus rafraîchir son sang : quand je prenais ses mains dans les miennes, ses yeux se fixaient sur les miens avec une sécheresse égarée, stupide. L'emploi de ses tristes journées était un aveu continuel de son amour : on la trouvait toujours entourée des dessins, de la musique, que William avait laissés; elle se plaçait là où il s'asseyait, et on l'arrachait difficilement de la chambre qu'il avait habitée. Lorsque je parvins enfin à obtenir quelques paroles de Solamé, ce fut pour me prier de l'abandonner, d'aller avouer à Misra sa perfidie, sa lâcheté. « Il sera bientôt vengé, ajou-
» ta-t-elle; bientôt. Mais vous, mon ami, rendez-
» moi ce dernier service : allez vers le rajah;
» portez-lui tout ce que je possède, tout; dé-
» tournez-le de venir à Anjenga, il ne m'y trou-
» verait plus. » Et, navrée, anéantie de ce nouvel effort, elle retomba dans un affreux accablement. Ah! me dis-je alors avec amertume, le poète indien a raison : « Le cœur de la femme
» la plus vertueuse est aussi mobile que les îles

» flottantes du lac Zaguré : leurs rivages sont
» enchantés ; mais le voyageur qui les quitte,
» les cherchera vainement à la même place où
» elles avaient charmé ses yeux. »

M. Makinston et ses sœurs s'occupaient constamment de l'état de Solamé; tous redoutaient l'arrivée de Misra. La malade avait parfois des accès de délire pendant lesquels elle l'appelait, lui demandait pardon, s'adressait les reproches les plus cruels; mais un nom chéri revenait bientôt sur ses lèvres, et recevait de nouveau les sermens les plus passionnés.

Le facteur pensait que je devais me rapprocher de Misra et du major : ses prières vainquirent ma répugnance ; il m'en conjurait au nom de ses intérêts les plus chers. Je lui avais des obligations dont il m'était doux de m'acquitter par un service aussi important. Les angoisses de notre enfant d'adoption, les chagrins et les instances du respectable Makinston, me décidèrent enfin à me rendre au quartier général de l'armée anglaise.

J'espérais revenir deux mois après; ma présence n'était plus nécessaire à mes amis, et ce voyage, peut-être inutile, me semblait indispensable. Solamé parut recouvrer un peu de tranquillité, quand nous lui expliquâmes nos projets. Je me séparai d'elle l'ame oppressée, envahie par les plus noirs pressentimens : le bonheur de tous ceux que j'aimais devenait impossible ; les sacrifices que l'honneur et le devoir exigeaient d'eux, me paraissaient au-dessus de leurs forces. Muni des instructions de M. Makinston, attendri par les vœux de tous les gens qui m'étaient chers, je m'embarquai sur un paquebot de la compagnie.

Nous longeâmes la côte de Malabar et les îles Laquedives. J'avais pour compagnons des banians qui portaient à Seringhan, pour le service de la pagode, les plus riches pagnes de Dindigole et de Patna.

Le souvenir du découragement dans lequel j'avais laissé Mlle d'Averney et toute la famille Makinston, occupa uniquement mon esprit pendant toute la traversée.

Le désordre régnait dans Mangalor au moment où nous y abordâmes. Des Marattes s'y réunissaient pour être incorporés dans l'armée britannique : on s'y ressentait des effets de la guerre, dont le théâtre était pourtant à quelque distance. Je ne franchis qu'avec difficulté l'espace qui m'en séparait, et, grâce à l'intelligence d'Adi-Ruben, chargé d'affaires de M. Makinston, je parvins au quartier-général sous les murs de Séringapatnam, tantôt porté sur un bengali, tantôt sur des dromadaires, ayant souvent à souffrir de l'insolence des Cipayes, qui sont les Arabes de l'Indoustan.

Ces contrariétés positives m'avaient rendu une sorte d'énergie; elles dissipaient parfois les sombres chimères dont le chagrin s'entoure et se nourrit aussi avidement que le plaisir pourrait le faire des illusions les plus riantes.

J'atteignis l'armée anglaise le 29 avril 1799. Je traversais le camp des Écossais le soir, lorsque j'appris la mort de William Makinston. Il venait d'être tué à l'attaque d'une haie vive qui borde la rivière de Cauveri et entoure Seringapatnam. Son corps était emporté par le courant du fleuve: un général indien qui l'avait rapporté à la nage, faisait rendre tous les soins aux restes du colonel Makinston; il avait mérité ce grade par des actes récens de la bravoure la plus signalée.

Ce cadavre mutilé fut déposé dans sa tente. Assis à ses côtés, je me figurais l'égarement de

Solamé et le désespoir de la famille Makinston à cette nouvelle. Je considérais les traits devenus méconnaissables de celui auquel je n'apportais que des paroles de douleur. Il m'avait prévenu, et s'était réfugié dans les régions de la paix. Le spectacle de la mort est celui qui réveille le plus fortement les idées religieuses : je priais avec ferveur, quand plusieurs esclaves entrèrent chargés d'aromates; ils furent bientôt suivis par un jeune seigneur indien d'une figure noble et imposante : on lui témoignait le respect le plus profond ; c'était le rajah de Bednoure.

Son premier regard sembla me deviner; il me traita comme un homme qu'il attendait. Sa main droite se plaça sur le corps du colonel, à la manière de l'Orient. « Vous étiez sans doute » l'ami de cet Anglais, me dit-il avec une tristesse » grave et majestueuse ; vous le plaignez, et » d'autres vont détester la vie, parce qu'il n'est » plus. Je puis envier son sort. Qui êtes-vous ? » de la part de qui venez-vous ? » Je lui expliquai tout cela fort brièvement, et sans oser parler encore de la véritable cause de mon voyage. Mais la réserve devenait inutile : Misra était instruit de tout, même des moindres détails et des

bruits qui circulaient dans Anjenga, où l'on avait cru au prochain mariage de Solamé et de William Makinston. « Je n'ai jamais perdu
» de vue, reprit le rajah, celui qui avait été
» l'appui de mon enfance et mon second père.
» J'ai voulu élever sa fille jusqu'à moi : Dieu
» sait que je la regardais comme ma légitime
» épouse. Après le sacrifice du trône de Ca-
» nara, le souvenir de Solamé, la certitude
» de son amour, me firent supporter l'existence
» dans les cachots de Madegurrey. Je jugeais
» de son ame d'après la mienne ; j'avais porté
» Solamé dans mes bras, quand je ne marchais
» encore qu'avec peine. Je n'ai vécu pendant de
» longues années que de la moitié des fruits que
» j'allais cueillir pour elle. Dès que les Anglais
» eurent ouvert les portes de ma prison, je
» cherchai Solamé. Je me suis approché d'An-
» jenga ; des émissaires sûrs, des esclaves fidèles,
» sont partis de Cranganor. Plusieurs d'entre eux
» se sont introduits chez M. Makinston ; leurs
» rapports ont été unanimes, et l'indignation a
» brisé les liens que je chérissais. Je suis revenu
» ici pour combattre avec mes libérateurs, et
» ils m'ont rendu Bednoure et l'héritage de mes

» pères. Depuis j'ai poursuivi des partis ennemis
» considérables ; ils sont anéantis. Brûlant de
» rejoindre enfin la grande armée qui attaque
» Seringapatnam, j'arrive à la tête des miens.
» On livrait un assaut : un colonel anglais est
» blessé à mes côtés ; je me précipite après lui
» dans la Cauveri, et je ramène William Ma-
» kinston. On le nomme ; il essaya vainement
» de m'adresser quelques mots, et je reçus le
» dernier soupir de celui dont le seul nom allu-
» mait dans mon sang une rage insatiable. Quand
» je le vis étendu à mes pieds, je conçus une
» lâche espérance. Je me reprochai d'en avoir
» cru trop légèrement les témoins de l'incons-
» tance de Solamé. Le trépas de cet homme
» calmait ma haine, et je lui faisais administrer
» encore des secours inutiles, lorsque la vue de
» ce talisman qu'il portait à son cou et que
» j'avais donné à Solamé, m'arracha la malé-
» diction que nous ne prononçons jamais vaine-
» ment contre ceux qui trahissent les sermens les
» plus saints de la nature.... Qu'elle vive pour
» s'abreuver des larmes d'une douleur coupable ;
» je la livre à son propre mépris. Dites-lui que
» Misra va faire élever un monument dans

» Bednoure pour honorer la mémoire de son
» père et flétrir la sienne à jamais. »

Ses forces parurent l'abandonner après cette explication véhémente, et quelques larmes vinrent sillonner cette figure mélancolique et guerrière. J'y joignis les miennes, ému jusqu'au fond de l'ame par cette scène déchirante. Atterré par ce que je voyais et ce que je venais d'entendre, j'élevai vainement ma voix en faveur de celle qui restait désormais ici-bas sans appui et sans consolation.

Le rajah ne me quitta que pour chercher de nouveaux dangers; il les affrontait, et il les regretta lorsqu'un assaut général eut livré la ville aux Anglais.

Le 4 du mois de mai, Seringapatnam fut prise: Tipoo-Saëb mourut glorieusement sur ses remparts, et le trône de Mysore fut renversé sans retour.

On s'était tellement empressé de transmettre à tous les établissemens anglais dans l'Indoustan les détails de cette victoire, qu'il n'était pas raisonnable d'espérer que M. Makinston ignorât long-temps la mort de son fils. Le corps du colonel Makinston venait d'être embaumé;

ses domestiques accompagnaient à Anjenga ce triste et précieux dépôt. Je n'osais pas arrêter ma pensée sur l'effet que cet événement funeste produirait chez des êtres que l'inquiétude seule réduisait au désespoir. J'allais partager leurs maux, lorsqu'une maladie aiguë, suite des cruelles anxiétés auxquelles j'étais livré, des fatigues que j'avais supportées, et du spectacle désastreux dont j'avais été témoin, me retint à Seringapatnam pendant plus de trois mois. L'impatience que j'en éprouvais dans le principe vint aggraver mon état, et je fus privé long-temps de l'usage de mes sens.

Le rajah de Bednoure m'avait fait prodiguer les secours les plus suivis ; mais il s'était éloigné. Je ne vis plus ce prince, que sa douleur rendait farouche, sauvage ; ma vue même lui était devenue odieuse, et je lui pardonnai cette aversion, dont je trouvais l'excuse dans l'excès de son malheur.

Le silence que l'on gardait avec moi pendant ma convalescence, m'avertit des nouveaux chagrins qui m'attendaient à Anjenga.

La Providence sévère avait voulu que Solamé reçût le collier d'iri renvoyé par le rajah de

Bednoure, le jour où elle avait appris la mort de William Makinston. Une fièvre ardente, connue sous le nom de fièvre de Ceylan, s'empara d'elle aussitôt; peu de temps après, elle n'était plus. Les parens de M. Makinston avaient pris sur eux d'embarquer ce vieillard désolé, et de le ramener en Europe, où ils se rendaient chargés d'or, et consternés, dévorés par les plus mortels chagrins.

Je me rapprochai lentement de ce pays où je n'allais plus trouver qu'un tombeau. Un tertre modeste, ombragé par quelques palmistes et déjà oublié à mon arrivée, couvrait la dépouille mortelle de Solamé d'Averney, âgée de vingt-un ans. Puisse son pauvre cœur, brisé par les remords, avoir trouvé aux pieds de l'Éternel le pardon qu'il aurait vainement sollicité sur la terre!

Je voulus revoir les lieux où ces deux jeunes infortunés s'étaient assigné ce dernier rendez-vous du sépulcre; les restes de William avaient été placés non loin du tombeau de celle qu'il avait aimée. Le séjour d'Anjenga me devint bientôt insupportable; je réalisai tout ce que je possédais dans le Travancore pour revenir en Europe. A peine fus-je arrivé en France, que la faiblesse de ma santé m'obligea d'aller chercher le ciel plus doux de l'Italie ; je passai en Sicile : le climat de Catane convenait à mon état languissant; je m'y suis arrêté pour jamais. Mes jours se succèdent depuis d'une manière égale et tranquille. J'ai trouvé, dans la retraite que j'habite, un rempart contre les tentations, contre l'espoir trompeur d'un bonheur plus vif. Quand on a fini avec le monde, il faut savoir assister à la vie comme à un spectacle monotone, exiger fort peu des hommes et ne rien attendre du lendemain. La solitude est la garantie la plus sûre contre de nouveaux dégoûts, de nouveaux regrets, et je dois au souvenir douloureux que je conserve, une extrême tolérance pour toutes les incertitudes et les erreurs du cœur humain. Enfin, si la mort m'avertit de sa venue, l'espérance dictera ma dernière prière. Je m'abandonnerai avec confiance au Dieu du pardon, à celui qui entend aussi bien la voix défaillante du mourant que le bruit de l'ouragan impétueux qui ravage la terre pour châtier les vivans.

FIN.

Page 73, ligne 16, *au lieu de* lierres, *lisez* liéges.

www.ingramcontent.com/pod-product-compliance
Lightning Source LLC
Chambersburg PA
CBHW051833230426
43671CB00008B/939